Mire Koikari

·

Gender, Culture, and Disaster in Post–3.11 Japan

BLOOMSBURY ACADEMIC

London/ New York

2020

Мирэ Коикари

·

Гендер, культура и фукусимская катастрофа

Academic Studies Press

Библиороссика

Бостон / Санкт-Петербург

2023

УДК 94(520).033.55
ББК 63.3(5Япо)63
К59

Перевод с английского Анастасии Осиновской

Серийное оформление и оформление обложки Ивана Граве

Коикари, Мирэ.
К59   Гендер, культура и фукусимская катастрофа / Мирэ Коикари ; [пер. с англ. А. Осиновской]. — СПб.: Academic Studies Press / Библиороссика, 2023. — 268 с. — (Серия «Современное востоковедение» = «Contemporary Eastern Studies»).
ISBN 979-8-887194-51-6 (Academic Studies Press)
ISBN 978-5-907767-15-7 (Библиороссика)

Великое восточнояпонское землетрясение 2011 года — глобальная катастрофа, открывшая новую культурную эру, в которой доминируют дискуссии о безопасности, риске и уязвимости, восстановлении и реорганизации. В книге Мире Коикари национальное возрождение после катастрофы рассматривается как социальный проект, пронизанный дискурсами гендера, расы и империи.

УДК 94(520).033.55
ББК 63.3(5Япо)63

ISBN 979-8-887194-51-6
ISBN 978-5-907767-15-7

Список иллюстраций

1.1. Генерал-майор Майкл Т. Харрисон, командир японского I-корпуса армии США, и ребенок, потерявший дом в результате землетрясения, 15 апреля 2011 года.

2.1. «Будь настоящим мужчиной», плакат проекта «Фукко но Нороси», 2014 год.

2.2. «Наконец-то дома, где можно наслаждаться простыми радостями приготовления еды для всей семьи», плакат проекта «Фукко но Нороси», 2014 год.

5.1. Танцовщицы хула, спа-курорт «Хавайянз».

Благодарности

Изначально идея этой книги возникла в 2013 году, когда я проводила на Окинаве исследование о гендере и милитаризации в период ее оккупации Соединенными Штатами (1945–1972). Изучая способы мобилизации женщин и домашнего хозяйства в процессе милитаризации Окинавы во время холодной войны, после Великого восточнояпонского землетрясения 11 марта я не могла не заметить проявления аналогичной динамики в отношении гендера, дома и военных в Японии, неустанный призыв которой к восстановлению и укреплению страны сложным образом видоизменился в этой ее части, бывшей когда-то колонией. Тема преемственности и реконфигурации милитаризации времен холодной войны по ее завершении преследовала меня по возвращении на Гавайи, еще одно обремененное наследием милитаризма и колониализма островное сообщество, ставшее для Японии отдаленным полигоном для воплощения стратегий собственной устойчивости страны. Последовавшие затем поездки в Тохоку (префектуры Фукусима и Мияги), будучи весьма короткими, все же открыли мне еще один угол зрения, с которого можно поразмыслить о природе, масштабах и последствиях развития и трансформации культуры, наблюдаемых в стране после 11 марта. Движение Японии к устойчивости, происходящее в пространстве, очерченном соединяющим Окинаву, Тохоку и Гавайи треугольником, перестает быть просто государственной и внутренней задачей и приобретает вид транснационального проекта исключительного масштаба и динамизма, требующего многоуровневого анализа в контексте гендера, культуры и стихийных бедствий. Результатом подобных изысканий и стала эта книга — попытка критически осмыслить предпосылки и перспективы стратегии повышения устойчивости, автоматически подразумеваемое предназначение которой обеспечивать безопасность и защиту дает неверное представление о принципах милитаризма, неолиберализма и неоконсерватизма, лежащих в основе формирующегося режима. В момент выпуска книги, в марте 2020 года, мир охватила пандемия COVID-19, вызвавшая призрак глобального кризиса и беспрецедентного масштаба мобилизацию, направленную на сохранение устойчивости. На фоне страха и тревоги, вызванных вспышкой заболевания, мы сталкиваемся с еще более острой необходимостью подходить к политике антикризисного управления с критически обоснованных позиций.

В ходе моего исследования я много общалась с различными коллегами и друзьями из Соединенных Штатов, Японии и других стран, что внесло свой вклад в мою работу. Карл Иан Чэн Чуа и Том Лэ были необычайно щедры, делясь своими исследовательскими идеями и помогая мне посмотреть на вооруженные силы и милитаризацию Японии под другим углом. Мои пришедшиеся на период, когда я занималась вопросами гендера и стихийных бедствий, беседы с Эйитиро Адзумой, Марико Иидзимой, Гвином Кирком, Дереком Хирдом, Сино Кураиси, Коити Накано, Венди Мацумурой, Цзэ Май Лоо, Мартином Дазинберре, Дзюнко Хабу, Катей Валаскиви и покойным Ромитом Дасгуптой оказались бесценны. Они навели меня на новые мысли и задали исследованию новые направления. На начальном этапе моего проекта Мотодзи Мацуда, Кадзуко Мацуи и Итиро Кавасаки вносили свои предложения по его реализации и всячески поддерживали меня; и то, и другое оказалось очень важным на следующих этапах исследования. Ян Бардсли, чьим великодушием я неизменно восхищаюсь и на чью мудрость всегда полагаюсь, в любой ситуации оказывается замечательным коллегой и другом, на которого можно опереться. Редакторы Виктория Скотт и Гвин Кирк терпеливо и тщательно работали с моей рукописью, значительно улучшив мой слог.

Этот проект опирался на библиотечные и архивные ресурсы Соединенных Штатов и Японии. Библиотека Восточной Азии

Стэндфордского университета в Пало-Альто, коллекция материалов Университета Кобэ о о Землетрясении, которое случилось в 1995 в этом городе и Библиотека стихийных бедствий (Босай Сэнмон Тосёкан) в Токио содержат огромное количество информации о гендере, культуре и стихийных бедствиях в Японии; и я многим обязана сотрудникам каждой из этих библиотек за помощь в поиске необходимых документов. В 2016 и 2017 годах Летний институт Японского фонда предоставил мне возможность принять участие в серии проходивших с участием ученых из Соединенных Штатов, Японии и Юго-Восточной Азии дискуссий по вопросам устойчивости к стихийным бедствиям, а также посетить пострадавшие от стихийных бедствий районы Тохоку, чтобы воочию убедиться в сложном характере восстановления на низовом уровне. Благодаря напряженной работе сотрудников фонда (среди которых Масако Ямамото, Хидэки Нисимацу, Томонори Хаясэ, Кристи Бар Хирокава, Сюхэй Ёсимуру, Ая Миядзаки, Пурвоко Ади Нугрохо и Токуми Накамити), мероприятия, организованные Летним институтом, оказались крайне информативны. Финансирование, предоставленное Ассоциацией азиатских исследований при Совете Северо-Восточной Азии, Азиатской библиотекой Стэндфордского университета и Центром японских исследований и женских исследований при Гавайском университете, позволило мне совершить многочисленные исследовательские поездки в Японию и Северную Америку. Различные части проекта были представлены в 2014 году на Беркширской конференции по истории женщин, в 2015 году на симпозиуме «Безопасность в японской массовой культуре после Фукусимы» в Лейденском университете и в 2016 году на конференции «Конструирование мужественности в Азии», прошедшей в Центре азиатско-тихоокеанских исследований при Университете Сан-Франциско. У коллег-докладчиков и участников этих мероприятий я научилась многому.

Публикацией этой книги я больше всего обязана Кристоферу Гертейсу, редактору выпускаемой Школой востоковедения и африканистики при Лондонском университете серии исследований о Японии в Новое и Новейшее время. Редактор издательства

«Блумсбери» Родри Могфорд и ассистент редактора Лора Ривз с исключительным профессионализмом следили за подготовкой книги к печати. Первые версии второй и третьей глав были опубликованы под названиями «Повторная маскулинизация страны: гендер, стихийные бедствия и политика национальной устойчивости в Японии после 11 марта» («Japan Forum», т. 31, № 2, 2019) и «Подготовка женщин к стихийным бедствиям: гендер, антикризисное управление (Кики Канри) и национализм в Японии после 11 марта» («The Asia-Pacific Journal», т. 11, выпуск 26, № 1, 2013). Я благодарна Кристоферу Гертейсу и Марку Селдену (соответственно), разрешившим мне перепечатать эти главы.

В остальной части книги японские имена, за исключением тех, которые принадлежат авторам, публикующимся на английском языке, представлены в общепринятом для Японии виде, когда фамилия ставится в начале и за ней следует имя. Все источники переведены автором, если не указано иное.

1
Введение

*Переосмысление японской культуры
после 11 марта*

Великое восточнояпонское землетрясение 2011 года возвестило новую эру культурного производства в Японии. Землетрясение магнитудой 9,0 балла, произошедшее у тихоокеанского побережья страны 11 марта, вызвало цунами и аварию на атомном объекте, унесшие множество жизней, нанесшие значительный ущерб инфраструктуре и разрушившие Тохоку, регион, расположенный на северо-востоке Японии[1]. 11 марта — так стали называть эту катастрофу — вызвало бурные дискуссии о безопасности. Традиционные способы подготовки к стихийным бедствиям перестали считаться действенными и были включены в новые наборы мер по сдерживанию рисков, таких как антикризисное управление (*кики канри*) и национальная устойчивость (*кокудо кёдзинка*). Дебаты о том, как защитить свою семью, соседей

---

[1] Агентство по восстановлению (Фуккотё), административное подразделение, созданное после катастрофы 2011 года, предоставляет следующую статистическую информацию о масштабах ущерба, причиненного событиями 11 марта: число погибших составляет 15 897 человек, пропавших без вести — 2532, а раненых — 6157. Более 470 000 человек были эвакуированы, и по состоянию на 31 января 2020 года 48 000 все еще не могут вернуться домой. Число полностью разрушенных зданий составило 15 897, наполовину разрушенных — 282 900, частично разрушенных — 730 114 [Reconstruction Agency 2020].

и страну от природных и техногенных катастроф, множились, мобилизуя различных социальных акторов, открывая новые институциональные пространства и порождая бесчисленное количество дискуссий и практик. Призыв к подготовке и подготовленности был направлен не только на взрослых мужчин и женщин, но и на детей, чье выживание стало связано с выживанием Японии. Фраза *Гамбаро, Ниппон* («Держись, Япония») распространилась подобно лесному пожару, призывая всех без исключения японцев предпринять действия, направленные на строительство и перестройку устойчивой нации в условиях повсеместного страха, неопределенности и нестабильности.

В книге исследуется формирующаяся в Японии культура безопасности. На основе результатов гендерных исследований, исследований стихийных бедствий и открытий японистики и культурологии в ней также рассматривается возникшее после стихийного бедствия 11 марта общенациональное стремление к восстановлению, перестройке и устойчивости, в котором в процессе создания образа новой Японии неоднократно упоминаются представления о гендере и расе, теле и разуме, защите и безопасности, нации и империи. В отличие от предшествовавших этой книге исследований, в которых анализируется вызванная катастрофой мобилизация социального протеста, в ней самой рассмотрен другой тип имеющей место мобилизации — движение, направленное на повышение устойчивости, в рамках которого женщины и мужчины, девочки и мальчики, японцы и не-японцы призваны возрождать и укреплять страну. На основе анализа различных официальных заявлений о безопасности, опубликованных в правительственных программных документах, научных публикациях, справочниках по гражданским вопросам, школьных учебников и массовой литературы, а также тренингов по обеспечению подготовленности к чрезвычайным ситуациям дома, в школе и на рабочем месте, стратегия повышения устойчивости рассмотрена как динамичное пространство культурного производства и воспроизводства, рассмотрение которого позволяет взглянуть на современное японское общество. При этом в книге выдвигается ряд взаимосвязанных суждений.

Культура и история противодействия бедствиям

Большое значение в этой книге придается присущей катастрофам побудительной силе, действующей как на глобальном, так и на культурном уровнях. Как утверждает антрополог культуры Энтони Оливер-Смит, катастрофа никогда не бывает естественным или нейтральным событием, которое просто «случается». Скорее, это «множество переплетенных между собой, часто противоречивых социальных конструкций», эффект от которых «по-разному проявляется и распространяется в обществе в зависимости от политических, социальных и экономических практик и институтов» [Oliver-Smith 2002: 24]. Вслед за катастрофическими событиями отдельные граждане и институты начинают участвовать во множестве мероприятий, нацеленных на поиск новых смыслов. Так они «пытаются примириться, понять, что с ними произошло, и разработать стратегии для получения определенной степени контроля» [Oliver-Smith 2002: 38]. В этой связи вызванные катастрофами культурные и дискурсивные тенденции, очевидно, оказываются предметом для исследования.

Для понимания связи между культурой и бедствиями полезно обратиться к примерам из прошлого. Пожалуй, самой известной катастрофой в истории современной Японии, произошедшей до трагедии 11 марта, является Великое землетрясение Канто 1923 года. Оно не только разрушило Токио и его окрестности, но и, как отмечает Чарльз Шенкинг, породило «культуру катастроф», в рамках которой начал циркулировать ряд обсуждений и практик, призванных (пере)осмыслить роль Японии и ее народа [Schencking 2008]. Политики, чиновники, ученые и общественные критики, «увидевшие уникальную возможность представить землетрясение 1923 года как величайшее национальное бедствие Японии», использовали катастрофу «не только для продвижения проекта по восстановлению Токио как современной столицы империи, но и для реализации гораздо более масштабной и сложной программы по трансформации страны» [Schencking 2013: 5–6]. Поскольку в рассуждениях о «каре небесной» причина катастрофы виделась в духовном вырождении и моральной распущенности, политики, представлявшие землетрясение 1923 года как неизбежное наказание, ниспосланное свыше, выдвинули на первое место вопрос изменения мотиваций и поведения людей. Одного физического восстановления зданий было недостаточно; необходимым оказалось также нравственное переустройство общества. Как отмечает Джанет Борланд, новая система моральных устоев была ориентирована главным образом на японскую молодежь. Министерство образования направило в разрушенный город членов организации бойскаутов Японии, поручив им собрать «*бидан*», нравоучительные истории о японцах, чьи действия во время и после катастрофы могли бы послужить примером проявления главных ценностей нации. После этого более чем 100 бидан, содержавших в себе поучительные истории о «верности императору, сыновней почтительности, великодушии, личной жертве, мужестве и послушании», были опубликованы в трех томах [Borland 2006: 894]. Катастрофа 1923 года стала «побудительной силой в японской культуре», породившей впоследствии различные движения, способствующие духовно-нравственному возрождению всей нации [Weisenfeld 2012: 13].

Продуктивная сила бедствий прослеживается также в истории США. Во время холодной войны Соединенные Штаты наблюдали возникновение собственного дисциплинарного режима, в рамках которого семьи и местные сообщества оказались центрами, определяющими нормы поведения перед лицом крупномасштабного национального кризиса — угрозы ядерного холокоста. Для снижения уровня вызванной ядерной угрозой тревоги и создания собственных идеальных стратегий правительство США продвигало в рамках программы гражданской обороны ряд таких дискурсов и практик, как «пригнись и укройся», «противорадиационные убежища» и «бабушкина кладовая» в качестве основных способов защиты в случае ядерной атаки [Roy 2010; Swedin 2011; Jacobs 2010]. Мобилизация гражданской обороны в США, как и возникшая после 1923 года в Японии «культура катастроф», стала поводом для установления дисциплины и норм, целью которых было укрепление морального духа и нации, формирование этических принципов. Членство в гражданской обороне, считавшееся «моральным долгом каждого домохозяйства», было одной из «гражданских добродетелей, необходимых для поддержания американского образа жизни в ядерный век» [Oak 1994: 8]. Мероприятия по гражданской обороне времен холодной войны, систематически проводимые повсюду, были призваны «создать иллюзию, что национальные нарративы являются узнаваемыми и неоспоримыми реалиями», а также убедить американцев «за счет повторения», что выживание после ядерного взрыва не только возможно, но и сама его идея «естественна» и даже «здрава» [Nadel 1995: 8].

Продуктивная природа бедствий, которую можно было наблюдать в Японии до Второй мировой войны и Соединенных Штатах во время холодной войны, снова проявилась в Японии после трагедии 11 марта. Многоплановое бедствие 11 марта, будучи, с одной стороны, стихийным явлением (как в случае с землетрясением 1923 года), а с другой стороны, катастрофой, вызванной деятельностью человека (как в случае с ядерным кризисом времен холодной войны), активизировало культурное строительство. Проведя серию семинаров, на которых политики, ученые, чиновники и лидеры отрасли вели непрекращающиеся дискуссии о национальной устойчивости, Либерально-демократическая партия Японии (ЛДПЯ) под руководством опытного политика Тосихиро Никаи учредила в 2011 году Комиссию по комплексным исследованиям и созданию потенциала противодействия стихийным бедствиям. Премьер-министр Синдзо Абэ сделал вопрос национальной устойчивости главной темой своей политической повестки дня и призвал к укреплению структурному, предполагающему упрочнение домов и иных зданий, берегов рек и морских дамб, железных и автомобильных дорог, а также к укреплению неструктурному, сосредоточенному на распространении информации, учебной подготовке и учениях по эвакуации. Призыв к реализации крупномасштабных «общественных проектов» (*кокё дзигё*), повлекший за собой массовое одобрение крупных предпринимателей, бывших в восторге от перспективы «извлечения выгоды из катастрофы»[2], вызвал «шумиху» в строительной отрасли.

Этот новый культурный динамизм, вызванный трагедией 11 марта, затронул не только японскую элиту, но также распространился среди широких масс. Сразу после катастрофы появились новые слова и выражения — «*сотеигай*» (за пределами предсказуемого), «*кидзуна*» (связь) и «*Гамбаро, Ниппон*» («Держись, Япония»), — отражавшие страх, тревогу и надежду, испытываемые обычными людьми [Sand 2012: 313–315]. Язык «*кокунан*», или национального кризиса, забытый почти на столетие, вновь вошел в оборот, подчеркивая серьезность ситуации и ее ужасные последствия для государства [Samuels 2013: x]. Помощь в случае стихийных бедствий должна быть как материальной, так и нематериальной, и ее отличительной чертой стала практика «*ёрисоу*» — психологической солидарности с чувствами жертв стихийных бедствий. При этом ведущую роль в распространении этой практики на низовом уровне играют Императорский двор и Силы самообороны Японии[3]. Газета «Санкэй симбун» выпустила сборник фоторепортажей «*Нихондзин но сокодзикара: Хигаси Нихон Дайсинсай итинэн но дзэн кироку*» («Японская сила стойкости: через год после Великого восточнояпонского землетрясения»), дополненных рассказами об испытаниях, с которыми столкнулись люди во время и после мартовской катастрофы. В сборнике было опубликовано более 800 фотографий, демонстрирующих то, как люди боролись, выживали и в конечном счете достигали триумфа. В нем также восхваляются действия Императорского двора и прославляется невероятная сила стой-

---

[2] О понятии «извлечение выгоды из катастрофы» см. [Gunewardena, Schuller 2008].

[3] О центральной роли *ёрисоу* в деятельности Сил самообороны Японии по оказанию помощи во время стихийного бедствия и после него см. [Jieitai 2019]. О значении этой концепции в различных кампаниях, проводимых императором Акихито и императрицей Митико после 11 марта, например, см. [Asahi 2019]. Также см. [Sankei 2019].

кости («*сокодзикара*»), проявленная обычными людьми, находившимися во время обрушившегося на страну неслыханного бедствия непосредственно в районах, где оно произошло [Sankei 2012]. Вскоре после катастрофы на выставках, проходивших в крупных городах по всей Японии, начали экспонироваться различные средства экстренной помощи, ориентированные на мужчин, — противогазы, страховочные привязи, аварийно-спасательные машины, устройства для дезактивации, технические средства наблюдения, используемые для борьбы с терроризмом, а также бытовые товары, предназначенные для женщин, — консервы, портативные устройства для приготовления пищи и эвакуационные кресла на колесах. Выставки способствовали продвижению в эпоху нестабильности идеи заботы о себе и ответственности за себя. Крупнейший издатель учебников «*Гаккэн кёику сюппан*», более известный как «Гаккэн», выпустил в свет десятитомник «*Хигаси Нихон Дайсинсай: цутаэнакэрэба наранай 100 но моногатари*» («Великое восточнояпонское землетрясение: 100 историй, которые важно рассказать») с примерами бидан XXI века, в которых постоянно демонстрировалось достойное подражания поведение японского народа, особенно японских солдат, во время и после катастрофы 2011 года [Gakken 2013a][4]. Начиная с 2011 года на фоне растущей популярности Сил самообороны Японии и вооруженных сил США милитаризация детства стала отличительной чертой Японии (рис. 1.1 является тому подтверждением). После катастрофы 11 марта было опубликовано так много посвященной этой трагедии детской литературы, что итогом этой деятельности стал аннотированный список, в котором было перечислено более 300 работ на данную тему [Inoue 2011]. Несомненно, трагедия 11 марта спровоцировала в пережившей катастрофу стране культурно-дискурсивные перемены.

Сходство между землетрясением 1923 года, ядерным кризисом времен холодной войны и катастрофой 11 марта отнюдь не слу-

---

[4] Аргументацию в доказательство того, что 11 марта представляет собой для японской литературы и искусства переломный момент, см. в [Kilpatrick 2015].

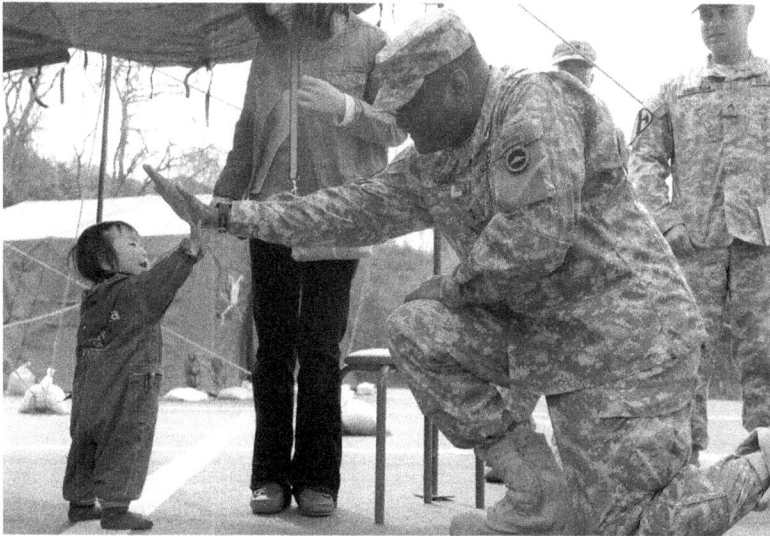

Рис. 1.1. Генерал-майор Майкл Т. Харрисон, командир японского I-корпуса армии США, и ребенок, потерявший дом в результате землетрясения, 15 апреля 2011 года

чайно. Несмотря на то что эти события произошли в разное время и разных местах, в действительности они составляют часть транснациональной генеалогии «гражданской обороны» — гендерно-дифференцированной и дифференцирующей системы защиты государства, в создании которой, как будет показано ниже, на протяжении почти столетия участвовало множество стран. По мнению Шелдона Гарона, важное место в этой генеалогии занимает Русско-японская война (1904–1905). После неожиданной победы в этой войне Японии американцы и европейцы заинтересовались ее «несомненным успехом в вопросе военной гигиены, воинского духа и мобилизации тыла». Они начали изучать ее опыт мобилизации с целью повышения собственной обороноспособности в случае войны [Garon 2017б: 69]. В этой формирующейся базе знаний и технологий предметом обмена стал даже идеал *бусидо* («путь воина»), как это видно на примере его адаптации Робертом Баден-Пауэллом, увидевшим ценность этого японского кредо для собственной организации бойскаутов в Великобритании [Garon 2017б: 77–78].

Ужасы Первой мировой войны (1914–1918) усилили трансграничный обмен оборонительными стратегиями. Первые воздушные бомбардировки, как это было в случае с немецкими налетами на Лондон и другие европейские города, совершенно ясно показали, что теперь качество обороны страны определялось уровнем защиты гражданского населения и его домов [Garon 2016: 2]. Лидеры Соединенных Штатов, Великобритании, Франции, Италии, Германии, Советского Союза, Польши и Японии изучали, анализировали и перенимали тактику друг друга, в результате чего «внутренние фронты были сознательно организованы как часть транснациональных потоков идей и институтов» [Garon 2017a: 30]. По окончании Первой мировой войны роль гражданской обороны в Японии стала еще более очевидной после землетрясения 1923 года, а вместе с ее ростом возросла и роль женщины в доме. Женская добровольная работа была признана необходимой в процессе восстановления разрушенного, что убедило государство в важности участия женщин в управлении кризисными ситуациями. Когда началась Вторая мировая война, как страны антигитлеровской коалиции, так и страны Оси продолжали использовать общие понятия гражданской обороны, внедряя на своих территориях такие практики, как семейные убежища, противопожарные учения, соседские добровольческие отряды и эвакуация школ.

Как отмечают Трейси Дэвис, Лора Макинани и Эндрю Гроссман, накопленные в ходе двух крупных войн технологии гражданской обороны и знания о ней стали основой организации внутреннего фронта в Соединенных Штатах, Великобритании и Канаде в период холодной войны [Davis 2007: 20]. В готовившихся к новой войне Соединенных Штатах недавно созданное Федеральное управление гражданской обороны перенимало дискурсы и практики, существовавшие до 1945 года. Женщины и дома, играя заметную роль в развернувшейся в 1950-х и 1960-х годах новой антикоммунистической кампании, вновь заняли центральное место в вопросе защиты страны [McEnaney 2000: 23–24; Homeland 2006; Grossman 2001]. Так, технологии гражданской обороны и знания о ней, обновленные и пересмотренные во время холодной войны в Соединенных Штатах, в конечном счете (вновь) распространились в Японии после событий 11 марта. Эксперты Федерального агентства по управлению в чрезвычайных ситуациях, под руководство которого перешло Федеральное управление гражданской обороны, поделившись после катастрофы 11 марта своими знаниями и опытом с Японией, положили начало новой эре ее сотрудничества с Америкой. В связи с этим продолжающееся распространение в Японии культуры устойчивости следует рассматривать как часть большего, разнонаправленного круговорота методов защиты и дискурсов об обороне, охватывающего значительные временные, культурные и географические пространства.

Смена гендера в стратегии повышения устойчивости

Далее в качестве основного средства культурного производства после трагедии 11 марта в книге исследуется гендер[5]. Примеры из прошлого оказываются, как всегда, поучительны, поскольку они демонстрируют центральную роль женщины и домашнего хозяйства в восстановлении и реконструкции после стихийных бедствий, а также в вопросе устойчивости страны. Великое землетрясение Канто 1923 года не только привело к духовной мобилизации, но и породило на местах широкомасштабное женское движение. Всего через месяц после землетрясения 12 общественных деятельниц встретились для того, чтобы обсудить роль женщин в Токио после катастрофы. Среди них была известная женщина-реформатор Мотоко Хани. Ее декларация «Давайте действовать без промедления» (*Рикуцу наси ни дзикко кара хадзимэмасё*) [Orii 2017: 30] оказалась основанием для со-

---

[5] Об участии японских женщин в социальной мобилизации, сосредоточенной на использовании ядерной энергии в 1970-х годах, см. [Wöhr 2014: 230–254].

здания Токийской федерации женских организаций («*Токё Рэнго Фудзинкай*») — широкой коалиции общественных деятельниц, женских групп и организаций. В списке федерации значились самые известные общественные деятельницы того времени, в том числе Мотоко Хани, Сигэри Канэко, Яёи Ёсиока, Отими Кубусиро, Цунэко Гаунтлетт, Мити Каваи, Мумэо Оку, Кикуэ Ямакава[6], и такие организации, как Христианская молодежная женская ассоциация Японии, Японский женский христианский союз за воздержание («*Нихон Кирисутокё Фудзин Кёфукай*»), Женская патриотическая ассоциация («*Айкоку Фудзинкай*»), Токийский женский колледж и *Дзию Гакуэн* (христианская школа, основанная Мотоко Хани) [Orii 2017: 116–167].

Федерация продемонстрировала роль женщин в качестве агентов социальной помощи после стихийных бедствий. Как только ситуация в стране немного стабилизировалась, члены федерации, разделившись на группы, начали выдавать молоко матерям с младенцами [Orii 2017: 96–102]. Раздавая предметы одежды и постельные принадлежности, они заботились о повседневных нуждах перемещенных лиц, а также предоставляли экономические возможности женщинам, изготавливающим все эти вещи за определенную плату [Orii 2017: 103–107]. Продвигая среди женщин занятия спортом (*тайику*), федерация также отвела им главную роль в работе по восстановлению и укреплению страны, связав вопрос женского тела с вопросами государственной политики [Orii 2017: 31]. Применяя недавно возникшую технологию переписи населения[7], члены федерации посетили

---

6   Годы жизни и смерти этих общественных деятельниц следующие: Мотоко Хани (1873–1957); Сигэри Канэко (1899–1974); Яёи Ёсиока (1871–1957); Отими Кубусиро (1882–1972); Цунэко Гаунтлетт (1873–1953); Мити Каваи (1877–1953); Мумэо Оку (1895–1997); Кикуэ Ямакава (1890–1980).

7   Первая всеобщая перепись населения была проведена в 1920 году, положив начало новой эре современного государственного строительства в Японии. Мэри Бирд, писательница-феминистка и реформатор, посетившая Токио со своим мужем Чарльзом Бирдом по приглашению Симпэйя Гото, помогала федерации и давала советы о том, как правильно применить эту управленческую технологию после стихийного бедствия в Токио [Orii 2017: 116].

убежища для пострадавших от землетрясения с тем, чтобы собрать информацию о составе домохозяйств, доходах, повседневных нуждах, занятости и состоянии здоровья перемещенного населения [Orii 2017: 108–121]. Благодаря такой разносторонней деятельности значимость и гражданская добродетель женщин стали неоспоримыми — козырь, который федерация впоследствии безуспешно разыгрывала, требуя предоставить женщинам избирательные права и отменить легализованную проституцию.

Участие федерации в мероприятиях по оказанию социальной помощи после стихийных бедствий лучше всего рассматривать в рамках «движения за улучшение жизни» («*сэйкацу кайдзэн ундо*») — общенационального движения, положившего начало тесному сотрудничеству между государством и гражданским обществом. Это движение, игравшее до 1945 года заметную роль в японской социальной инженерии, способствовало на низовом уровне моральному убеждению, модернизации страны, экономической рационализации и в конечном счете мобилизации во время Второй мировой войны [Garon 1994: 115–146]. Токийская федерация женских организаций, (ошибочно) полагая, что сотрудничество женщин с государством предоставит им платформу, с которой они смогут требовать расширения своих прав, все активнее принимала участие в строительстве нации и империи в Японии в 1930-х и в 1940-х годах. В результате в 1942 году она была преобразована в *Дай Тоа Сэйкацу Кёкай* (Ассоциация жизни Великой Восточной Азии) — женскую организацию воюющего государства, экспансионистские устремления которого мгновенно сошли на нет в 1945 году[8].

Мэри Бирд вновь посетила Японию после Второй мировой войны и при содействии генерала Дугласа Макартура сыграла важную роль в послевоенной реформе, направленной на расширение прав женщин. См. [Koikari 2008: 75–120].

8   Соучастие общественных деятельниц и их организаций в довоенной Японии и в военное время, указывая на сложную динамику, в которой стремление женщин быть включенными в политическую жизнь страны способствовало их участию в доминирующих механизмах власти, хорошо задокументировано. В дополнение к работе Гарона, приведенной в предыдущем примечании, например, см. [Yoshimi 1977; Suzuki 1988].

Американские исследователи гендера утверждают, что в период холодной войны в Соединенных Штатах гендер, феминизм, домашнее хозяйство и нация развивались сходным образом. В этот период известные американки, в первую очередь Кэтрин Говард, поощряли участие женщин в деятельности гражданской обороны с целью расширения их прав. В первые годы после войны, когда бывшая символом военного времени Клепальщица Рози уступила место послевоенному символу домашнего очага Джун Кливер (матери из популярного телесериала «Предоставьте это Биверу»), известные женщины, многие из которых были ветеранами женского движения первой волны, сочли холодную войну подходящим моментом. Отстаивая свое первенство как матерей и жен, чья экспертиза в вопросах домашнего хозяйства была неоспорима, они пытались создать пространство для женщин в послевоенном политическом устройстве Соединенных Штатов, где во всех других областях доминировали мужчины [McEnaney 2000: 88–122]. Запасая в своих кладовках продовольствие на случай чрезвычайных ситуаций, подготавливая аптечки для оказания первой помощи и следя за физическим и психологическим состоянием членов своей семьи, женщины периода холодной войны стали основной действующей силой в вопросе гражданской обороны [Scheibach 2009: 60, 62, 159; May 2008: 89–108]. Как утверждает Макинани, гражданская оборона времен холодной войны, ставшая ярким примером милитаризации повседневной жизни, продемонстрировала необычную, но в то же время важную связь между феминизмом, матернализмом, милитаризмом и экспансионизмом [McEnaney 2000: 8].

После трагедии 11 марта в Японии значение женщин и дома становится все более существенным, демонстрируя знакомую связь между женственностью, домашним хозяйством и защитой. В транслируемой японской телерадиовещательной корпорацией «Эн-эйч-кэй» телепрограмме «*Аса Ити*» («Первым делом с утра»), целевой аудиторией которой являются домохозяйки, ведущий эксперт по управлению кризисными ситуациями Нобуэ Кунидзаки подчеркнула важность «женского взгляда» при подготовке к стихийным бедствиям. Она также рекомендовала женщинам список вещей, которые должны иметься в их наборах для экстренных случаев. Помимо этого, молодым матерям в программе рассказывали, как спасаться с младенцами в случае бедствия: на экране девушка пошагово демонстрировала, как правильно надевать специальный рыбацкий жилет, как разложить по его карманам предметы первой необходимости и как нести одного ребенка перед собой, а другого на спине[9]. Женщины подчеркивают свою значимость в противодействии бедствиям, о чем свидетельствуют названия изданных после трагедии работ — *«3.11 Оннатати га хаситта: дзёсэи кара хадзимару фукко э но мити»* («Путь к восстановлению начинается с женщин: их действия после 11 марта») [Domesu 2012], *«Оннатати га угоку: Хигаси Нихон Даисинсаи то дандзё кёдо санкаку ситэн но сиэн»* («Женщины действуют: Великая восточнояпонская катастрофа и оказание помощи после нее с точки зрения гендерного соучастия») [Miyagi 2012], и *«Фукко о торимодосу: хассин суру Тохоку но оннатати»* («Верните реконструкцию: послания женщин из Тохоку») [Kumiko et al. 2013] — в которых показано, как, столкнувшись с невиданным кризисом, женщины начинают действовать. Кроме того, после событий 11 марта центральное место женщин в программах защиты хорошо прослеживается в брошюрах, изданных местными администрациями и центральным правительством, руководствах, опубликованных коммерческими изданиями, а также при проведении инструктажа и учений среди населения. Во всех этих текстах подчеркивается значение женщин как главных субъектов, ответственных за сохранность и безопасность домов. Важно отметить, что в процессе обсуждения женщин и стихийных бедствий после катастрофы 11 марта часто упоминается Великое землетрясение Канто 1923 года. В исследовании Токийской федерации женских организаций, проведенном коллективом историков-женщин и опубликованном феминистски ориентированным издательством *«Домэсу сюппан»*, проводится прямая связь между землетрясением 1923 года и катастрофой 2011 года, федерация же представлена в нем образцом, на который

---

9   Программа *«Аса Ити»* от «Эн-эйч-кэй» транслировалась 13 июня 2012 года с 8:15 до 8:55 утра.

следует ориентироваться всем японским женщинам. Как следует из названия исследовательской работы «*Оннатати га татиа-гатта*» («Женщины воспрянули»), в ней отражен феминистский взгляд на призыв «Держись, Япония» и превозносится мобилизация женщин во время кризиса 1923 года [Orii 2017].

Очевидно, что после событий 11 марта женственность и домашнее хозяйство стали характерными особенностями жизни Японии. Тем не менее в этой книге внимание уделяется также представителям другого гендера, о котором часто забывают, — мужчинам и маскулинности. На самом деле, кризису, вызванному катастрофой 2011 года, предшествовали десятилетия национального упадка, определяющей чертой которого было беспокойство о мужественности. По мнению Энн Эллисон, самым подходящим описанием современной Японии будет «нестабильное» государство. Военно-экономический потенциал этой страны, некогда ведущей экономической державы, в последние десятилетия значительно снизился. В начале 1990-х годов с началом экономического спада этот факт стал очевиден, а после катастрофы 2011 года — неоспорим. Главную роль во взлете и падении страны играли японские мужчины. После краха Японской империи в конце Второй мировой войны, сменив форму имперских солдат на деловые костюмы экономических воинов, они пересмотрели свои обязательства перед страной. Выполняя роль кормильцев своих семей, верных слуг своих компаний и экономического двигателя страны, эти корпоративные воины — «служащие на окладе» — обеспечили Японии беспрецедентный экономический рост, стабильность и процветание, быстро ставшие предметом зависти всего мира. Тем не менее лопнувший в 1991 году экономический пузырь и начавшаяся после этого рецессия коренным образом изменили судьбу страны и японских мужчин. Создалось впечатление, что с ростом безработицы, ухудшением ситуации с неполной занятостью, бедностью, голодом, «затворничеством» (*хикикомори*), «смертью в одиночестве» (*кодо-куси*), самоубийствами, а также с появлением большего числа бездомных японские мужчины утратили свое устойчивое положение. После мартовской трагедии их положение и статус стали еще более сомнительными [Allison 2013].

При наличии таких тенденций нет ничего удивительного в том, что после катастрофы 11 марта вопрос мужественности оказался неразрывно связан с вопросом государственности. Как отмечает Робин Леблан, после событий 11 марта этот вопрос стал для Японии настолько важным, что развернувшаяся дискуссия о перестройке энергоисточников и экономики вдохновлялась единственной и главной заботой — возвращением фигуры служащего на окладе, воплощавшем когда-то силу и доблесть страны [LeBlanc 2012]. Важно отметить, что связь между мужественностью и государственностью была очевидна и после катастрофы 1923 года. После того, как разрушения в Токио сделали очевидными существовавшие в государстве проблемы, бывший мэр Токио и президент Института реконструкции Симпэй Гото обратился к образу героя Русско-японской войны адмирала Хэйхатиро Того, представив его в качестве идеала героизма и самопожертвования и призвав японцев следовать его примеру [Schencking 2013: 112]. Гото также активно поддерживал японскую организацию бойскаутов, главный институт социализации мужчин, история которого началась в имперской Британии с Баден-Пауэлла [Garon 2017б: 78].

И хотя в среде японистов исследовательское направление, посвященное маскулинности и мужчинам, развивается медленно[10], развернувшаяся в Соединенных Штатах и Австралии дискуссия по этому вопросу предоставляет ценные материалы для анализа ситуации в Японии после событий 11 марта. В процессе строительства и перестройки нации определяющую роль играет маскулинизированный и маскулинизирующий процесс, в котором признаки мужественности — сила, храбрость, авторитет и доминирование — постоянно используются для определения контуров и содержания национального государства [Kimmel 2012; Connell 2005]. Вопрос мужественности приобретает особое значение во время кризисов, как вызванных стихийными бедствиями, так и ставших результатом человеческой деятельности.

---

[10] К ним относятся: [Dasgupta 2013; Frühstück 2007; Roberson, Nobue 2003; Frühstück, Walthall 2011].

В конце XIX и начале XX века на фоне экономического кризиса, усиления женского движения и «закрытия» фронтира общественное беспокойство по поводу гендерного порядка, примером чего служило увеличение числа «женоподобных» (слабых и вырождающихся) мужчин и «мужеподобных» (напористых и сильных) женщин, вызвало повсеместный страх упадка страны [Bederman 1996; Hoganson 1998]. Для преодоления внутреннего кризиса американские политические лидеры выдвинули в качестве главного способа укрепления страны идею возрождения мужественности с помощью военного развертывания и политики экспансионизма за пределами государственных границ. Этому призыву должны были последовать мальчики, при этом движение американских бойскаутов стало идеальной тренировочной площадкой для укрепления тела и духа [Honeck 2018]. Несколько десятилетий спустя, во время холодной войны, общество вновь столкнулось с кризисом маскулинности, вызвавшим на этот раз так называемую лавандовую панику, когда мужская гомосексуальность стала считаться проблемой национальной (без)опасности. После войны, по мере усиления гомофобии в Америке, работавшие в правительстве гомосексуалисты стали главным объектом преследований. Их мнимая изнеженность считалась предательством, поскольку она якобы ослабляла нацию перед лицом коммунистической угрозы [May 2008: 91–93; Kimmel 2012: 170–171]. Опасения за сохранение мужественности и государственности, столь заметные в проводимой после событий 11 марта политике повышения устойчивости, следует рассматривать, как в Соединенных Штатах, так и в Японии, с учетом этой маскулинизированной и маскулинизирующей динамики.

Национальные и международные проявления катастрофы 11 марта в культуре

Кроме этого, в процессе исследования политики Японии по повышению устойчивости в книге анализируется взаимосвязь между проявлениями международного и национального. После событий 11 марта культура оказалась полна примеров, указывающих на важность трансграничного обмена. В частности, распространение после мартовской трагедии термина «устойчивость» (*рэдзириэнсу*) оказалось во многом связано с недавними изменениями в стандартах управления глобальными процессами. В 1980-х и 1990-х годах обеспечение подготовленности к стихийным бедствиям стало ведущим направлением международной политики, мобилизующим широкий круг социальных агентов, включая государства, региональные организации (как АСЕАН), международные организации (как ООН), неправительственные организации (НПО), научно-техническое и академическое сообщества, частный бизнес и средства массовой информации [Hannigan 2012]. Международная дискуссия о подготовленности к стихийным бедствиям, их предотвращении и смягчении их последствий, а также о спасательных и восстановительных работах после того, как они случились, ввела в оборот новые термины и концепции, включая концепцию «противодействия», которая в 2005 году была определена ООН в качестве ключевой в вопросе обеспечения подготовленности к стихийным бедствиям [National Academies 2012]. Как отмечает Джонатан Джозеф и его коллеги, повышение уровня устойчивости является главным способом неолиберализации в управлении локальными и глобальными процессами, в рамках которых задача контроля факторов риска все чаще перекладывается на плечи отдельных лиц, которым настоятельно рекомендуется изучить и перенять принципы заботы о себе и ответственности за себя [Joseph 2013; Mckeown, Glenn 2018]. Неолиберализм — это не только экономическое явление. Институционализируя новые ценности и практики, внедряя свои идеалы в повседневную жизнь и создавая новый субъект и субъективность, он порождает множество культурных и политических изменений [Wilson 2018; Riedner 2015; Harvey 2005]. После катастрофы 11 марта стратегия повышения устойчивости действительно стала в Японии главной ареной для представления неолиберального дискурса и практик, на которой продвигается идея приватизации процесса управления рисками, а также ориентации скорее на самопомощь и взаимопомощь, чем на государственную помощь.

Кроме предложенного после 11 марта акцента на неолиберализме, повышение устойчивости также подчеркивает значимость военных как главной силы в борьбе со стихийными бедствиями. Распространяется дискурс о «милитаризме бедствий», представляя (переосмысливая) вооруженные силы как гуманитарную организацию, развертывание которой имеет важное значение для уменьшения последствий природных и техногенных катастроф и повышения устойчивости внутри страны и за ее пределами [Fukushima et al. 2014]. Как отмечает Ричард Сэмюэлс, рост популярности Сил самообороны Японии и вооруженных сил США после 11 марта действительно заслуживает внимания. Международная спасательная операция «Томодати» потребовала переброски американских войск с баз на Окинаве, Филиппинах и Гавайях в пострадавший от стихийного бедствия Тохоку, выявив тем самым существование обширной сети военных ресурсов и персонала США в Азиатско-Тихоокеанском регионе. Катастрофа, потребовавшая беспрецедентного уровня сотрудничества между Силами самообороны Японии и вооруженными силами США, повысила степень взаимодействия этих стран, продемонстрировав военную *кидзуну* (связь) между Соединенными Штатами и Японией[11] [Samuels 2013: 80–109]. Другой тип *кидзуны* также возник в результате катастрофы; так, между военнослужащими и гражданскими лицами Японии, в среде которых после окончания Второй мировой войны существовало противоречивое отношение к институту армии, осуществлялись различные виды взаимодействия. Как показано в этой книге, тенденции милитаризации развивались одновременно с тенденциями неолиберализации, что указывает на сложные контуры секьюритизации, формирующейся в Японии после катастрофы.

Связи между культурой, бедствиями, милитаризмом, неолиберализмом и транснациональностью хорошо видны на примере популярности после катастрофы Гавайев, тихоокеанского архипелага, на котором находится военный гарнизон, и места, где, по

---

[11] Дополнительную информацию о кидзуне см. [Tokita 2015].

общему мнению, появился термин «Операция Томодати»[12]. О значимости Гавайев можно судить по ажиотажу вокруг вновь открывшегося в 2012 году спа-курорта «Хавайянз», расположенного в городе Иваки префектуры Фукусима. Это развлекательное заведение известно своими танцевальными шоу на полинезийскую тематику, прославившимися благодаря получившему признание критиков фильму 2006 года «Хура гару» («Девушки, танцующие хулу»). Возобновление работы курорта после его временного закрытия в связи со стихийным бедствием было расценено как показатель восстановления и устойчивости, в результате чего его провозгласили «курортом *кидзуны*» [Hawaianzu n.d.]. Популярность Гавайев также хорошо видна на примере «целительных туров» (*хоё рёко*), мероприятия по отправке на эти острова детей из пострадавших от стихийного бедствия префектур с целью их физического и психологического восстановления. В проекте «Радуга для детей Японии» участвовали американские военные, волонтеры из Японии и Америки, гражданские организации и множество транснациональных корпораций, что продемонстрировало еще один тип *кидзуны*, возникший на фоне процессов секьюритизации и неолиберализации, охвативших Тихоокеанский регион.

Привлечение Гавайев к ликвидации последствий стихийного бедствия на самом деле представляет собой сложное явление, обусловленное многослойной динамикой. Заявляя о восстановлении Тохоку после событий 11 марта, выступления в спа-курорте «Хавайянз» японских танцовщиц с гавайскими сценическими псевдонимами деполитизируют эволюцию гендера, расы, класса, милитаризма и колониализма, которые долгое время формировали историю не только Гавайев, но и Тохоку. «Туризм исцеления» также несет ответственность за поддержание доминирующих механизмов власти. Представление о Гавайях как о наделенном оздоровительной силой «райском месте» изначально было сфор-

---

[12] Совместная военная операция США и Японии, проведенная 11 марта, была названа «Операция Томодати» (или Томодати Сакусэн) Полом Уилкоксом, отставным военным, служившим в отделе разработки принципов применения войск в Северо-Восточной Азии при штабе Тихоокеанского командования США на Гавайях [Ames, Koguchi-Ames 2012: 207].

мулировано американцами, которые после аннексии островов в конце XIX века стали рассматривать свою колонию как естественное и феминизированное место, где они могут восстанавливаться в то время, как континент переживает трудности расового и национального характера [Walker 2011: 60–62][13]. Гавайи — место, где в XXI веке могут восстанавливаться дети, пострадавшие от катастрофы 11 марта, — превратились в трансграничное пространство для разрешения противоречий, которые легли на плечи детей, пострадавших от катастрофы в Тохоку. Это пространство, в котором принципы заботы о себе и взаимопомощи постоянно используются с целью внедрения принципов неолиберализма и транснационализма в обоих регионах. Более того, движимый энтузиазмом волонтеров туризм исцеления оказывается также примером «волонтуризма», когда исходное условие — самоотверженность (примером которой является волонтерство) — заложено в перспективу экономической деятельности (примером которой является туризм) для содействия восстановлению [McMorran 2017]. Недавний визит на Гавайи Никай, известного политика из ЛДПЯ и архитектора идеи «кокудо кёдзинка» (национальной устойчивости), показал, что острова занимают важное место в продолжающейся мобилизации устойчивости. В мае 2017 года на проходившем в Гавайском университете форуме Никай говорил о важности обеспечения безопасности и мерах защиты в Тихом океане, усиление которых зависит от степени сотрудничества между Японией и Гавайями, где местные американцы японского происхождения выступают в роли посредника [Nikkan 2017][14]. Таким образом, обращение к Гавайям после событий 11 марта необходимо рассматривать в контексте существующей в регионе геополитической динамики, в рамках

---

[13] Исследование о Гавайях как о гендерно дифференцированном пространстве, феминизированное изображение которого скрывает логику и логистику американского милитаризма в регионе, например, см. [Imada 2012; Teaiwa 1994].

[14] О том, как американские иммигранты японского происхождения выступали в качестве агентов японского экспансионизма в Тихом океане до 1945 года, см. [Azuma 2005].

которой наследие колониализма переплетается с подъемом неолиберализма и возрождением милитаризма, что приведет к превращению островов в XXI веке в мощный центр национального строительства и создания альянсов[15].

Заключение

Таким образом, в книге рассматриваются мноплановые и разнонаправленные движущие силы, лежащие в основе проекта по повышению устойчивости Японии после 11 марта. Изучая структуру гендера и культуры, автор помещает процесс строительства и перестройки нации после катастрофы в более широкие транснациональные и трансисторические контексты туризма, милитаризма, неолиберализма и империализма. При этом, определив предмет исследования, возможно, будет полезно также кратко указать, о чем здесь не будет сказано. В книге не обсуждается, какие методы и способы повышения устойчивости более (или менее) эффективны по сравнению с другими для защиты жизней людей в случае природных и техногенных катастроф. В ней не рассматривается вопрос о том, является ли идея противодействия бедствиям разумным проектом, который способен

---

[15] Другим популярным направлением целительного туризма после катастрофы 11 марта стала Окинава, самая южная префектура Японии, история колониализма, милитаризма и туризма которой схожа с историей Гавайев. Хорошо известен проект «Окинава Куми но Сато», в рамках которого детей, а часто и их матерей, привозят на Кумэдзиму, один из островов архипелага Рюкю, для физического и психологического восстановления. Этот проект запущен именно там, где в конце Второй мировой войны Императорская армия Японии совершала ужасные зверства. Он был придуман бывшим губернатором Окинавы Масахидэ Ота, фотожурналистом Рюити Хирокавой и режиссером аниме-фильмов и продюсером Хаяо Миядзаки. Его работу обеспечивают добровольцы, родившиеся в основном в «собственно» Японии. Это еще один пример того, как колонизованная территория используется для восстановления и регенерации колонизатора. О проекте было рассказано в «Дэйз джэпен», ежемесячном фотографическом журнале, главным редактором которого является сам Хирокава. Об истории Кумэдзимы во время Второй мировой войны, включая «резню в Кумэдзиме», см. [Ōta 2016].

обеспечить то, что он предлагает, и если способен, то до какой степени. Скорее, автор смотрит на противодействие бедствиям после 11 марта как на совокупность дискурсов и практик, обращение к которым всегда влечет за собой изменения в расстановке сил. В условиях рационализации ее предпосылок и деполитизации ее намерений подготовка к рискам, опасностям и стихийным бедствиям все чаще институционализируется в Японии и других странах как «здравый смысл». Некоторые исследования, посвященные 11 марта, оставляя вопрос подготовки и подготовленности к стихийным бедствиям за рамками углубленного анализа, на самом деле рассматривают повышение устойчивости как завершение дискуссии, а не как отправную точку критического осмысления[16]. Вопреки этому нормализующему импульсу в книге переосмысливается возникшая после катастрофы инициатива по обеспечению национальной устойчивости. Она рассматривается как весьма политизированный и политизирующий проект, в рамках которого желание широких масс защищать и сберегать жизни людей слишком часто и слишком легко эксплуатируется политическими и культурными механизмами с целью укрепления доминирующих ценностей и практик. В условиях беспрецедентного кризиса, низовой мобилизации и возвращения национализма распространяющийся по Японии призыв к государственному восстановлению едва ли может быть назван невинным или простым.

---

[16] Например, см. [Kingston 2012: 4–8]. Приводя отражающий и укрепляющий парадигму национальной устойчивости список «неотложных дел» для предотвращения стихийных бедствий и подготовки к ним, Джефф Кингстон дополнительно говорит о важности «рассказов очевидцев и оперативности», при этом, по его мнению, в таких ситуациях следует игнорировать «стандартные научные принципы, связанные с методологическими или теоретическими вопросами». О другом схожем типе отказа от власти и проведения критического анализа катастрофы см. [Slater 2015: 32–41]. Дэвид Слейтер утверждает, что непосредственно после катастрофы возникает «предгегемонистский» этап, когда «срочная этнография» на месте событий имеет преимущество над систематическим анализом структур власти, поскольку «срочная этнография» способна лучше запечатлеть такие этапы, чем систематический анализ.

2

Повторная маскулинизация страны

*Стойкая мужественность
и возрожденная государственность*

В июне 2016 года в Токио состоялась премьера научно-фантастического фильма компании «Тохо» «Годзилла. Возрождение», 29-го фильма о Годзилле. Фильм немедленно снискал в Японии кассовый успех, признание критиков и премию Японской киноакадемии в номинации «Лучший фильм года» и «Лучший режиссер года». Это был настоящий фильм-катастрофа, снятый под впечатлением от случившихся в 2011 году землетрясения, цунами и аварии на ядерном объекте. В фильме, где Годзилла показан неизвестной и непостижимой разрушительной силой, берущей начало в море и приводимой в действие ядерной энергией, явно проводится аналогия между ужасным существом и катастрофой 11 марта. В то время как на экране разворачивается небывалый *кокунан* (национальный кризис), фильм, снятый при содействии Сил самообороны Японии, демонстрирует героизм, самоотверженность и мужество отряда солдат, готовых, рискуя жизнью, обуздать кризис, выступив против монстра, к большому восторгу зрителей, в сопровождении танков, вертолетов и реактивных истребителей [Spitzer 2016; Fifield 2016; Schilling 2016]. Провоенная позиция создателей картины не ускользнула от внимания правящей Либерально-демократической партии (ЛДП), а также Сил самообороны Японии. Через несколько месяцев после выхода фильма премьер-министр Синдзо Абэ публично одобрил его, заявив, что популярность «Годзиллы» отра-

жает общественную поддержку Сил самообороны Японии
[Shushō kantei 2016]. На новом плакате, призывающем вступать
в ряды Сил самообороны, оказался изображен Годзилла, надпись
под которым гласила: *«Коно има о, мираи о, мамору»* («Защитим
настоящее и будущее») [Jieitai 2016].

Предметами обсуждения в Японии после событий 11 марта
все чаще становятся кризис, вооруженные силы и мужчины.
Спасательная операция «Томодати», проведенная военными
США и личным составом Сил самообороны в первые дни после
катастрофы и показанная в фильме «Годзилла. Возрождение»,
сопровождалась многочисленными статьями, восхваляющими
американских и японских солдат за их храбрость. Излагая «политику милитаризма бедствий» [Fukushima et al. 2014], статьи
представляют (переосмысливают) вооруженные силы как гуманитарную организацию, участие которой видится необходимым
для локализации стихийных бедствий. Прославление воинской
мужественности также прослеживается в богато иллюстриро-
ванной книге 2014 года «Защитники страны: офицеры и матро-
сы Морских сил самообороны Японии» (*«Кокубо Данси: Кайдзё
Дзиэйтаи дансэй дзиэйкан сясинсю»*). В ней представлены фотографии 20- и 30-летних военнослужащих Морских сил самообороны, сделанные известным военным фотожурналистом Мия-
дзимой Сигэки. В книге также подчеркивается, что их молодые
крепкие тела являются ключом к решению вопроса национальной безопасности. Описывая несущих службу в разных местах
от Хоккайдо на севере до Окинавы на юге солдат, многие из
которых говорят, что главной причиной их поступления на военную службу было желание участвовать в операциях по ликвидации последствий стихийных бедствий, книга убеждает своих
читателей в том, что надежная линия обороны тянется вдоль
всего Японского архипелага, а *«кокубо данси»* («защитники
страны») посвящают себя обеспечению национальной безопасности [Isemura 2014][1]. В одном руководстве по борьбе со стихий-

---

[1] Рассуждения о *«кокубо данси»* похожи на рассуждения о *«тэйкоку данси»*,
примере солдатской маскулинности эпохи Мэйдзи в Японии [Cook 2005].

ными бедствиями перечислен ряд «методов Сил самообороны Японии», которые можно применять в случае землетрясений, тайфунов и проливных дождей. Для создания этого руководства были приглашены настоящие солдаты, которые продемонстрировали различные способы оказания первой помощи. Так методы и подходы военных распространяются среди гражданского населения в рамках программы по обучению самопомощи (*дзидзё*) [Ishizaki 2018].

Обращение к идеалу воина также можно наблюдать в продолжении научно-фантастического аниме «Космический линкор "Ямато"» («*Утюсэнкан Ямато*»), начало популярности которого приходится на 1970-е годы. В этом аниме на солдат возложена миссия по спасению Земли от смертельной радиации, оказавшейся результатом действий врага. Фанаты, движимые «романтическим желанием найти избранника-героя (можно не одного), способного в буквальном смысле вызволить Японию из чрезвычайной ситуации», видят в вымышленной истории о Ямато «аллегорию трагического состояния Японии после 11 марта» [Amano 2014: 325]. Популярность аниме «Космический линкор "Ямато"», названного в честь корабля японского императорского флота, затонувшего у берегов Окинавы в Тихом океане в последние дни Второй мировой войны, указывает на то, что экспансионистская политика прошлого Японии и сопутствующие ей национальные чувства и националистические настроения стали после катастрофы неотъемлемой частью культуры безопасности. Военное наследие сыграло свою роль даже (или особенно) в повествовании о ядерной катастрофе. После ужасной аварии на АЭС «Фукусима» Токийская энергетическая компания (ТЕРСО) направила для ликвидации ее последствий группу специалистов-мужчин. Группу назвали «Фукусима 50». Рассказывая о ее тяжелой миссии, один из членов этой группы говорил, что они «чувствовали себя воинами "токкотай" [смертниками времен Второй мировой войны] в том смысле, что были готовы пожертвовать всем» [McCurry 2013]. Проведя параллель между своей жертвой и жертвами японских солдат, шедших на верную смерть во время войны в Тихом океане, этот человек выразил, возможно, со

смешанными чувствами, мужественную (и убийственную) самоотверженность, которую страна требовала от обеих групп.

Вопрос безопасности обсуждается повсеместно. Он также
проникает в корпоративный мир, побуждая его представителей
разрабатывать планы и внедрять процедуры для защиты национальной экономики. На фоне растущих требований к методам
планирования непрерывности деятельности и управления непрерывностью деятельности японский филиал Международного
общества по управлению в чрезвычайных ситуациях организовал
в 2014 году симпозиум, на котором люди, определяющие порядок
действий в кризисных ситуациях в частном секторе экономики,
обсудили способы укрепления этой экономики. Среди приглашенных докладчиков был Сюдзо Косино, служивший в прошлом
в Сухопутных силах самообороны Японии и участвовавший
в ликвидации последствий землетрясения, произошедшего
в Кобе в 1995 году, а также катастрофы 11 марта 2011 года. Он
рассказал правительству и представителям различных предприятий, как они могут применить к себе организационную структуру управления военных, используемую в кризисных ситуациях.
На симпозиуме также выступил представитель Исследовательского института и консалтинговой компании «ИнтерРиск» Ку-
ниюки Тасиро. Он описал различные примеры систем управления
в чрезвычайных ситуациях, направленных на снижение риска
возникновения ЧС и противодействие распространению ЧС за
пределы предприятия. По завершении выступлений большинство
заданных выступающим вопросов было посвящено проблеме
применения военных методов и процедур при выстраивании
стратегии корпоративной устойчивости, что указывает на появ-
ление новой корпоративной воинственности, для которой граница между безопасностью и экономикой оказалась размыта[2].

В Тохоку связь между мужественностью и устойчивостью
также стала отчетливее после событий 11 марта. В рамках обще-

---

[2] ТИЕМС *Нихон-сибу дайроккай пабурикку канфарэнсу: хэйдзи но сосики
таисэи дэва сайгайдзи ни киноу синаи. 20 июня 2014 года. ТКП гадэн сити
Нагата-тё.* — Примечание автора.

ственного проекта «Маяк возрождения» («*Фукко но Нороси*») была создана серия плакатов, демонстрирующих волю и решимость людей в пострадавших от стихийного бедствия в городах Офунато, Камаиси, Оцути и Рикудзентаката. Подчеркивая значимость гендерно-дифференцированной и гендерно-дифференцирующей динамики на низовом уровне и используя фотографии местных жителей, ориентирующихся на самопомощь (*дзидзё*) и ищущих взаимопомощи (*кёдзё*), проект транслирует устоявшиеся представления о женственности и мужественности. На одном из плакатов проекта мужчина средних лет в одиночестве стоит со сжатыми кулаками перед зданием. Согласно предоставленному переводу, плакат сопровожден словами: «*Сиорэтэтя отокога сутару*» («Будь настоящим мужчиной» (рис. 2.1)), что указывает на определяющую роль в восстановлении мужественности и выдержки [Fukkō 2018б][3]. Диаметрально противоположное представление о женственности, контрастирующее с представлением о мужественности после катастрофы, зафиксировано на другом плакате. Женщина средних лет и ее мать (или свекровь) смотрят из окна того, что, по-видимому, является их временным жилищем. Согласно предоставленному переводу, этот плакат сопровожден следующими словами: «*Гохан о цукурэру сиавасэ*» («Наконец-то дома, где можно наслаждаться простыми радостями приготовления еды для семьи» (рис. 2.2)) [Fukkō 2018a][4]. В отличие от первого плаката, на котором демонстрируются мужская решимость и целеустремленность, второй плакат определяет дом в качестве главной сферы деятельности женщин в процессе восстановления, предлагая посмотреть на это восстановление после 11 марта с точки зрения домашнего хозяйства.

В этой главе рассматривается динамика взаимосвязанного развития маскулинности и устойчивости в Японии. На первый взгляд, воспевание после катастрофы мужской стойкости, воен-

---

[3] Дословный перевод гласит: «Моя мужественность будет подорвана, если я не выйду из депрессии».

[4] Дословный перевод гласит: «Я чувствую себя счастливой оттого, что могу приготовить еду».

Рис. 2.1. «Будь настоящим мужчиной», плакат проекта «Фукко но Нороси», 2014 год. Любезно предоставлено Масахико Сасаки

Рис. 2.2. «Наконец-то дома, где можно наслаждаться простыми радостями приготовления еды для семьи», плакат проекта «Фукко но Нороси», 2014 год. Любезно предоставлено Масахико Сасаки

ной мощи и национальной доблести должно свидетельствовать об уверенности Японии в мужской силе нации. В действительности же возникший дискурс отражает охватившее общество беспокойство о состоянии и статусе мужественности и государственности. Еще до катастрофы 2011 года Япония вместе со своими мужчинами увязла в «неустойчивой» ситуации, когда в 1990-е годы страна столкнулась с рядом проблем, включавших в себя рост безработицы, неполной занятости, уровня бедности, увеличение количества бездомных и самоубийств, а также голод [Allison 2013]. В результате главной задачей после 11 марта стала повторная маскулинизация японских мужчин, а приоритетом — возвращение служащих на окладе, барометра национальной мощи [LeBlanc 2012]. Обращение одновременно к мужественности и национальному характеру во время кризиса характерно не только для Японии. Как уверенно заявляют занимающиеся мужчинами и маскулинностью исследователи, национальный кризис, будь он вызван экономическим спадом, политическими потрясениями, стихийным бедствием или военным конфликтом, часто порождает в обществе тревожность касательно маскулинности и мужественности [Bederman 1996; Hoganson 1998]. В этом отношении пример Японии после катастрофы показателен, поскольку он демонстрирует возникшие после серьезной катастрофы маскулинизированные страхи и тревоги. Исходя из понимания того, что исследование маскулинности должно проводиться не только на локальном уровне индивидуальных дискурсов и практик, но и на глобальном уровне индустриализации, модернизации, милитаризации и других аспектов геополитической динамики [Dasgupta 2013: 9; Connell 2005: 71–72], эта глава посвящена функционированию маскулинности как важнейшего аспекта формирующейся японской культуры. Как будет показано ниже, отстраивание и восстановление Японии после трагедии 11 марта привело к появлению ряда заявлений и практик, затрагивающих вопросы тела, маскулинности, вооруженных сил и экономики не только на национальном, но и на международном уровне.

Поскольку, по существу, это первая глава книги, в ней представлен основательный анализ происхождения, кодификации и распространения «кокудо кёдзинка» («национальной устойчивости»), ключевой концепции, способствовавшей восстановлению и отстраиванию страны после событий 11 марта. Опираясь на выражения и образы из прошлого, настоящего и будущего, национальная устойчивость встраивает процесс восстановления после стихийного бедствия в воспоминания и метонимы японской традиции, а также транслирует новое видение страны в новом веке глобализации, в котором эта устойчивость приобретает все большее значение в качестве основного инструмента управления. Подчеркивая «способность противостоять и пережить потрясения и беспорядки» и «способность преуспевать, столкнувшись с вызовом» [Joseph 2013: 39], устойчивость «действует как средство создания приспосабливаемых субъектов, способных адаптироваться к ситуациям значительной неопределенности и использовать их в своих целях» [Joseph 2013: 40]. Концепция устойчивости, подчеркивая важность «индивидуальной подготовленности, принятия обоснованных решений, понимания наших ролей и обязанностей, демонстрации способности адаптироваться к нашей ситуации и способности "прийти в норму", если что-то пойдет не так» [Joseph 2013: 41], идеально соответствует неолиберальному акценту на личной ответственности, рефлексивности и самосознании. Эта концепция, будучи представленной в различных социальных сферах, особенно полезна в вопросах управления рисками, где считается правильным расширять осведомленность и проводить подготовительные работы, а не полагаться в борьбе с прогнозируемыми и непрогнозируемыми бедствиями на государство [Joseph 2013: 42]. Важно отметить, что такое распространение неолиберализма приводит к обновлению понятия национализма, чей акцент на морали, солидарности и традициях направлен на противодействие и сдерживание нестабильности, тревожности и беспорядков, порождаемых формирующейся системой, основанной на атомизации, индивидуализме и конкуренции [Harvey 2005: 81–86]. Как будет показано в книге, обращение одновременно к неолиберализму и неоконсерватизму на самом деле является примечательной особенностью современной Японии, порождающей после событий 11 марта множество обсуждений и практик.

Национальная устойчивость (*кокудо кёдзинка*): появление, развитие и распространение

С одной стороны, повышение уровня *кокудо кёдзинка* в Японии отражает новую международную тенденцию обеспечения подготовленности к стихийным бедствиям, в соответствии с которой повышение устойчивости оказывается нормой на национальном, региональном и глобальном уровнях управления. С другой стороны, формирующееся национальное видение Японии в значительной степени определяется внутренней динамикой развития японской партийной политики, в которой доминируют мужчины. В 2009 году страна пережила разительные перемены, когда консервативная ЛДП, почти бессменно возглавлявшая правительство с 1955 года, уступила власть Демократической партии Японии (ДПЯ). Несмотря на то что правление ДПЯ стало причиной серьезных преобразований, оно продлилось всего несколько лет, и быстрый крах этой партии объяснялся среди прочего неспособностью справиться с катастрофой 2011 года и ее последствиями. В декабре 2012 года ЛДП, сделав национальную устойчивость своим главным предвыборным обещанием, победила ДПЯ на парламентских выборах, а Синдзо Абэ был утвержден в должности премьер-министра.

Идея национальной устойчивости была впервые сформулирована как часть партийной платформы ЛДПЯ во время недолгого пребывания партии в оппозиции с 2009 по 2012 год. Ее главным сторонником был Никай, старейший государственный деятель ЛДП, бывший министр экономики, торговли и промышленности и генеральный секретарь ЛДПЯ с 2016 года, чье мнение имеет огромный вес. Став свидетелем разрушительных последствий катастрофы 11 марта, Никай призвал однопартийцев выработать стратегию по усилению страны, чтобы вернуть доминирующее положение ЛДПЯ в Японии. Его призыв к действию привел к образованию Комиссии по комплексным исследованиям способов создания потенциала противодействия бедствиям (далее — Исследовательская комиссия ЛДП). С октября 2011 года по сентябрь 2012 года Исследовательская комиссия ЛДПЯ организовала около

80 лекций, прочитанных экспертами в области гражданского строительства, сейсмологии, государственной политики, экономики, бизнеса и искусства, которые были приглашены поделиться своими знаниями и взглядами на способы укрепления страны с аудиторией, состоящей из политиков, чиновников, ученых и руководителей разных отраслей. Из материалов лекций получилось четыре солидных тома под общим названием «Кокудо кёдзинка: Нихон о цуёку синаяка ни» («Идея национальной устойчивости: сильная и гибкая Япония»). Каждый том насчитывает более 600 страниц, на которых изложено видение сформулированной членами ЛДПЯ и ее сторонниками стратегии национальной устойчивости [Jiyū 2012; Jiyū 2013б; Jiyū 2013а; Jiyū 2015].

Вскоре после того как в 2012 году ЛДПЯ вновь заняла место правящей партии, вопрос национальной устойчивости начали обсуждать уже не только внутри ее самой, но и на государственном уровне. Под знаменем Абэномики (мер по восстановлению экономики, получивших название по фамилии премьер-министра) новый кабинет министров начал продвигать стратегию национальной устойчивости как способ стимулирования экономики Японии за счет крупномасштабных инвестиций в инфраструктуру. Также был предложен проект бюджета, распланированного на десять лет вперед и составившего 200 триллионов иен. По мере формирования нового институционального пространства для кодификации, внедрения и распространения стратегии национальной устойчивости особое значение приобрела Канцелярия кабинета министров, авторитет которой резко возрос с 1990-х годов [Nakano 2015: 12]. В 2012 году премьер-министр назначил первым министром, отвечающим за национальную устойчивость, Кэйдзи Фуруя — ближайшего соратника Синдзо Абэ и опытного политика из ЛДП, занимавшего пост председателя Национальной комиссии общественной безопасности и министра, отвечавшего за проблему похищений, связанных с Северной Кореей. В 2013 году при Канцелярии кабинета министров была сформирована консультативная группа. Ее председателем был избран Сатоси Фудзии, преподаватель аспирантской школы гражданского строительства университета Киото, специальный советник премьер-министра («*найкаку камбо санъё*»), авторитетный член Исследовательской комиссии ЛДПЯ и рьяный сторонник стратегии национальной устойчивости, активно рассказывающий о своих взглядах в интернете и печатных изданиях, на лекциях и выступлениях. На основе рекомендаций группы были изданы три основных документа по стратегии национальной устойчивости: базовый закон, опубликованный в 2013 году, генеральный план — в 2014 году и комплекс мероприятий — в 2014 году. В 2013 году, после публикации базового закона, при Канцелярии кабинета министров было создано Управление по содействию национальной устойчивости («*Кокудо кёдзинка суисинсицу*»; далее — Управление по содействию). В 2014 году была создана формально неправительственная организация «Ассоциация устойчивой Японии», видными членами которой стали Никай, Фудзии и Фуруя. Эта организация призвала к созданию «национального движения» («*кокумин ундо*»), в котором приняли бы участие правительство (кан), научное сообщество (гаку), представители промышленности (сан) и население (мин)[5].

Управление по содействию выпустило на английском и японском языках брошюру «Повышение национальной устойчивости: создание сильной и гибкой страны» («*Кокудо кёдзинка то ва? Цуёкутэ синаякана Ниппон э*»), в которой были определены масштабы и цели стратегии национальной устойчивости. В брошюре описываются разрушительные последствия тайфуна в заливе Исэ в 1959 году, Великого землетрясения Хансин-Авадзи в Кобе в 1995 году и Великого восточнояпонского землетрясения в 2011 году, а также дается прогноз о возможности еще одной катастрофы в ближайшем будущем. В ней также утверждается, что, поскольку предполагаемая катастрофа может привести к разрушениям невероятных масштабов, крайне важно «обеспечить безопасность территории страны, регионов, экономики и общества, а также сделать их сильными и гибкими» [Kanbō

---

[5] *Рэдзириэнсу Дзяпан Суйсин Кёгикай*. URL: http://www.resilience-jp.biz/ (дата обращения: 12.09.2023).

2015: 4]. В связи с этим Япония должна стремиться к обновлению инфраструктуры и использованию инноваций при ее создании с целью «во чтобы то ни стало предотвратить гибель людей», «избежать серьезных сбоев в осуществлении важных процессов, обеспечивающих функционирование правительства, а также социальной и экономической систем», «уменьшить имущественный ущерб и нанесенный объектам урон, а также предотвратить увеличение размера такого ущерба» и «добиться быстрого восстановления» в случае серьезной катастрофы [Kanbō 2015: 3]. Для этого в брошюре предлагается двусторонний подход. С одной стороны, «структурные» и «жесткие» меры, предполагающие реализацию ряда строительных проектов, направленных на укрепление конструкций домов и зданий, берегов рек и морских дамб, железных и шоссейных дорог, а также промышленных предприятий и сооружений [Kanbō 2015: 10]. С другой стороны, «неструктурные» или «мягкие» меры по распространению информации и проведению образовательных мероприятий, направленных на повышение уровня осведомленности граждан о рисках, опасностях и бедствиях, а также на поощрение планирования на уровне семьи и на местном уровне и на проведение учений по эвакуации [Kanbō 2015: 6–8]. Как будет рассмотрено ниже, несмотря на их кажущуюся нейтральность, каждый из этих двух подходов (один структурный (жесткий), а другой неструктурный (мягкий)), определенных жизненно необходимыми для национальной устойчивости, быстро стал территорией мобилизации и дискурса о мужественности и государственности.

После катастрофы 11 марта в Японии, стране, потрясенной последствиями небывалого стихийного бедствия, описанный выше призыв к укреплению страны представляется обоснованным, необходимым и даже неизбежным. Однако, как неоднократно подчеркивали занимающиеся стихийными бедствиями специалисты, процесс ликвидации последствий таких бедствий и восстановления после них никогда не бывает нейтральным. У него всегда имеется политический подтекст [Hannigan 2012]. Япония после 11 марта не стала исключением, поскольку вопрос национальной устойчивости быстро занял главное место в политических спорах, в процессе которых всегда оказывается поднят вопрос о роли мужчин и мужественности. В качестве примера можно рассмотреть предложение об укреплении инфраструктуры. Критики отмечали, что стратегия по укреплению национальной устойчивости повлечет за собой вложение значительных инвестиций в строительство общественных зданий и сооружений, или *кокё дзигё*, в том числе в железные дороги, автодороги, мосты и порты. Они также утверждали, что эта ситуация приведет к появлению «казенного пирога», давно связываемой с ЛДПЯ практики, в которой государственные деньги используются для получения голосов и сохранения контроля на местном и национальном уровнях политической жизни [Igarashi 2013; Mulgan 2013; Pempel 2010].

Демонстрируя побудительную силу стихийных бедствий, перспектива строительства общественных зданий и сооружений привела к появлению бесчисленного количества заявлений представителей деловой элиты о беспрецедентных возможностях, связанных с восстановлением после катастрофы 11 марта. В своем новогоднем номере 2013 года ведущий деловой журнал Японии «Никкэй Констракшн» «подробно изучил вопрос строительства общественных зданий и сооружений» (*добокукай о ёму*) и представил список из 50 «ключевых пунктов», которые необходимо рассмотреть для понимания масштабов восстановления после стихийных бедствий. Цитируя известных людей (мужчин) из деловых и академических кругов, журнал описывает также возможные экономические последствия инициативы ЛДПЯ в сфере строительства общественных зданий и сооружений и соответствующие коммерческие стратегии в условиях нового экономического ландшафта [Nikkei 2013]. На следующий год этот журнал опубликовал еще один посвященный повышению устойчивости специальный новогодний выпуск. В нем приводился «подробный прогноз строительства общественных зданий и сооружений в 2014 году» (*тэттэй ёсоку, 2014-нэн но добоку*). Разъясняя основной закон о национальной устойчивости, выпуск охватывал множество тем, от проектов бюджетов, предложенных различными министерствами, и условий поставок в пострадавший от стихийного бедствия Тохоку до новых знаний и технологий в области строительства [Nikkei 2014]. Высоко оценив качество повышения устойчивости в Японии, журнал поддержал идею экспорта инфраструктурных решений и технологий в Тайвань, Таиланд, Вьетнам и Индонезию при условии того, что представители промышленности (*сан*), правительство (*кан*) и научные круги (*гаку*) будут прикладывать при этом совместные усилия к расширению бизнеса за рубежом [Nikkei 2014: 62–63].

Важно отметить, что возможное возвращение практики «казенного пирога» ассоциируется как у сторонников, так и у критиков вложения инвестиций в инфраструктуру с политическим руководством мужчин — в первую очередь с бывшим премьер-министром Какуэй Танакой [Nikai 2012: 20; Morita 2015: 28; Konaga 2012; Igarashi 2013: 3]. В 1970-х годах, будучи главным архитектором проекта национального развития (*Кокудо кайдзо кэйкаку*), Танака продвигал общенациональную инициативу масштабной реконструкции, по результатам которой по всей Японии резко увеличился объем строительства. По этой причине критики назвали период его руководства страной «состояние строительства» (*докэн кокка*). Партийный патриарх и олицетворение строительных интересов, Танака был известен своей агрессивной закулисной политикой, в связи с которой он получил прозвище «бульдозер с головой компьютера», «теневой сегун» и даже «крестный отец» [Sterngold 1993]. После 11 марта в общественном пространстве часто обсуждается наследие этого мужественного и харизматичного лидера. Люди вспоминают Японию эпохи высоких темпов экономического роста, когда во главе сильной партии и сильной страны стояли сильные мужчины. Популярный журнал «Бэссацу такарадзима» выпустил посвященный Танаке специальный номер, рассказывающий необычную историю нестандартного человека. Этот рассказ, прославляющий «жизненную философию» Танаки и его «способность захватывать сердца и умы людей», сопровождался множеством фотографий[6]. Бывший губернатор Токио

---

6   Бэссацу Такарадзима Хэнсюбу. Танака Какуэи то иу икиката. № 2183. Токё: Бэссацу Такарадзима, 2016. Специальный номер, впервые напечатанный в 2014 году, был переиздан в 15-м выпуске 2016 года.

и писатель Синтаро Исихара, известный своей консервативной политикой правого толка и скандальным заявлением о том, что мартовская катастрофа была «карой небесной» за «эгоизм» японского народа, написал биографию Танаки, в которой тот назван политическим «тэнсай» («*гением*») [Ishihara 2016].

Критикуя своего заклятого врага, ДПЯ, ЛДПЯ также отводит значительное место вопросу мужественности. Во время своего краткого пребывания у власти в период с 2009 по 2012 год ДПЯ бросила вызов осуществляемой ЛДПЯ практике «казенного пирога», выдвинув такие лозунги, как «от бетона к людям» («*конкурито кара хито э*») и «жизненная политика» («*сэйкацу сэйдзи*»), и призвав к сокращению расходов на гражданское строительство и перенаправлению бюджетных средств на программы социального обеспечения. Вернувшись к власти в 2012 году, ЛДПЯ отказалась от определенных ДПЯ приоритетных задач и выступила за увеличение расходов на гражданское строительство под лозунгом «от людей к бетону», при этом катастрофа 2011 года стала убедительным обоснованием такого отказа. Язык мужественности сыграл в этом сдвиге важную роль. Члены и сторонники ЛДПЯ осудили чрезмерную сосредоточенность ДПЯ на «людях» вместо «бетона» и назвали такой подход «инфантильным» [Nikai 2012: 48], «неразумным» [Fujii 2013a: 64] и даже «предательским» [Fujii 2013б: 142]. Они также высказали мнение, что, находясь у власти, ДПЯ не проявили «силы духа», «храбрости» и «смелости» [Mitarai 2012: 494–495]. После краткого периода пребывания ДПЯ у власти ЛДПЯ стремилась воодушевить страну, демонстрируя «твердую политическую решимость» [Morita 2015: 28] и «уверенное политическое руководство» [Nikai 2015: 16]. Синдзо Абэ говорил, что продвижение стратегии национальной устойчивости демонстрирует «решимость ЛДПЯ противостоять любым вызовам», стоящим перед страной [Abe 2013: 2–3]. Сосредоточенность стратегии национальной устойчивости на вопросе мужественности хорошо видна в речах Фудзии, рассматривающего в качестве основы для проекта главные принципы пути воина (*бусидо*). Подобно тому, как опытный самурай никогда не будет застигнут врасплох на поле боя, японский народ должен быть готов к любому бедствию, укрепив инфраструктуру своей страны [Fujii 2013в].

Обращение Фудзии к *бусидо* стоит рассмотреть отдельно. В первой главе говорилось о том, что в начале XX века в ходе транснационального формирования культуры гражданской обороны этот термин пересек государственные и региональные границы и был использован Баден-Пауэллом, основавшим движение бойскаутов в Великобритании[7]. Оказавшись податливым дискурсивным инструментом, это понятие неоднократно присутствовало в истории современной Японии в те периоды, когда страна боролась с различными кризисами. В начале прошлого века кодекс чести воина был впервые популяризирован Инадзо Нитобэ, христианским писателем, педагогом и политиком. В своей книге «Бусидо: душа Японии» (1900) он рассказал о традициях самураев. Книга была написана на английском и знакомила читателей с японской философией воинственной маскулинности. Она доказывала западным державам, что в Японии живет сильный и мужественный народ. Вторая волна популярности *бусидо* последовала после поражения Японии во Второй мировой войне, когда всемирно известный писатель Юкио Мисима вновь обратился к кодексу чести воина, настаивая на необходимости вернуться к маскулинизированной Японии, чтобы противостоять тому, что он видел в ее феминизации, «умиротворении» и американизации, вызванных поражением во Второй мировой войне и последовавшей за этим оккупацией США с 1945 по 1952 год. Вновь дискурс о воинской маскулинности возник совсем недавно, в XXI веке, когда писатель Нисохати Хёдо выступил в защиту «нового *бусидо*». Сетуя на выхолощенность нации и ее мужчин, Хёдо настаивает на том, что Японии необходимо обладать ядерным оружием, чтобы укрепить свои позиции относительно Соединенных Штатов [Mason 2011]. Обращение Фудзии к *бусидо*, отражающее давно существующий в Японии дискурсивный паттерн, — это пример проявления обновленного варианта

---

[7] Идеи *бусидо* использованы в Законе скаутов, основном своде правил этого движения. См. [Rosenthal 1984: 64].

традиционной маскулинности с целью мобилизации мужчин в новую эпоху незащищенности и неопределенности.

Рассуждения о маскулинности влияют не только на политическую борьбу ЛДПЯ и ДПЯ, но и на само определение национальной устойчивости. В упомянутой выше брошюре «Повышение национальной устойчивости» говорится о ряде идей и практик, определяющих значение тела и мужественности в процессе восстановления страны после катастрофы 11 марта. Сравнивая человеческое тело с территорией государства, авторы брошюры утверждают, что «крепкое телосложение означает, что у человека здоровый организм, устойчивый к простуде или гриппу, и что даже если он заболеет, то течение болезни будет легким и он быстро пойдет на поправку». Подобно крепкому телу, сильная страна переживет серьезную катастрофу и придет после нее в норму с минимальным ущербом. Важно отметить, что образ крепкого тела-земли предстает в брошюре в мужском обличии, поскольку ее авторы обращаются к примеру Итиро Судзуки, японского бейсболиста, широко известного в Главной лиге бейсбола США как «Итиро».

> Итиро — профессиональный бейсболист, у которого благодаря постоянным занятиям крепкое телосложение и высокий интеллект, а также превосходная техника отбивания мяча. На протяжении всей своей карьеры он неизменно был одним из лучших игроков как в Японии, так и в Соединенных Штатах.

Таким образом, национальная устойчивость не только придает территории государства мужские черты, но и рассматривает его действия с точки зрения мужского тела, чья энергия связана с постоянной работой по развитию физических и умственных сил [Kanbō 2015: 3]. Посредством сосредоточенных на заботе о себе усилий самодисциплинированный и способный оценить себя японский подданный нового образца должен постоянно развивать до необходимого уровня свои физические способности с тем, чтобы противостоять несметному количеству рисков и опасностей, а также чтобы сдерживать их. И все это с целью поддержания устойчивости в стране.

Значение маскулинности очевидно, но оно приобретает дополнительные смыслы в связи с тем, что Управление по содействию обратилось к еще одной национальной знаменитости, Норио Сасаки, занимавшему в тот момент пост главного тренера японской женской футбольной команды «Надэсико Дзяпан», названной в честь гвоздики пышной (*надэсико*, dianthus superbus). Управление по содействию напечатало плакат, на котором лицо Сасаки излучает мужественную решимость при «введении в игру» проекта национальной устойчивости, главная задача которого заключается в «управлении национальными рисками». Сотрудничество с Сасаки, необычайно известным в то время человеком, неудивительно. Его провозгласили национальным героем, когда сразу после катастрофы 2011 года «Надэсико Дзяпан» выиграла чемпионат мира по футболу среди женщин. Приведя оказавшуюся в нелегком положении национальную команду к победе, Сасаки, бывший саларимен, получил высокую оценку за свои «управленческие» навыки — ресурс, применимый в любых проблемных сферах. Именуя себя гуру в управлении коммерческими предприятиями, Сасаки начал рекламировать свой опыт спортивного тренера в качестве инструмента, полезного для изменения принципов менеджмента (сферы, в которой исторически доминировали мужчины) и оживления национальной экономики [Sasaki, Yamamoto 2012; Sasaki 2011; Sasaki 2012]. По поручению Управления по содействию в настоящее время знания и опыт Сасаки применяются в еще одной проблемной области — в сфере национальной устойчивости, где эффективное управление рисками имеет определяющее значение для укрепления страны. Став в Японии после катастрофы 11 марта убедительным символом устойчивости, Сасаки воплощает собой связь между телом, бизнесом и страной.

В созданном Управлением по содействию и размещенном в 2013 году на его сайте видеоролике «Как достичь самого высокого в мире уровня национальной устойчивости» разъясняется определяющая роль гендера, руководителей и способов управления в вопросе национальной устойчивости. Пятнадцатиминутный ролик посвящен встрече Сасаки и Фуруя, во время которой они обсуждают, в чем создание крепкой спортивной команды схоже с построением устойчивой страны. Сасаки объясняет Фуруя, что «Надэсико Дзяпан» столкнулась на чемпионате мира с серьезными трудностями, поскольку ее игроки выглядели «самыми маленькими детьми» («*итибан тисай ко*»). Их западные соперницы заметно превосходили их размерами. Несмотря на это, «Надэсико Дзяпан» обыграла сборную США и смогла «подняться на вершину мира». Как команда сумела это сделать? Сасаки считает, что все произошло благодаря гибкости, подготовке и целеустремленности, приобретению которых каждый член команды посвятил многие годы. Под чутким руководством тренера команда научилась находить свои слабые места, устранять недостатки и быть во время матча физически и морально готовой к любым неожиданным поворотам игры. Избегая классических методов проведения тренировок, на которых тренер дает указания, Сасаки призывал своих спортсменок самостоятельно выявлять слабые места, исправлять ошибки и разрабатывать выигрышные стратегии. Он предложил использовать метод наставничества, позволяющий руководить командой на расстоянии. Тренер особо отметил, что созданный таким образом «коллективный разум» («*сюдантэки тисэй*») привел «Надэсико Дзяпан» в 2011 году к ошеломительной победе.

В представлении Фуруя тренерский стиль Сасаки — это именно те методы управления, которые правительство должно использовать с целью укрепления страны. Подобно тому, как Сасаки взял на себя роль «диспетчерской вышки» («*конторору тава*»), в мероприятиях по повышению устойчивости правительство должно функционировать в качестве штаб-квартиры, руководя людьми и ресурсами при подготовке к будущим бедствиям дистанционно. Стратегия Сасаки — сделать так, чтобы члены команды самостоятельно находили слабые места, были готовы к непредсказуемым ситуациям, развивали коллективное мышление и повышали свои физические и умственные способности посредством постоянной практики, — это именно тот подход, который следует использовать для повышения уровня национальной устойчивости. И цель эта может быть достигнута только в том случае, если каждый член общества осознает концепцию устойчивости, возьмет на себя обязательства по ее реализации, а также реализует ее. Подобно тому, как концепция тренера привела «Надэсико Дзяпан» к победе на чемпионате мира, в случае своей успешной реализации концепция национальной устойчивости позволит Японии (вновь) доминировать на международной арене как «сильнейшей стране в мире». Говоря об экономических последствиях укрепления страны, Фуруя добавляет, что, завоевав репутацию устойчивого государства, Япония, несомненно, сможет привлечь больше инвестиций из-за рубежа, что является необходимым условием повышения ее конкурентоспособности в глобальной экономике [Kokudo 2015][8].

На первый взгляд, сотрудничество Управления по содействию с «Надэсико Дзяпан» кажется долгожданным вмешательством в решение вопроса национальной устойчивости, где в целом доминируют мужчины. Акцентируя внимание на замечательном подвиге, совершенном японскими спортсменками, видео продвигает мысль о том, что стратегия национальной устойчивости точно так же не просто выиграет от участия женщин в ее развитии, но, несомненно, потребует его. Японцы начали превозносить выносливость, упорство и самоотверженность, примером которых стали члены команды «Надэсико Дзяпан», как «Силу Надэсико», что свидетельствует о значимости женщин в стране, пережившей катастрофу. Кроме того, восхваляя тренерскую стратегию Сасаки, видео, судя по всему, предлагает использовать менее традиционные и более эгалитарные принципы управления, предполагающие добровольное участие, принятие решений на основе консенсуса и автономию членов команды (то есть граждан).

Однако вероятность подобных нововведений стремительно уменьшается. Используя стереотипное представление об инфантильной женственности, авторы видео сравнивают свою пере-

---

[8] Более подробную печатную версию дискуссии о национальной устойчивости с участием Сасаки и Фуруя см. в [Furuya 2014: 195–234].

живущую катастрофу страну с имеющей название цветка надэсико (гвоздика пышная) женской спортивной командой. Япония показана в этом видео феминизированным, инфантильным государством, укрепить которое способен только взрослый мужчина, что представляет собой традиционное видение гендерной иерархии, где власть находится у мужчин, а женщины находятся в подчинении. Фильм предлагает неолиберальный подход к управлению, при котором роль государства становится менее заметной, но все еще сохраняется. Государственная власть в этом случае действует издалека, что демонстрирует фаллический символ «диспетчерской вышки». Более того, определяя индивидуальную автономию, участие и преданность как основу национальной устойчивости, видео воспроизводит и усиливает дискурс вокруг продвигаемых после 11 марта самостоятельности и самопомощи, в котором «индивидуальной помощи» (*дзидзё*) и «соседской взаимопомощи» (*кёдзё*) придается гораздо большее значение, чем «государственной помощи» (*кодзё*). По своей сути подготовленность и защита страны зависят от (и действительно требуют) определенного уровня личной осведомленности и способности адаптироваться. Продвигая приватизацию системы предотвращения стихийных бедствий и подготовки к ним, с одной стороны, и поддерживая идею сильного патерналистского государства, с другой, видео воспроизводит известную идею ЛДПЯ о сочетании «экономического либерализма (или неолиберализма)» с «политическим нелиберализмом» с целью сделать Японию после мартовской катастрофы придерживающейся более консервативных, более правых взглядов [Nakano 2016a; Nakano 2016б].

Значение команды «Надэсико Дзяпан» и Сасаки, ставших после победы на чемпионате мира по футболу национальными героями, дает основание предполагать существование еще одной политической силы, занимающей центральное место в процессе укрепления страны после 11 марта, а именно значимых межрегиональных движений, распространяющихся за пределы Японии. Пересечение внутригосударственных и международных тенденций, определяющих национальную устойчивость, можно было наблюдать на одном из мероприятий 2014 года, которое называлось «Американо-японский семинар по вопросам национальной устойчивости». В этом семинаре, организованном Канцелярией кабинета министров, приняли участие Фуруя, Фудзии и Никай, а также два американца — Дональд Лампкинс, директор Центра национальной интеграции Федерального агентства по управлению в чрезвычайных ситуациях, и Роберт Элдридж, заместитель помощника начальника штаба по военной подготовке Корпуса морской пехоты в Тихоокеанском регионе. Семинар связал национальную устойчивость с историей политики безопасности и секьюритизации в Соединенных Штатах.

Свою презентацию под названием «Обзор национальной безопасности» Лампкинс начал с признания того, насколько сильно трагедия 2011 года повлияла на стратегию национальной безопасности США, и подчеркнул важность американо-японского сотрудничества в вопросе повышения уровня устойчивости двух стран. При обсуждении того, как Федеральное агентство по управлению в чрезвычайных ситуациях определяет и внедряет свой подход к национальной устойчивости в Соединенных Штатах, он, по всей видимости, планировал только поделиться со своими японскими коллегами техническими наработками и бюрократическими аспектами управления кризисными ситуациями в США [Lumpkins 2013; Lumpkins 2015]. Тем не менее участие Лампкинса в семинаре не было простым эпизодом обмена информацией. Федеральное агентство по управлению в чрезвычайных ситуациях, организация, которую представлял Лампкинс, было создано на основе нескольких управлений по вопросам общественной и национальной безопасности, включая Федеральное управление гражданской обороны, сыгравшее важную роль в милитаризации повседневной жизни в Соединенных Штатах во время холодной войны, что проявилось в организации таких мероприятий гражданской обороны, как учения «пригнись и укройся», а также в строительстве подземных убежищ. Учитывая, что роль Федерального агентства по управлению в чрезвычайных ситуациях, а также Министерства внутренней безопасности совместно с Министерством обороны значительно возросла после теракта 11 сентября 2001 года, урагана «Катрина»

2005 года и других крупномасштабных стихийных бедствий, имевших место в Соединенных Штатах, военизированный и военизирующий характер подготовки и защиты страны становится очевиден [Haddow, Bullock 2013: 1–130]. Участие в семинаре Лампкинса дало возможность исподволь соединить сформировавшуюся в Соединенных Штатах во время холодной войны политику национальной безопасности с разработанной в Японии после окончания холодной войны политикой национальной устойчивости с тем, чтобы создать транстихоокеанский канал связи между двумя странами по вопросам национальной безопасности.

На том же форуме Элдридж в своей презентации «Операция "Томодати" и ее последствия: оценка Корпуса морской пехоты США» уделил больше внимания вопросу трансграничной и межисторической динамики развития. Элдридж утверждал, что совместная операция 2011 года была успешной во многих отношениях. Она продемонстрировала, что вооруженные силы США, участвовавшие в спасательной операции и восстановительных работах в Тохоку, могут в том числе оказывать гуманитарную помощь. Она также выявила положительные качества двух стран: «стоицизм» японского народа, «профессионализм» Сил самообороны Японии и солидарность американцев с японцами. Кроме того, она подтвердила важность «японо-американского альянса в области безопасности» и «мотивирующего присутствия и опыта США». Как политолог и знаток Окинавы, Элдридж подчеркнул значимость этого места как одного из факторов, определивших успех операции. Будучи местом развертывания вооруженных сил США в случае стихийных бедствий не только в «собственно» Японии, но и в Индонезии, Пакистане, Филиппинах, Соломоновых островах, Таиланде и на Тайване, Окинава играет жизненно важную роль в обеспечении безопасности региона. Подчеркивая значение Окинавы как плацдарма для военных операций США в Азиатско-Тихоокеанском регионе, Элдридж, как и Лампкинс, провел связь между геополитическими процессами времен холодной войны и после ее окончания. Значительное количество американских военных на Окинаве, где в настоящее время сосредоточено более 70 % от общего числа военных объектов США, расположенных на всей территории Японии, объясняется заключенным двумя правительствами во время холодной войны договором, по условиям которого Окинава вынуждена нести такое непосильное бремя [McCormack, Satoko 2012]. На фоне продолжающихся протестов жителей Окинавы против господства на островах американских военных Элдридж развернул дискуссию вокруг «милитаризма бедствий», подчеркнув важность военного присутствия США на Окинаве [Eldridge 2015].

Задействуя широкий круг людей, среди которых были политики, чиновники, ученые, спортсмены и солдаты, стратегия повышения устойчивости после стихийных бедствий привела в движение ряд идей и практик, связанных с национализмом, неолиберализмом и милитаризмом. Проявляющаяся в них динамика, придавая определенное значение отдельным категориям женщин, а также таким колонизованным и зачастую феминизированным территориям, как Окинава, определяет их положение в процессе по укреплению страны как подчиненное авторитету мужчин. Более того, как видно из материалов американо-японского семинара, это новое политическое движение совсем не ограничивается пределами страны, опирается на процессы, происходящие в других странах, где наследие холодной войны продолжает формировать региональную динамику развития региона. Как будет показано дальше, одной из сфер, где взаимодействуют все эти тенденции, является бизнес. Для обеспечения экономического выживания страны в случае кризиса корпоративным акторам настоятельно рекомендуется участвовать в дискуссиях и разрабатывать способствующие устойчивости технологии и программы.

Политика национальной устойчивости как способ укрепления экономики

В процессе формирования культуры национальной устойчивости разработка планов по обеспечению непрерывности деятельности и способов управления, обеспечивающих непрерывность деятельности, все больше становится в Японии нормой[9]. В условиях существующей нестабильности бизнесу необходимо повышать запас собственной прочности и продолжать функционировать как в обычном режиме, так и в чрезвычайных обстоятельствах, используя для этого различные средства. К таким средствам можно отнести проведение на территории предприятия учений по ликвидации последствий стихийных бедствий, разработку планов действий в чрезвычайных ситуациях и инструкций, формирование культуры устойчивости на рабочих местах, милитаризацию процесса обучения сотрудников и создание цепочек поставок, способных выдержать любые бедствия. С точки зрения бизнеса применение неолиберального принципа личной ответственности означает, что отдельным предприятиям, заводам и организациям следует налаживать необходимые связи, оценивать реальные угрозы и существующие риски и принимать обоснованные решения. Для решения этой ответственной задачи назначается новый персонал, а по всей стране проводятся семинары, симпозиумы и выставки, призванные институционализировать новую деловую практику.

После мартовской катастрофы в Японии можно обнаружить множество примеров устойчивого бизнеса компаний. Осенью 2013 года в «Токио Биг Сайт», большом комплексе для проведения конференций и выставок, расположенном в популярном торгово-развлекательном районе Одайба в Токио, прошла торговая выставка технологий в сфере безопасности («Секьюрити энд сейфти трейд экспо»). Спонсируемое большим количеством правительственных и неправительственных организаций трехдневное мероприятие, в котором приняло участие более 200 компаний, включая «Хитачи», «Мицубиси», «Бриджстоун» и «Дюпон», позволило продемонстрировать разработанные многочисленными производителями новейшие технологии в области антикризисного управления. В рамках выставки были также организованы учебные семинары, лекции и рабочие группы, на которых предпринимателям, являющимся одной из целевых

---

[9] Например, см. [Nihon 2014].

групп, рассказывали, как справляться со множеством различных экстремальных ситуаций, от стихийных бедствий и пандемий до терроризма и войн. На выставке было представлено большое количество снаряжения и тяжелой техники, демонстрирующей мужскую мощь через цвет, размер и форму. По всему выставочному залу были рассредоточены военнослужащие в форме вооруженных сил США и Сил самообороны Японии. В «Павильоне Израиля» подрядчики министерства обороны этой страны активно вели торговые переговоры с потенциальными покупателями. Специалисты по антикризисному управлению — правительственные чиновники, бизнес-консультанты, ученые и общественные активисты, почти все из которых были мужчинами, — рассказывали, почему так важно укреплять конструкции рабочих мест в процессе подготовки к возможным чрезвычайным ситуациям. При этом они знакомили аудиторию, состоящую преимущественно из мужчин в деловых костюмах, с новыми нормами делового общения, а также говорили о том, на какие аспекты важно обращать внимание[10]. Продемонстрировав наличие связей между военными и представителями промышленного и технологического секторов, выставка провозгласила самопомощь главным принципом обеспечения безопасности в деловом секторе.

Важность устойчивости бизнеса подчеркивается также в специальном выпуске журнала «Риск Тайсаку.ком» за 2015 год, освещающего способы снижения и предупреждения рисков, а также управления ими во время землетрясений, пандемий и террористических атак. Помимо рассмотрения необходимости повышения уровня осведомленности о способах противодействия бедствиям на рабочих местах, журнал рассказывает о том, как можно сделать разработку плана по обеспечению бесперебойной деятельности новой культурной нормой [Risk Taisaku.com 2015], и приводит в качестве примера корпорацию «Токио Доум». Управляя отелями, курортами и парками развлечений, эта ком-

---

[10] Kiki kanri sangyōten 2013: Security & Safety Trade Expo 2013. October 2–5, 2013. Tokyo Bikku Saito.

пания проводит в своем знаковом развлекательном комплексе «Токио Доум Сити» более 500 учений по ликвидации последствий стихийных бедствий в год. В учениях принимают участие занятые полный и неполный рабочий день сотрудники (всего около 700 человек), а также жители близлежащих населенных пунктов (сотрудники полиции, пожарные и местные жители). Все они участвуют в оказании первой помощи и отработке процессов эвакуации в соответствии с внутренней документацией компании [Risk Taisaku.com 2015: 10–14].

Тем не менее обучение сотрудников методам противодействия бедствиям и выработка у них соответствующих навыков никогда не будет достаточной мерой для управления рисками; трансформацию также должна пройти культура труда в целом. Корпорация «Диско», компания со штаб-квартирой в Токио, производящая высокоточные инструменты для полупроводниковой промышленности, регулярно проводит на основе собственного плана по обеспечению непрерывности деятельности учения по ликвидации последствий стихийных бедствий. Эти учения помогают ей решать такие вопросы, как безопасность сотрудников, своевременная отправка продукции за рубеж и обеспечение функционирования цепочки поставок. Компания разработала ряд уникальных методов, с помощью которых можно распространять культуру подготовленности к стихийным бедствиям среди своих сотрудников: конкурс эссе на тему стихийных бедствий; соревнование среди подразделений на подготовленность к стихийным бедствиям; и «денежное вознаграждение» (с использованием внутренней валюты предприятия) для тех, кто демонстрирует образцовое следование методам противодействия бедствиям [Risk Taisaku. com 2015: 14–17]. Японский филиал «Ай-би-эм» также полон решимости распространить в среде своих работников новую этику. Компания не только разработала два плана, один по обеспечению непрерывности бизнеса в случае крупномасштабной пандемии, в 2008 году, а другой — на случай крупномасштабного землетрясения, в 2013 году, но также обязала всех сотрудников поставить свою подпись под руководством по корпоративному поведению, обещая тем самым участвовать в повышении устойчивости. Как отмечает Лоуренс Гихард-Жоли, генеральный директор «Ай-би-эм», отвечающий за направление, предоставляющее услуги по обеспечению устойчивой работы бизнеса, ключом к успешной устойчивой работе корпорации является «непрерывная вовлеченность». В филиалах «Ай-би-эм» по всему миру проводятся различные мероприятия, семинары и презентации, обеспечивающие институционализацию новой корпоративной культуры устойчивости во всех отделениях компании в разных странах [Risk Taisaku.com 2015: 18–21].

В связи с нарастающей волной глобализации японские корпорации должны заниматься операционной секьюритизацией как за рубежом, так и внутри страны. Тосиро Кодзима, бывший сотрудник «Хитачи, Лтд.», отвечавший в компании за разработку правил управления рисками, утверждает, что у крупных и малых японских компаний больше нет выбора. Если они хотят выжить в условиях международной экономической конкуренции, они должны отправлять сотрудников в «зоны повышенного риска» за границу. Кодзима утверждает, что это можно делать при условии надлежащей подготовки, и перечисляет ряд стратегий, которые можно использовать для ее осуществления. Прежде всего, для определения характера и степени риска необходимо собрать информацию о местных условиях. Сбор данных следует сочетать с рядом других мер: разработкой плана эвакуации, консультациями и координацией с посольствами и консульствами Японии, наймом телохранителей из частных охранных компаний, приобретением пуленепробиваемых жилетов, транспортных средств и подготовкой укрытий, а также проведением учений с имитацией захвата заложников [Risk Taisaku.com 2015: 38–39].

Секьюритизация бизнеса действительно является насущным вопросом. По этой причине журнал «Риск Тайсаку.ком» решил написать о проведенном на филиппинском острове Лусон семинаре по управлению рисками. Во время трехдневного тренинга под руководством бывших австралийских военных репортер журнала прошел обучение различным техникам, позволяющим справляться с кризисными ситуациями и выживать в них. На семинаре был рассмотрен внушительный перечень вопросов:

оказание первой помощи, отработка боевых навыков, обращение с оружием, воспроизведение боевой обстановки, работа со СМИ и переговоры о выкупе. В дополнение к практическим заданиям рассматривалась важность развития стойкости. Инструктор объяснял участникам семинара, что, «невзирая ни на что», важно сохранять спокойствие и помнить о своем «долге вернуться домой к родным». Таким образом, особое внимание было обращено на обязательства мужчин перед семьей, а также перед страной [Risk Taisaku.com 2015: 40–45]. Очевидно, что в XXI веке корпоративная воинственность приобретает новые смыслы и значение. Подобно тому, как *кокубо данси* Сил самообороны Японии защищают страну, предприниматели должны защитить ее экономику, развивая новые навыки и техники, отправляясь в опасные зоны и выживая в экстренных ситуациях за счет своего главного оружия — физической силы и психологической устойчивости.

Национальная устойчивость как реформа морали

После трагедии 11 марта японское сочетание традиций с неолиберальным подходом к повышению устойчивости, о котором говорилось до сих пор, превратилось в переплетение неолиберализма и неоконсерватизма в условиях новых требований к этой устойчивости [Harvey 2005: 81–86]. В призыве к национальному возрождению всегда присутствует обращение к имперскому прошлому Японии и требование реформирования духа на фоне бесчисленных признаков слабости и уязвимости Японии. Для создания устойчивого независимого государства недостаточно создать мощную инфраструктуру; необходимо возродить дух (*кокоро*) японского народа, значение которого столь же или даже более велико. Выдвинув лозунг «Вернем ушедшую Японию» («*Нихон о торимодосу*»), премьер-министр Синдзо Абэ не только продемонстрировал свою решимость возвратить политический контроль, восстановить экономическую устойчивость и укрепить материально-техническую базу, но и выразил поддержанное многими в ЛДПЯ и за ее пределами желание возродить «японскость», утрата которой считалась главной причиной нестабильности в стране. Как утверждает Синдзо Абэ, национальная устойчивость должна «вернуть замечательные традиции и культуру Японии» и «изменить сознание людей» с тем, чтобы защитить и сохранить «прекрасное государство» [Abe 2013]. В призыве возродить «японскость» — термин, значение которого по меньшей мере двусмысленно, — понятие устойчивости становится податливым дискурсивным пространством, в котором процветают разговоры о духе японского народа, мускулинности и имперском наследии страны.

И в самом деле, к теме возвращения «японскости» часто обращаются. Связывая духовную сущность Японии с устойчивостью после трагедии 11 марта, Никай утверждает, что национальная устойчивость — это, прежде всего, «философия» (*сисо*), отражающая духовный облик Японии [Nikai 2015: 11–14]. В своем эссе «Декларация национальной устойчивости» («*Кокудо кёдзинка сэнгэн*»), написанном на основе текста публичного выступления и состоящем из трех частей, он приводит свои доводы. С незапамятных времен Япония сталкивалась с многочисленными кризисами, и все же каждый раз успешно поднималась из разрухи и была способна развиваться и процветать. Решающую роль в обеспечении выживания страны играют национальные лидеры, которыми в работах Никай всегда оказываются мужчины. Не менее важное место при этом занимает моральная и духовная стойкость простых людей, культивируемая и передаваемая из поколения в поколение. Проявлениями духовных достоинств японского народа являются самопожертвование, взаимопомощь, добрососедские отношения, коммунализм сельских районов, близость к природе и гуманизм. Никай отмечает, что сила духа и моральная стойкость японцев наглядно проявились во время катастрофы 2011 года, когда люди в Тохоку ставили благополучие остальных выше своего собственного и помогали друг другу во время небывалого бедствия. Показанные по всему миру «достоинство» и «чистота» жертв катастрофы явили другим странам величие Японии [Nikai 2012: 24–33, 59–60].

Чтобы доказать неизменную природу японскости, Никай обращается к двум историческим источникам: древнему письменному памятнику «Нихон сёки», в котором содержится указ VII века времен правления императрицы Суйко, автором которого был принц Сётоку, и Клятве Пяти пунктов, обнародованной в XIX веке при вступлении императора Мэйдзи на трон. Отстаивая идеи единства, гармонии, скромности и искренности, эти исторические тексты отражают то, кем и чем на самом деле является японский народ. Упоминая принца Сётоку, полулегендарную личность, заложившую основы политической системы древней Японии, а также императора Мэйдзи, выдающегося человека, направившего Японию по пути модернизации, сплочения страны и в конечном счете имперской экспансии, Никай помещает национальную устойчивость в более широкий мифологический и исторический нарратив о происхождении японской имперскости [Nikai 2012: 37–40].

Никай не единственный, кто обращается к имперскому наследию Японии при формулировании национальной устойчивости. Его единомышленник Фудзии также непреклонен в увязывании идеи укрепления страны после событий 11 марта с сохранением императорского дома. Он утверждает, что, если Япония хочет «избежать сокрушительного удара», угрожающего ее существованию, члены императорского дома должны быть защищены от любых бедствий [Fujii 2013б]. Следовательно, вопрос «секьюритизации императорского дома» («кодзоку но андзэн хосё») [Fujii 2013б: 32] должен быть в стратегии национальной устойчивости основным, поскольку прекращение существования этого дома в буквальном смысле означало бы конец Японии [Fujii 2012: 45]. Мнение Фудзии разделяет мэр Киото Дайсаку Кадокава, указывая на то, что стратегия кокудо кёдзинка влечет за собой укрепление психологического стержня японского народа. Киото является в этом отношении образцом. Этот древний город — место, где находился императорский двор, — на протяжении веков сохраняет историю, культуру, традиции и «суть» Японии. Ни один другой город не позаботился о сохранении таких древних сокровищ, как императорские свадебные наряды с более чем тысячелетней историей, символизирующие нескрываемую гордость и вечные качества нации. Защищенный многовековой культурой, прошедшими испытание временем традициями и духом древности, преодолевший в прошлом многочисленные кризисы город Киото является образцом устойчивости, излучающим красоту и по сей день. Основой решимости встретить кризис и подготовленности к нему, с точки зрения Кадокавы, является культурная устойчивость (*бунка но кёдзинка*) [Kadokawa 2015].

По словам Фудзии, с учетом значения идеи национальной устойчивости, когда на карту поставлено сохранение императорского дома и государственного устройства, состояние японских мужчин, которым предстоит взять на себя эту важную миссию, вызывает беспокойство. Особенно выразительно он высказывается о сомнительном качестве современных японских мужчин, которые представляются ему мягкими, слабыми и изнеженными. Принадлежащие к поколению «идиотов, выступающих за мир» («*хэйва бака*»), современные японские мужчины не только не замечают рисков, с которыми сталкивается страна, но, что еще хуже, неспособны с ними справиться. Как и Юкио Мисима, Фудзии утверждает, что источник этой проблемы следует искать в успешности Японии после Второй мировой войны. Наслаждающиеся региональной стабильностью, гарантированной вооруженными силами США, и извлекающие выгоду из экономического процветания, достигнутого предыдущим поколением мужчин, которые понимали истинное значение мужественности благодаря своему опыту военного времени, современные японские мужчины — это кучка избалованных сопляков, выросших в тепличных условиях и не знавших лишений. Они инфантильны и неопытны; им не присуща мужская стойкость. Они «нищи духом», как и вся страна [Fujii 2012: 57–58, 63–66]. Фудзии утверждает, что для того, чтобы государство стало по-настоящему устойчивым, японские мужчины должны вновь стать мужественными, вырабатывая «стойкость духа» и взяв за образец самураев феодального периода и солдат Второй мировой войны. Восстановив духовные силы, они смогут вернуть страну «в нужное русло», направив ее по пути роста и процветания с целью занять на международной арене лидирующие позиции. Возвращение к подлинной мужественности, воплощенной в идеале Нихон Дандзи (японского мужчины), является, с точки зрения Фудзии, обязанностью всех жителей Японии мужского пола [Fujii 2013b: 56–57, 198–202].

Важно отметить, что идея о необходимости восстановления утраченной мужественности озвучивается не только мужчинами, но и некоторыми женщинами, что можно было наблюдать в 2012 году во время дискуссии, организованной Исследовательской комиссией ЛДП. Присутствующим и состоявшим в партии женщинам, среди которых находились Эрико Яматани, Томоми Инада, Кунико Иногути, Юрико Коикэ, было предложено представить «женский взгляд» на вопрос национальной устойчивости. Никай предстал в этой ситуации в качестве «наблюдателя»[11]. Совершенно не задумываясь о том, чтобы подвергнуть критике маскулинизированный и маскулинизирующий дискурс о национальной устойчивости, женщины требовали возвращения сильных мужчин и сильного государства, повторяя при этом аргументы, озвученные их коллегами-мужчинами. Подчеркивая важность «японскости» для национальной устойчивости, Инада, занимавшая в тот момент должность председателя Совета ЛДПЯ по политическим исследованиям, а впоследствии занявшая пост министра обороны, заявила, что такие качества, как гордость, достоинство, честность, трудолюбие, духовное богатство и любовь к стране, являются сущностью, реальной «ДНК» японцев [Kokudo 2013: 694]. Яматани, сменившая Фуруя на посту министра по вопросу национальной устойчивости, была полностью согласна с таким подходом. Она тоже высказала мнение, что возвращение «японскости» имеет решающее значение для восстановления страны после катастрофы. Ссылаясь на книгу Инадзо Нитобэ «Бусидо: душа Японии», написанную на английском в 1900 году, а также на «Кодзики», хронику VIII века, соперничающую по своей значимости с «Нихон сёки», Яматани подчеркивала свя-

---

[11] Как будет показано в третьей главе, и Коикэ, и Иногути играют заметную роль в содействии участию женщин в разработке и воплощении стратегии повышения устойчивости Японии после 11 марта.

щенную природу японского государства и бесконечную привязанность к нему японского народа [Kokudo 2013: 697]. Тем не менее, отдельно отметив свой вклад как женщины, она также подчеркнула важность обсуждения в пережившей трагедию Японии «женских вопросов». Перейдя к теме снижения рождаемости, она заявила, что это снижение объясняется решением некоторых женщин отложить вопрос рождения детей, а также низкой активностью сперматозоидов у некоторых мужчин. Более того, она утверждала, что недостаток «энергии» у мужчин и их спермы может быть как-то связан с низким качеством употребляемой ими пищи. Она также доказывала, что пересмотр процесса производства продовольственных товаров и обеспечение продовольственной безопасности имеют решающее значение в построении более сильного государства [Kokudo 2013: 721]. Воспроизводя рассуждения о «японскости», Инада и Яматани также расширили границы понимания восстановления после катастрофы, обратившись к биологическим представлениям о ДНК и мужской фертильности и оказывая тем самым женскую поддержку дальнейшей натурализации устойчивости в физическом плане[12].

Разговоры о мужественности и национальном характере распространяются и на низовом уровне. Это видно по Токийской неделе по предотвращению стихийных бедствий, мероприятию местного уровня, проведенному в районе Сумида в сентябре 2013 года. Несмотря на локальный характер мероприятия (в числе его главных организаторов были Токийская ассоциация по предотвращению стихийных бедствий, а также отделение Японской шахматной ассоциации района Сумида), оно было обусловлено рядом исторических и геополитических тенденций развития, в рамках которых национальная устойчивость прочно связана с прошлым Японии.

Начнем с того, что место проведения мероприятия, Токийский мемориальный храм двух катастроф (Токё Ирэйдо), является

---

[12] Критическую оценку Яматани и Инады и их консервативных — антифеминистских и ультраправых — взглядов см. в [Nakano 2016a: 168; Saaler 2016: 181].

пространством, наполненным памятью о национальных бедствиях, поскольку оно увековечивает память жертв Великого землетрясения Канто 1923 года, а также бомбардировок Токио 1945 года. Мемориальный храм был построен в 1930 году на территории «Рикугун Хифукусё ато» (фабрики по пошиву униформы императорской армии Японии) в Хондзё, месте, воплощающем взаимосвязанные тенденции развития империи, армии и домашнего хозяйства (нашедшие отражение в производстве одежды). Во время катастрофы 1923 года на месте бывшего склада одежды произошла ужасная трагедия. Пытаясь спастись от пожара, бушевавшего по всему Токио, люди направились в сторону пустыря, на котором когда-то находилась фабрика. Убегая, они старались забрать с собой как можно больше: одежду, постельные принадлежности, мебель, велосипеды, лошадей и т. д. Тем не менее огненный смерч вскоре достиг Хондзё, где это нагромождение предметов домашнего обихода превратило все в пылающий ад. В результате в огне погибло более 30 000 укрывшихся в Хондзё людей. Впоследствии фотографии сложенных в кучи обугленных, распухших и разлагающихся тел были напечатаны в газетах и на памятных открытках, превратив это место в мрачный символ беды, имевшей место в современной истории Японии [Weisenfeld 2012: 63–65; Schencking 2013: 32–35].

Мемориальный храм также характеризуется еще одной важной особенностью, поскольку в его строительстве принимал участие Тюта Ито (1867–1956), ведущий архитектор Императорской Японии. Продвигая через архитектуру японский национализм, Ито участвовал в строительстве святилищ Окинава, Хэйан, Ясукуни (включая Юсюкан) и Мэйдзи на территории Японии, а также святилищ Карафуто, Тёсэн и Тайвань в японских колониях, что демонстрировало связь между архитектурными сооружениями и имперской экспансией на территории Азии [Loo 2014: 55–83]. Рядом с Мемориальным храмом находится также созданный Ито Мемориальный музей, в котором выставлены различные памятные вещи, связанные с землетрясением 1923 года. Среди них находится большая картина маслом, на которой изображен наследный принц Хирохито (ставший впоследствии императором

Сёва) во время осмотра Токио после катастрофы, что должно ассоциироваться с милостью, которую японский императорский дом оказывает своим подданным. Так в Токийском мемориальном храме сходятся воедино военное и имперское прошлое Японии, создавая богатое символами пространство для размышлений о значении катастрофы 2011 года.

Именно в такой атмосфере четыре гражданских инженера, среди которых был Фудзии, провели заседание экспертной группы под названием «Как защитить Японию в будущем от угрозы сильных землетрясений». Примечательно, что на оценку необходимых для укрепления инфраструктуры Японии технических решений они потратили меньше времени, чем на рассмотрение понятия «любовь» (*ай*) в качестве главного способа обеспечения подготовленности страны.

Акира Хосода из Йокогамского государственного университета утверждал, что укрепление страны после событий 11 марта — это, прежде всего, вопрос сохранения «японскости». Необходимо стремиться к предотвращению стихийных бедствий и смягчению их последствий таким образом, чтобы люди в Японии могли продолжать жить «как японцы», сохраняя при этом такие присущие их культуре характерные черты, как искренность, скромность, жизнерадостность и уважение к предкам. Однако Хосода не был уверен, что такая задача может быть успешно решена в современной Японии. Слишком много людей относятся к государству и состоянию страны «безразлично». Проблема заключалась не только в отсутствии у них технических знаний о том, как подготовиться и защитить свой дом и район от крупномасштабных аварий и бедствий, но и в отсутствии духовной преданности своей стране. Не зная ее истории, люди неспособны осознать величие ее цивилизации. Таким образом, культивирование чувства «любви» к родине стало первым шагом к решению проблемы подготовки и защиты государства. Подчеркивая значение «любви», Хосода назвал гражданских инженеров образцовыми приверженцами, а также проповедниками такой любви. Он заявил, что поколения гражданских инженеров, посвятивших себя поддержанию инфраструктуры страны, отдали все свои силы тому, чтобы защитить государство и сохранить великую цивилизацию.

Еще один инженер-строитель, Итиро Иваки, преподаватель университета Нихон, объяснил, как можно культивировать в Японии после мартовской катастрофы патриотическую любовь. Заявив с самого начала, что в своем выступлении он не будет касаться текущего ядерного кризиса в Фукусиме, Иваки сосредоточился на гораздо менее спорной теме — «Проекте обновления мостов» («*Хаси но Хамигаки Пуродзэкуто*»). Этот реализуемый в селе Хирата префектуры Фукусима проект стал отличным примером укрепления инфраструктуры, в рамках которого местные органы власти (*кан*), университет (*гаку*), промышленный сектор (*сан*) и население (*мин*) приняли совместное участие в ремонте местных мостов. Со слов Иваки, значимость этого проекта была очевидна. Ремонт мостов имеет большое значение в сохранении комфортных условий жизнедеятельности, подобно тому, как чистка зубов оказывается вызванной заботой о здоровье. И то, и другое — способы долгосрочной защиты инфраструктуры, личной или государственной. Однако ценность проекта заключалась не только в обновлении мостов. Потратить на такое обновление свое время и энергию стало отличным способом преодолеть безразличие и развить «эмоциональную привязанность» к родным краям. Указав на ведущую роль самопомощи и эмоциональной мобилизации в укреплении страны, Иваки предположил, чтобы люди стали «хранителями мостов» (*хасимори*) по всей Японии, ежедневно заботясь об инфраструктуре в своих городах с тем, чтобы выражать любовь к своей стране и способствовать ее устойчивости.

Фудзии из университета Киото подробно остановился на теме патриотической любви. В отличие от других своих речей и сочинений, центральное место в которых занимает *бусидо*, на этот раз он опирался на греческие мифы, в частности, на историю о дамокловом мече. Тем самым он поместил свою речь в межкультурный контекст мифологических нарративов. История повествует о царе Дионисии и его придворном Дамокле. Желая преподать Дамоклу урок о тяжести ответственности, которую несут те, кто находится у власти, царь посадил его прямо под большим мечом, подвешенным на одном конском волосе. Тем самым Дионисий хотел показать, что каждое мгновение жизни правителя проходит в неминуемой опасности. По мнению Фудзии, пережившая катастрофу Япония может извлечь из этой истории множество нравственных уроков. В то время как меч олицетворяет собой нестабильную ситуацию в стране, поучение царя показывает, какой уровень психологической устойчивости требуется людям перед лицом неизвестных и непостижимых опасностей. Если нависающий над Дамоклом меч повергает того в состояние ощущения опасности мгновенно, то японскому народу предстоит культивировать в себе состояние «неустанной заботы» (*кигакари*) о стране. Развитие в себе устойчивой преданности равносильно выражению своей «любви» к своему народу. Фудзии заявил, что от того, окажется ли у людей достаточно духовной энергии (*сэйсин кацурёку*) для обретения такой любви, зависит судьба Японии. Только проявив эту любовь, японский народ сможет реализовать свой потенциал «в качестве японцев», а также помочь стране раскрыть ее потенциал «уникальной цивилизации»[13].

Участники заседания экспертной группы изложили свое видение с точки зрения японских строителей и архитекторов. Это локальное мероприятие, проходившее в одном из районов Токио, вовсе не было локальным, поскольку оно поместило вопрос укрепления страны после трагедии 11 марта в более широкий контекст строительства японской нации и империи, наследие которых хорошо сохранилось в практике увековечения памяти, связанной с местом проведения дискуссии, Токийским мемориальным храмом, и его архитектором Тюта Ито. Оценивая, в какой мере «любовь» может быть средством для восстановления после стихийных бедствий, участники дискуссии отстаивали идею патриотической любви и превозносили гражданских инженеров

---

[13] *Канто Дайсинсай 90-сюнэн сюто босай вику. Сэмарикуру даидзисин, Нихон о до мамору ка. 7 сентября 2013 года. Токё-то Ирэидо. — Примечание автора.*

как образцовых приверженцев такой любви, чья преданность Японии могла бы посоперничать с преданностью воинов, солдат и политических лидеров. Эта дискуссия, в процессе которой неоднократно затрагивался вопрос гендерно-дифференцированного и дифференцирующего фактора в стратегии восстановления после стихийного бедствия, стала местом представления маскулинизированного взгляда на Японию как нацию, будущее которой зависит от восстановления мужчин и возвращения их физической, а также эмоциональной преданности своей стране.

Заключение

После катастрофы 11 марта обретение национальной устойчивости стало необходимым и неизбежным мероприятием для Японии, где, согласно прогнозам, должна произойти еще одна крупномасштабная катастрофа с такими же или даже более разрушительными последствиями. В этой главе, оппонирующей лежащему в основе такой мобилизации желанию к нормализации, национальная устойчивость рассмотрена как глубоко политизированный и политизирующий проект, в котором ряд культурных, исторических и геополитических факторов объединены воедино с тем, чтобы способствовать секьюритизации, неолиберализации и ренационализации Японии в маскулинных, телесных терминах. Повышение устойчивости после катастрофы 11 марта, будучи культурно-дискурсивным механизмом, представляет собой комплексный проект, требующий укрепления тела и государства, пересмотра деловых практик внутри страны и за рубежом, а также поднятия духа японского народа. Политика национальной устойчивости гибка и всеобъемлюща. Она привлекает в качестве своих главных агентов политиков, чиновников, солдат, спортсменов, предпринимателей и гражданских инженеров, а также предполагает участие, хотя и на второстепенных ролях, таких маргинализированных категорий населения, как женщины, и таких периферийных районов, как Окинава. Далеко не ограничиваясь узкими кругами политической элиты, охват формирующегося варианта устойчивости велик. Он проникает в широкие массы, как это было продемонстрировано на Неделе по вопросу стихийных бедствий, прошедшей в 2014 году в Токио, и распространяет свое влияние за пределы национальных границ, чтобы стать частью геополитической динамики Азиатско-Тихоокеанского региона. В результате изучения механизмов маскулинности, культуры и стихийных бедствий в Японии после мартовской катастрофы в этой главе выявляется необходимость серьезно пересмотреть язык безопасности, обращая при этом внимание на мужественность и государственность. Как показано в следующей главе, женщины и феминность играют не менее или даже более важную роль в современной политике устойчивости, где домашнее хозяйство оказывается пространством, определяющим национальное восстановление и обновление.

3

Подготовка женщин
к стихийным бедствиям

Домашнее хозяйство и подготовленность
в эпоху неопределенности

С момента его выхода в 1970 году японский журнал о моде и стиле «*ан ан*» пользуется большой популярностью среди молодых женщин. Наряду с глянцевыми фотографиями и многочисленными рекламными объявлениями, в нем печатается множество советов на разные темы, от одежды и макияжа до секса. При этом он десятилетиями задает модные тенденции и поощряет женское потребление в одной из ведущих капиталистических стран мира. Вскоре после катастрофы 11 марта 2011 года «*ан ан*» выпустил специальный номер под названием «Книга для женщин по подготовке к стихийным бедствиям: советы и средства самозащиты для непредвиденных ситуаций» (*Дзёсэи но тамэ но босай букку: «мосимо» но токи ни аната о мамоттэ курэру тиэ то моно*) с английским подзаголовком «Базовые навыки для девушек». Предположив, что женщины и мужчины переживают стихийные бедствия по-разному, журнал опубликовал информацию о различных якобы удовлетворяющих уникальные потребности женщин товарах для чрезвычайных ситуаций. Он также призвал читательниц запастись этими товарами в рамках их подготовки к стихийным бедствиям [an an 2011][1].

---

[1] Обновленная версия специального выпуска была напечатана в 2017 году. Формат и содержание остались без изменений.

Опубликованные журналом материалы представляют собой увлекательное чтение о гендере и катастрофах. Список предметов первой необходимости возглавляют женские гигиенические прокладки. Сопроводительный текст утверждает, что, хотя эти прокладки могут найтись в эвакуационных центрах, предпочтения женщин в отношении размеров, толщины и брендов могут различаться, поэтому им следует определить необходимые им количество и тип прокладок, а также запастись ими заранее. Наличие достаточного запаса прокладок под рукой оказывается не просто удовлетворением женских физиологических потребностей; но дает «чувство безопасности» (*ансинкан*), важнейшего элемента антикризисного управления [an an 2011: 8–9]. Второй пункт в списке — переносное биде. В случае крупномасштабной катастрофы, в результате которой водоснабжение, скорее всего, будет остановлено, принятие душа и стирка одежды будут представлять собой проблему. В таких условиях указанный выше предмет будет необходим для поддержания чистоты тела и предотвращения проблем со здоровьем, что было доказано на примере пострадавших 11 марта женщин [an an 2011: 10–11]. Еще одним рекомендуемым предметом оказалась маска для лица. Женщины могут использовать ее не только для того, чтобы избежать вдыхания твердых частиц и пыли, но и для того, чтобы прикрыть свое «обнаженное лицо» (*суппин но као*) в местах эвакуации, где у них, скорее всего, не будет доступа к косметике [an an 2011: 13]. Вопрос состояния кожи лица приобретает в специальном выпуске журнала большое значение, что объясняет такое большое количество других советов и предложений. Так, в набор предметов на случай стихийных бедствий женщинам следует добавить крем «все в одном» (универсальный крем). Будучи универсальным, он также помогает уменьшить количество косметических средств, которые женщины должны хранить в своих сумках на случай чрезвычайных ситуаций. Ощущение грубости собственной кожи может усугубить во время стихийного бедствия психологический стресс, чего женщины могут избежать, если подготовятся заранее [an an 2011: 25]. С универсальным кремом можно использовать пищевую пленку, которую следует накладывать на лицо для его увлажнения [an an 2011: 44–45]. Среди других товаров в списке значатся одноразовое белье, дезодорирующие салфетки, гигиенические средства для лица и ручное зеркало. Все эти предметы необходимы для поддержания чистоты тела, устранения неприятных запахов и ухода за кожей лица. Таким образом, почти 50 предметов первой необходимости оказываются инструментами для применения «Базовых навыков девушек». При этом журнал подчеркивает, что забота о себе и уход за собой являются для женщин основным принципом их подготовки и подготовленности.

Подготовка молодых женщин к авариям и стихийным бедствиям требует постоянной работы. В 2013 году «ан ан» выпустил еще один специальный номер: «Что делать? Серьезные кризисы, с которыми сталкиваются женщины» (*Доситара иино? Онна но дзюдай кики*»). На помещенный на обложку выпуска вопрос «Как вы думаете, ваше счастье будет длиться вечно?» журнал отвечает отрицательно, называя ряд бедствий, которые могут обрушиться на женщин в любой момент: безработица, болезнь родителей, депрессия, рак и одиночество. Чтобы помочь своим читательницам избежать последствий таких ситуаций, журнал объясняет, как можно экономить деньги, справляться с депрессией и выявлять симптомы болезней. А также, чтобы они не забыли о значении стихийных бедствий, воспроизводит фрагменты своего предыдущего выпуска «Базовые навыки для девушек», которые напоминают им о необходимости запасаться универсальным кремом, пищевой пленкой, дезодорирующими салфетками и переносным биде[2].

Готовиться к будущим кризисам в Японии после 11 марта настоятельно рекомендуется не только молодым женщинам, но и женам и матерям, тем более что они несут ответственность за безопасность членов своих семей, особенно детей. После мартовской трагедии такой подход отражен во многих публикациях. Например, в «*Синдо 7 кара кадзоку о мамору иэ: босай гэнсаи хандо букку*» («Подготовка дома к защите семьи при землетрясе-

---

2 Аната ни сэмару онна но кики // ан ан. 2013. № 1844.

нии магнитудой 7 баллов: руководство по уменьшению опасности бедствий и их предотвращению»), написанном Нобуэ Кунидзаки, женщиной и ведущим консультантом по кризисному управлению [Kunizaki 2010], и в «*Хисаи мама 812 нин га цукутта кодзурэ босай тэтё*» («Записная книжка для подготовки к стихийным бедствиям, составленная 812 матерями, пережившими катастрофы»), изданной волонтерской организацией «Цунагару.ком», созданной после трагедии 11 марта для оказания помощи беженцам — матерям с детьми [Tsunagaru.com 2012]. Материалы о подготовке матерей к стихийным бедствиям распространяются через сайты, печатные СМИ, тренинги, лекции, семинары, радио и телевидение, а также ярмарки и мероприятия по предотвращению стихийных бедствий, на которых специалисты — консультанты по управлению кризисными ситуациями, педагоги и тренеры, многие из которых являются женщинами, — предлагают рассмотреть обязанности матерей в вопросе обеспечения защиты дома и безопасности детей.

Важно отметить, что повышение устойчивости также является важным пунктом повестки дня общественных деятельниц и активисток, рассматривающих подготовку и подготовленность женщин в качестве главной стратегии продвижения «гендерного равенства». Они утверждают, что женщины, отвечающие за благополучие семьи в обычное время, обладают особыми навыками и знаниями, которые можно применить во время кризиса. Например, созданная после трагедии 11 марта Женская общественная ассоциация по борьбе со стихийными бедствиями в Восточной Японии «Сплотимся» настаивает на том, что «женский взгляд» должен быть учтен на всех уровнях принятия политических решений, связанных с чрезвычайными ситуациями. В 2014 году организация была переименована в Учебный центр по гендерным вопросам и снижению риска бедствий. Разработав изданное на японском и английском языках руководство под названием «Поддержка, которую мы хотели! Сборник примеров передовых практик реагирования на стихийные бедствия: опыт катастрофы в Восточной Японии», центр продолжает заниматься продвижением среди государственных учреждений, некоммерческих организаций (НКО) и групп добровольцев подходов и практик, ведущие роли в реализации которых играют женщины [Higashi 2016a; Higashi 2016б].

В настоящее время, благодаря своей ориентации на женщин и устойчивость, Япония вляется примером гендерного равенства и борьбы со стихийными бедствиями. На состоявшейся в 2015 году в Сендае Всемирной конференции ООН по снижению риска бедствий премьер-министр Синдзо Абэ выступил с блистательным рассказом о гендере, культуре и катастрофах в Японии. По словам Абэ, сталкиваясь с многочисленными стихийными бедствиями с незапамятных времен, Япония приобрела знания и технологии, необходимые для ее устойчивости. Заявив, что женщины являются «движущей силой» обретения обществом такой устойчивости (кёдзин на сякай), он рассказал о том, как они сыграли ключевую роль в восстановлении Тохоку. Члены местной группы по предотвращению стихийных бедствий заботились в эвакуационных пунктах о матерях с маленькими детьми и пожилых людях. Привлеченные со всей страны женщины-полицейские оказывали жертвам стихийного бедствия эмоциональную помощь. Продавая свитера ручной работы и демонстрируя дух предпринимательства, жены рыбаков превратили свои навыки вязания в источник получения прибыли. Выросло число женщин, участвующих в планировании и подготовке к стихийным бедствиям на уровне городов и префектур. В настоящее время Япония экспортирует свой опыт в области противодействия стихийным бедствиям и гендерного равенства в соседние страны, такие как Фиджи, Соломоновы острова и Филиппины [Shushō kantei 2015].

Данная глава посвящена мобилизации женщин в пережившей 11 марта Японии. После катастрофы на них все чаще возлагается ответственность за безопасность и защиту каждого человека, а также семей и общества в целом. На фоне призывов премьер-министра Синдзо Абэ к созданию «общества, в котором блистают женщины», восстановление и укрепление после стихийных бедствий стало еще одной сферой, в которой японские женщины могут действовать и «блистать», практикуя самопомощь (дзидзё) и взаимопомощь (*кёдзё*). С одной стороны, эта зарождающаяся динамика выражает новый культ домашнего хозяйства, в котором женщины предстают главными защитниками, а дома — основным убежищем. Способствуя милитаризации повседневной жизни, эта новая культура распространяет логику и материально-техническую базу секьюритизации в публичной и частной сферах. С другой стороны, эта же динамика проникает и в феминистскую повестку дня. Повышение устойчивости было сформулировано женщинами в качестве составной части «*дандзё кёдо санкаку*», политической программы, продвигаемой японским правительством. Если перевести название программы буквально, получится «гендерное соучастие», официальный же английский перевод звучит как «гендерное равенство». Продвигаемая с 1990-х годов и способствующая «учету гендерной проблематики» с целью предоставления женщинам больших возможностей для участия во всех сферах жизни общества, программа «гендерного соучастия» стала основным способом гендерно-дифференцированного повышения устойчивости. Проект по обеспечению подготовки и подготовленности женщин, определяемый как «феминистский», получил поддержку широкого круга общественных деятельниц и активисток. Взаимосвязанная с феминизмом, матернализмом, неолиберализмом и милитаризмом, формирующаяся после 11 марта культура артикулирует и новую форму женской гражданственности, значение которой сложно и запутанно.

Бросающаяся в глаза в современной Японии связь между женщинами, домашним хозяйством и безопасностью не нова. Как обсуждалось в первой главе, мобилизация женщин и феминисток была важнейшим элементом национальной обороны в Японии и других странах во время Первой мировой войны, Второй мировой войны и холодной войны. По прошествии этих войн гендерную политику Японии после трагедии 11 марта можно, по существу, сравнить с мобилизацией американских женщин после трагедии 11 сентября. После состоявшихся в тот день в Соединенных Штатах террористических атак американские граждане, «став ответственными и самосовершенствующимися, а следовательно, продуктами неолиберальных режимов, реализующих свой потенциал», взяли вопрос защиты в свои руки. Они борются с рисками, опасностями и бедствиями, тем самым помогая полицейскому государству США и «спасая» его [Grewal 2017: 2]. В результате этого процесса появляются новые категории женщин — «матери на страже», «феминистка на страже» и «девушка на страже», — противостоящих растущему уровню незащищенности, вызванной глобальной войной с терроризмом, экономической нестабильностью и политическими ограничениями[3].

В частности, после 11 сентября в Соединенных Штатах «матери на страже» стремятся «взять в свои руки вопрос государственной безопасности» для защиты своих домов и родины посредством «родительского и общественного надзора» за детьми, а также за людьми другой расы и национальности. «Феминистки на страже» проводят «работу по борьбе с терроризмом и антиправительственными силами в рамках проекта по расширению прав и возможностей для всех полов», отстаивая при этом право женщин и феминисток на участие в принятии военных решений, сфере, в которой доминируют мужчины [Grewal 2017: 6]. В то же время «девушки на страже» учатся тому, как «защитить себя, свои семьи и окружающих», готовясь в будущем отвечать за национальную безопасность[4]. Все три типа женщин на страже связывают «национальные и военные проекты, а также государственную безопасность с улучшением положения женщин и безопасностью родины и нации», создавая сложную взаимосвязь между женщинами и государством [Grewal 2017: 120]. Использование термина «феминистский» в дополнение к слову «женственный» выполняет важнейшую функцию. Усилия и достижения феми-

---

[3] Подробнее о «матерях на страже» и «феминистках на страже» см. [Grewal 2017: 118–143]. Подробнее о «девушках на страже», например, см. сайт американского проекта «Герл секьюрити», программы, ориентированной на наставничество старшеклассниц экспертами по национальной безопасности: URL: https://www.girlsecurity.org/ (дата обращения: 15.09.2023).

[4] Сайт «Герл секьюрити», раздел о проекте. URL: https://www.girlsecurity.org/about (дата обращения: 15.09.2023).

нистического движения в Америке «приписываются просвещенному политическому порядку Соединенных Штатов, а также их моральному и политическому превосходству», что свидетельствует об их статусе сверхдержавы и восстановлении старого имперского порядка, который они возглавляют [Rottenberg 2018: 56]. В центре пересекающихся тенденций развития милитаризма, неолиберализма и империализма находится женский вопрос.

Динамика, наблюдаемая в Соединенных Штатах после 11 сентября, поучительна для Японии после 11 марта, где толчком к секьюритизации стала не война с терроризмом, а многоступенчатая катастрофа (землетрясение, цунами и авария на атомной электростанции одновременно), которую часто (ошибочно) преподносят как пример «стихийного» бедствия, чтобы скрыть вину в ней правительства и промышленных предприятий. Как будет показано ниже, Япония стала свидетелем появления своих собственных версий «матерей на страже», «феминисток на страже» и «девушек на страже», когда женщины из разных слоев общества приняли участие в защите домов для повышения устойчивости Японии. Такая зарождающаяся динамика имеет как внутренние, так и международные последствия. Когда премьер-министр Синдзо Абэ выступает в поддержку расширения прав и возможностей женщин в рамках укрепления нации, это уводит в тень его скверную репутацию в области гендерной политики, репутацию человека женоненавистнических взглядов, по причине которых некоторые наблюдатели не могли не заметить, что его призыв к женщинам «блистать» (английское слово «shine») следует точнее понимать как «shi-ne» («умри!» на японском)[5]. Более того, объявляя Японию новым поборником гендерного равенства и устойчивости, чей опыт приносит пользу другим странам Азиатско-Тихоокеанского региона, Синдзо Абэ ненавязчиво обращается к японскому прошлому, когда Страна восходя-

---

[5] Это ироничное прочтение появилось после того, как Бюро по вопросам гендерного равенства при японском правительстве опубликовало в 2014 году новую запись в блоге Синдзо Абэ, где его слова в защиту женщин были сопровождены английским словом «Shine!» («Блистай!») [Schieder 2017: 34].

щего солнца сияла в качестве якобы милостивого и великодушного лидера «Великой восточноазиатской сферы сопроцветания». Таким образом, мобилизацию женщин после 11 марта необходимо анализировать в связи не только с национальной, но и с транснациональной динамикой, проявления которой неотделимы от имперского прошлого Японии, а также от неолиберального и секьюритизированного будущего региона.

Обучение женщин и защита домов

Главными действующими лицами в вопросе подготовки дома в Японии после 11 марта считаются женщины. Живя в эпоху нестабильности, они должны закалять свой характер и приобретать навыки, необходимые для защиты своих домов и соседей от рисков, опасностей и бедствий. Матери несут в этой сфере особую ответственность, поскольку их готовность — или ее отсутствие — напрямую влияет на судьбы их детей. Дискуссия о женщинах и стихийных бедствиях развивается, порождая с помощью инструкций и руководств, лекций и ярмарок, а также теле- и радиопрограмм разговоры об устойчивости и способах ее поддержания. Направляя взгляд женщин на внутреннее пространство домов, эта новая тенденция подавляет критические размышления об исторической, институциональной и геополитической динамике, приведшей к мартовской катастрофе. По мере того как вопрос секьюритизации домов становится после катастрофы нормой в японском обществе, (предполагаемая) граница между публичным и частным также становится более размытой, позволяя логике и логистике секьюритизации проникать все глубже.

Концепция домашней устойчивости состоит из ряда тем и идей, наиболее насущные из которых — постоянство незащищенности, сдерживание нестабильности, ведущая роль домашнего хозяйства, использование собственного тела, обращение к традициям и управление эмоциями. Прежде всего, отсутствие безопасности воспринимается японцами после катастрофы 11 марта как неизменное состояние. По этой причине базовая логика подготовки и подготовленности к стихийным бедствиям исходит не из «если» (*мосимо*), а из «всегда» (*ицумо*). Никогда не следует рассматривать риски и опасности как несчастный или исключительный случай; всегда нужно быть готовым к любым видам бедствий. На обложке инструкции о порядке действий при стихийных бедствиях, изданной для женщин под названием *«Токё кураси босай»* («Предупреждение стихийных бедствий и подготовка к повседневной жизни в Токио»), было напечатано: *«Ватаси но "ицумо" га, иноти о сукуу»* («Моя готовность "в любой момент" спасет жизни»), ниже располагался призыв на английском: «Будь готова. Каждый день». Этот 162-страничный документ, выпущенный органами местного самоуправления Токио в марте 2018 года, является результатом сотрудничества нескольких женщин. Инициатива исходила от Коикэ, женщины-политика и губернатора Токио. Содержание инструкции отражает «женский взгляд», представленный женским экспертным советом, в который входят Кунидзаки (ведущая специалистка по подготовке и подготовленности женщин), Миса Танака (основательница некоммерческой организации «Босай гару», или «Стойкие девушки», занимающейся продвижением среди молодых женщин тренингов по подготовке к стихийным бедствиям), Тиэ Накадзима (редактор *«ан ан»*) и Мами Томикава (представитель некоммерческой организации «МАМА-ПЛАГ», выступающей за прохождение матерями и детьми тренингов по подготовке к стихийным бедствиям) [Tokyo 2019].

Чтобы быть «готовыми в любой момент», женщины должны изменить свой образ жизни. Кунидзаки, ставшая после 11 марта одним из главных признанных специалистов в области подготовки к стихийным бедствиям и их предотвращения, настаивает на полной реорганизации жизненного уклада женщин дома, которую облегчит выполнение ряда простых действий. Кунидзаки утверждает, что женщинам необходимо относиться к подготовке к стихийным бедствиям как к «хобби», единоличному занятию, которому нужно посвятить значительный период времени. Откладывая ежемесячно небольшую сумму денег, они могут постепенно превращать свои дома в безопасное пространство, способное противостоять опасностям и стихийным бедствиям [Kunizaki 2010: 68]. Аналогичную идею высказывает Наоми Абэ — иллюстратор, графический дизайнер и мать двоих детей, пережившая катастрофу 11 марта в Мияги, — выдвинувшая лозунг «*ити нити ити босай*» («один день, одно дело для предотвращения стихийных бедствий»), в соответствии с которой каждый день женщины должны совершать одно действие, подготавливающее к стихийным бедствиям и предотвращающее их последствия. Определяя «ежедневную осознанность матерей» (*фудан но кокорогакэ*) как ключ к безопасности семьи, она предлагает 40 небольших изменений, которые женщины должны осуществить дома в течение 40 дней [Abe 2018]. Рекомендации Кунидзаки и Наоми Абэ неявно, хотя, возможно, и достаточно очевидно содержат в себе неолиберальную идею о том, что небольшие инвестиции, делающиеся прилежно, регулярно и продолжительное время целеустремленной и способной оценить себя личностью, могут повысить шансы на получение желаемого результата. Значение «*ицумо*» («в любой момент») также подчеркивается в специальном выпуске еще одного журнала для женщин о моде и стиле «*Куровассан*». В нем утверждается, что для того, чтобы быть готовой к землетрясениям, женщина должна спать в такой пижаме, в которой можно выбежать из дома в любой момент. Рекомендуя пижамы в стиле «унисекс», журнал объясняет, что молодые женщины должны уберегать себя от возможного сексуализированного насилия и домогательств в местах эвакуации [Kurowassan 2017: 11]. Такие рекомендации рассматривают женщину как центр ответственности в сценарии риска и как актора, безопасность которого определяет его личная ответственность или ее отсутствие.

Подчеркивая постоянный характер отсутствия безопасности, возникающие в связи с этим дискурсы тем не менее информируют женщин о том, что катастрофы можно сдерживать и преодолевать. Повышение устойчивости вовсе не является чем-то невероятным или неосуществимым; это посильная задача, за решение которой может взяться каждый. Для того чтобы сделать невозможное возможным, используются две обсуждаемые стратегии —

сегментация и сдерживание. Землетрясение, цунами, ядерная авария и другие виды бедствий оказываются представлены в них как отдельные, разрозненные и разобщенные явления; после чего каждый тип бедствия разбивается на более мелкие сегменты, в отношении которых женщины применяют набор инструментов, навыков и знаний для контроля и сдерживания любого вреда. Непрогнозируемые бедствия превращаются в выстроенный порядок конкретных и четко сформулированных действий, создавая иллюзию того, что по прошествии некоторого времени все кризисы будут разрешены и страна вернется к «нормальной» жизни.

Эта идея четко сформулирована Кунидзаки в одной из ее книг, в которой распределенные по временной шкале «*дзикандзику дэ вакару кокороэ то тиэ*», или мудрость и знания, играют главную роль в управлении стихийными бедствиями. В книге приводится примерная программа подготовки, начинающаяся разделом «за год до», за которым следуют разделы «за полгода до», «за месяц до», «за неделю до» и, наконец, «за день до бедствия». Этап восстановления описывается сходным образом, от раздела «через день» к «через неделю», а затем к «через месяц». На каждом этапе Кунидзаки дает читателям инструкции относительно того, какие навыки следует использовать, какие инструменты применять и какие действия предпринимать [Kunizaki 2011a]. Такой формат является чрезвычайно популярным и используется в других руководствах и инструкциях, что можно наблюдать в специальном номере журнала «*ан ан*» «Базовые навыки для девушек», где женщинам предлагаются инструкции по выживанию в ситуации «сразу после», «через 3–7 дней» и «два месяца спустя» [an an 2011].

Дискурсивная стратегия сегментации и сдерживания приобретает несколько иной вид в книге «*4-кома дэ сугу вакару минна но босай хандо букку*» («Руководство с простыми объяснениями, как подготовиться к стихийным бедствиям за четыре шага»). При помощи серии комиксов, каждый из которых состоит из четырех рисунков, ее создатель, мать двоих детей Каору Кусано, объясняет, как подготовиться к стихийным бедствиям. Вдохновленная мыслью о том, что «даже незначительная информация дает ощущение защищенности», вскоре после событий 11 марта Кусано начала вести на своем сайте ikinokoru.info онлайн-дневник, в котором, используя жанр комиксов, описывала различные навыки и техники, необходимые для выживания при землетрясениях, наводнениях, ударах молний и оползнях. Из созданных ею дневниковых записей она отобрала 180 с целью создать простое и понятное руководство, которое научит читателей, как «пережить» («икинокору») опасные ситуации и кризисы. Сведя описание каждой опасности к четырем простым картинкам, книга дает понять, что кризисы, независимо от их масштаба или сложности, могут быть мгновенно преодолены [Kusano 2011: 25][6]. За первой книгой последовала ее более расширенная версия, а также посвященное приготовлению еды в случае чрезвычайной ситуации продолжение для матерей и детей, что свидетельствует об успешности авторского подхода. В процессе упрощения представления о бедствии это бедствие становится управляемым и контролируемым событием. Стратегия сегментации и сдерживания скрывает суть таких многоплановых катастроф, как, например, катастрофа 11 марта — неконтролируемое и непрогнозируемое бедствие, последствия которого не были устранены годы спустя.

На основе изложенного выше видно, что центральное место в подготовке женщин Японии занимает дом. Домашнее пространство, если его правильно организовать, становится безопасной гаванью, однако при ненадлежащем уходе оно является источником опасности. Призывая женщин во избежание несчастного случая принимать меры заранее, Кунидзаки указывает на множество различных вариантов того, как можно подвергнуться опасности дома. Обычные предметы быта способны превращаться во время сильного землетрясения в «смертоносное оружие» (*кёки*). Тяжелая мебель может опрокинуться и перекрыть путь наружу; что еще хуже, она может нанести телесные повреждения или даже убить. Чтобы свести к минимуму потенциальную опасность для своих семей, женщины должны прикрепить мебель к полу, стенам и потолку с помощью шурупов, петель и металли-

---

[6] Блог Кусано см. [Kusano 2019].

ческих цепей. Однако просто закрепить крупные предметы быта недостаточно. Превращение дома в безопасную зону требует от женщин постоянной бдительности. Любое пространство — будь то прихожая, коридор, ванная, туалет или сад — должно быть осмотрено, убрано и сделано «защищенным от стихийных бедствий» [Kunizaki 2010: 42–60; Kunizaki 2011a: 16–17; Kunizaki 2012: 16–19][7]. Отказ от лишних предметов, рационализация семейного уклада и выработка навыка обходиться меньшим количеством предметов — все это часть процесса по реорганизации домашнего хозяйства, которой должны заняться женщины. Мелкие предметы быта также могут стать источником опасности, и поэтому их необходимо осмотреть, рассортировать и надлежащим образом хранить [Kunizaki 2012: 18–21; Kunizaki 2011a: 27–35][8]. Особенно опасны падающие во время землетрясения из шкафов и разбивающиеся стаканы и посуда, поскольку их острые края могут нанести серьезные и даже смертельные травмы. Шаг за шагом Кунидзаки объясняет, как правильно расстилать на полках подкладку с шероховатой поверхностью, ставить чашки, тарелки и миски «устойчивой к стихийным бедствиям» стопкой, а также устанавливать замки и засовы [Kunizaki 2010: 18–23; Kunizaki 2012: 16–17].

После катастрофы 11 марта спрос на реорганизацию быта в Японии стремительно растет, формируя связь между порядком в доме и готовностью к стихийным бедствиям, в соответствии с которой правильно организованное домашнее пространство якобы представляет собой решение проблемы. В специальном номере журнала «Куровассан» 2018 года, посвященном вопросу готовности к стихийным бедствиям, напечатана статья о Кунидзаки в сопровождении фотографий дома, в котором живут она, ее муж и их сын, на которых запечатлены тщательно организованные и «всегда готовые» кухня, столовая, гостиная, ванная комната и детская комната. В том же номере рассказывается о еще

---

[7]   Этот же совет можно найти во многих других руководствах. Например, см. [Tokyo 2019: 28–43].

[8]   Также см. [Kusano 2011: 19; Tsunagaru.com 2012: 105].

одной женщине-эксперте, Маки Сибукава, консультанте по организации домашнего пространства, чья профессия стала в последние годы широко востребованной на волне международной популярности Мариэ Кондо, продвигающей «образ жизни Кон-Мари». Сибукава предлагает сопровожденные красочными иллюстрациями подробные инструкции, на 25 страницах, о том, как правильно упорядочить пространство кухни, гостиной, коридоров, шкафов и кладовых с тем, чтобы создать хорошо организованный, незахламленный и безопасный дом. Рассказывая о посещении своими корреспондентами двух семей, которым она давала советы, — в одном доме жили брат и сестра средних лет, их преклонного возраста мать и две кошки, в другом — жена, муж и двое детей, — журнал приводит фотографии этих домов «до» и «после», подчеркивая эффективность методов Сибукавы и то, как легко воплотить в жизнь стратегию повышения устойчивости у себя дома [Kurowassan 2017: 54–79].

После того как все вещи оказались разобраны и разложены по своим местам и в доме появилось больше свободного места, женщины должны запастись продовольствием на случай чрезвычайной ситуации. Им необходимо составить список предметов, потребующихся во время стихийного бедствия и после него, затем купить их, хранить и пополнять их запасы. Существует множество примеров списков, помогающих женщинам в решении этой важной задачи, когда противодействие бедствиям связано с потребительской деятельностью. В основе этого решения лежит выученный урок самопомощи и самостоятельности: женщины должны запастись разнообразной провизией в количестве, достаточном для того, чтобы ее хватило на срок от трех дней до месяца, на случай если государственная помощь не прибудет вовремя [Kunizaki 2010: 26–37; Kunizaki 2012: 48–63; Kunizaki 2011a: 36–39, 47–48, 51, 61–62; Kunizaki 2011б: 74–77; Kusano 2011: 33–39]. Домашние животные, так же как и люди, должны быть подготовлены к стихийному бедствию. В одном руководстве владельцам домашних животных рассказывают, чем следует запастись и как оказать во время стихийного бедствия раненым домашним животным первую помощь [Fujimura 2012].

Женщинам, у которых нет семьи (или домашних животных), все равно следует приобретать предметы первой необходимости, одна часть которых должна храниться дома, а другая в сумке для чрезвычайных ситуаций. Нередко женщинам и мужчинам рекомендуется подготовить разные по весу сумки. Согласно одной инструкции, сумка для экстренных случаев для мужчины должна весить не более 15 кг, а для женщины — не более 10 кг [Shōgakkan 2011: 96–97], что является нереалистичным с учетом большого количества предметов первой необходимости, значащихся в списке журнала «ан ан» и рекомендованных женщинам для ношения с собой в соотвествии с «Базовыми навыками для девушек».

Превращение домов в защищенное место, а именно укрепление самой конструкции жилья, также влечет за собой дополнительные, гораздо более серьезные расходы. Настоятельно рекомендуется построить «укрытие». Для многих финансово приемлемым вариантом является превращение в укрытие отдельной комнаты за счет усиления ее конструкции с использованием для этого дерева или металла [Kunizaki 2012: 32–33; Kusano 2011: 43]. Однако для того, чтобы обеспечить безопасность семьи по-настоящему и избежать нежелательного варианта эвакуации, эксперты настоятельно рекомендуют строительство нового дома. Как женщины должны решать эту задачу? Кунидзаки считает, что прежде всего они должны выбрать под руководством экспертов районы, мало подверженные землетрясениям, цунами, наводнениям или оползням. Как только будет выбран участок земли, достаточно безопасный, чтобы противостоять всем стихийным бедствиям, на нем можно строить защищенный от таких бедствий дом — *босай хаусу*. В одной из своих книг Кунидзаки продемонстрировала в качестве образца для подражания свой собственный просторный и красиво оформленный дом; в «Куровассане» также были представлены его фото [Kunizaki 2010]. Ее дом — это дом мечты, иметь подобный осмелятся мечтать лишь немногие японцы. Совет Кунидзаки подразумевает, отсылая, пусть и непреднамеренно, к выражению «выживает сильнейший», что те, у кого достаточно финансовых средств, находятся в безопасности, а тем, у кого их нет, не повезло[9]. Аналогичный довод об устойчивом жилье приводит женщина-архитектор Кэико Иноуэ, в чьей книге содержится подробная информация о строительстве, реконструкции и укреплении домов [Inoue 2011]. Тема усиления конструкций зданий настолько важна, что определенными знаниями о таком усилении предполагается снабжать даже малышей. В другой книге, написанной специально для матерей и детей, в главной роли выступает популярный аниме-персонаж Дораэмон (работающий на ядерной энергии котоподобный робот, назначенный Министерством иностранных дел в 2008 году первым «аниме-послом»), от лица которого Кунидзаки объясняет, что строительство прочного дома в безопасном месте — важный шаг к выживанию [Kunizaki 2011б: 66–67]. Таким образом, после катастрофы 11 марта как источником, так и решением проблемы выживания в Японии стал дом, секьюритизация которого может быть выполнена (только) теми, кто обладает надлежащими навыками ведения домашнего хозяйства и достаточными финансовыми средствами.

Будь то во время стихийного бедствия или в любой другой момент, дел у женщин всегда полно; после катастрофы перед ними предстает бесконечный поток домашних проблем. Как только убежище построено, ненужные предметы убраны, а необходимые предметы подготовлены, женщины должны провести с членами семьи ряд совместных мероприятий. Несмотря на то что учения по отработке действий во время стихийных бедствий проводятся в школах, организациях, больницах и на заводах, в вопросе подготовки и подготовленности семья представляет собой базовую единицу, особенно в случае семей с маленькими детьми. Всем им настоятельно рекомендуется собираться на

---

[9] Во время холодной войны Артур Шлезингер — младший критиковал в Соединенных Штатах проект по строительству ядерных убежищ как «замысел по спасению республиканцев и принесению демократов в жертву». Он утверждал, что призыв к созданию ядерных убежищ путем превращения подвалов в оборонительные объекты исключал из замыслов по обеспечению безопасности и обещаний о ней в ядерный век бедняков из рабочего класса, у которых не было таких домов [Davis 2007: 29].

«семейные советы» («*кадзоку кайги*»), на которых родители и дети разбирают план эвакуации, определяют правила, которым надо следовать в чрезвычайных ситуациях, и создают свое собственное «пособие по подготовке семьи к стихийным бедствиям» («*вагая но босай манюару*»), отражающее уникальные потребности, обстоятельства и состав отдельно взятой семьи. Это пособие должно также содержать такую важную информацию, как реквизиты банковских счетов, номера полисов медицинского страхования и страхования жизни, паспортов и водительских прав, а также расписания недельной активности членов семьи, чтобы они могли найти друг друга, оказавшись в случае чрезвычайной ситуации в разных местах. Как только все это будет подготовлено, его применение необходимо отработать на практике [Kunizaki 2010: 70–71; Kunizaki 2012: 78–79; Kunizaki 2011a: 40–41; Kusano 2011: 188; Tsunagaru.com 2012: 106–107].

Советы по подготовке матерей и детей к стихийным бедствиям занимают заметное место во многих руководствах и публикациях, циркулирующих в Японии. В книге «*Кодзурэ босай тэтё*» («Подготовка матерей и детей к стихийным бедствиям»), изданной организацией «Цунагару.ком» в 2012 году, раскрывается понятие «ояко босай» («подготовка родителей и детей к стихийным бедствиям»), в котором родители (по умолчанию — матери) и дети являются базовой единицей при выработке устойчивости. На основании рекомендаций переживших 11 марта 812 матерей, в книге рекомендуется провести «пикник по подготовке к стихийным бедствиям» («*босай пикуникку*»), побывать в «тренировочном лагере по подготовке к стихийным бедствиям» («*босай кямпу*») и принять участие в «игре по подготовке к стихийным бедствиям» («*босай гокко*»), где матери и их дети учатся готовить еду из консервов, спать в палатке и обходиться без воды и электричества [Tsunagaru.com 2012: 108–115]. Возникшая сразу после мартовской катастрофы «Цунагару.ком» впоследствии стала некоммерческой организацией «МАМА-ПЛАГ», занимающейся просвещением матерей и детей в отношении стихийных бедствий. После того как за первой публикацией книги последовали ее пересмотренные и расширенные издания, деятельность «МАМА-

ПЛАГ» по популяризации «*ояко босай*» все чаще стала восприниматься как основанный на «здравом смысле» подход к подготовке к стихийным бедствиям [MAMA-PLUG 2019].

Важное место в просвещении матерей и детей в вопросе подготовки к стихийным бедствиям занимают локальные ярмарки и мероприятия. Анонсированные как «ориентированные на семью» и «для детей», эти местные собрания дают возможность проникать в повседневную жизнь милитаристским и милитаризирующим тенденциям. На ярмарке по борьбе со стихийными бедствиями, проходившей в 2012 году в городе Нагаока префектуры Ниигата (регионе, пострадавшем в 2004 году от землетрясения в Тюэцу), детям предлагали покататься на технике Сил самообороны Японии и сфотографироваться в форме солдат, пожарных и полицейских, в то время как их матерей пригласили посетить организованный журналом «*ан ан*» семинар по борьбе со стихийными бедствиями (рис. 3.1). Для оживления атмосферы ярмарки местное подразделение Сил самообороны Японии и ансамбли подразделений полиции префектуры Ниигата организовали развлекательную программу. Схожую активность можно было наблюдать в учебно-практическом центре по предотвращению стихийных бедствий «Сонариа», расположенном в токийском парке по предотвращению стихийных бедствий «Ринкай»[10]. В его программе выходных января 2013 года, помимо различных мероприятий и выставок, также значилась фотосессия, во время которой пришедших в сопровождении своих мам маленьких детей переодели в форму столичной полиции и сфотографировали на фоне баннера, на котором в том числе имелась надпись: «Давайте защитим наш город от терроризма»[11].

«Сонариа» — это оживленное место, в котором обучают устойчивости. В том же месяце, когда состоялась фотосессия, для воспитательниц дошкольных учреждений, детских садов и учи-

---

[10] В названии центра использованы два слова — «сонаэру» (готовить) и «эриа» (пространство).

[11] Сонариа. *Кёдай дзисин кара кодомо о мамору сэмина.* 20 января 2013 года. — *Примечание автора.*

тельниц начальных классов была организована публичная лекция под названием «Как защитить детей от крупномасштабных землетрясений». Основным докладчиком была Рису Андо, любительница активного отдыха, эксперт по подготовке к стихийным бедствиям и ликвидации их последствий, а также постоянный автор журнала «Риск Тайсаку.ком», пишущего о практиках управления рисками. Ее лекция была посвящена идее о том, что навыки и техники, приобретенные в походах, скалолазании и катании на лыжах, могут быть видоизменены и использованы в качестве методов противодействия бедствиям. Этому было приведено множество примеров. Компас, базовый прибор для вылазок на природу, может пригодиться во время и после стихийного бедствия, поэтому маленьких детей следует учить пользоваться этим устройством. Разведение костра и приготовление риса — важнейшие навыки выживания, поэтому ученики должны их освоить под руководством учителей. Ношение нескольких слоев одежды, чтобы не замерзнуть, является общепринятой практикой среди лыжников и пеших туристов, и знанием этого также следует делиться с молодежью. По правилам игр на свежем воздухе участники должны уметь импровизировать, и поэтому тем, кто отвечает за маленьких детей, следует заранее продумать, как можно сделать детские подгузники или переносные туалеты из пластиковых пакетов и других предметов хозяйственного обихода. Рису Андо утверждает, что процесс отработки навыков готовности к стихийным бедствиям может быть простым, увлекательным и доступным для всех занятием. Стирая границы между помещением и улицей, опасностью и удовольствием, ее лекция показала, как идея секьюритизации распространилась во многих сферах, нормализуя новый набор телесных практик в целях безопасности[12].

Из множества проявивших себя после 11 марта и связанных с телом человека тенденций заслуживают внимания те, которые относятся к еде и кулинарным традициям. После аварии на Фукусиме большое внимание уделялось заражению продуктов пи-

---

[12] Там же. Более подробное исследование о подходе Андо см. в [Andō 2017].

тания радиоактивными веществами и их воздействию на здоровье человека. Несмотря на свою значимость, в фокус внимания не попадает другая, также порожденная катастрофой тенденция, а именно тенденция к милитаризации продовольствия и кулинарных традиций. Связь между едой и вооруженными силами существовала еще до катастрофы, о чем свидетельствует популярность *«мири-мэси»* (армейского пайка), *«саба-мэси»* (пайка на случай экстренных ситуаций) или *«отасукэ-мэси»* (аварийного пайка). Однако бедствие 11 марта подняло этот ранее существовавший интерес на новые высоты, продемонстрировав не просто пересекающиеся, а «взаимозависимые» тенденции в военных и потребительских (включая технологию производства пищевых продуктов) технологиях [Grewal 2017: 11–12].

Книга *«Идза то иу токи, яку ни тацу! Отасукэ-мэси»* («Пригодится в экстренных ситуациях! Аварийные пайки») — это настоящий универсальный магазин продуктов питания, удобных в использовании во время стихийных бедствий: некоторые из них можно найти в местных супермаркетах, некоторые берут с собой в космос астронавты, а какие-то из них получали до 1945 года солдаты Императорской армии Японии. В книге имеется большое количество фотографий, на которых представлены подходящие для экстренных ситуаций продукты питания в разнообразной таре: в банках, герметичных пакетах и коробках (многие из которых имеют камуфляжную раскраску). Каждая фотография сопровождается информацией о цене, производителе и способе приготовления продукта. Впервые опубликованная в 2008 году, эта книга была переиздана после катастрофы, что указывает на неизменный интерес к такому роду изданий [Imai 2011]. В другой книге, рассматривающей рацион Сил самообороны Японии (*«Дзиэйтаи гохан»*), рассказывается о культуре питания японских военных. Восхваляя оказанную Силами самообороны помощь населению во время стихийного бедствия, когда солдаты раздавали горячую еду жертвам трагедии 11 марта, книга также рассказывает об армейской кухне: описывает состав пайков и их получателей, меню в столовых, фирменные блюда различных баз и подразделений, организацию пунктов питания в местах развертывания войск, а также военных поваров, известных своим кулинарным искусством. Разнообразное по виду и превосходное по вкусу *мири-мэси* — это то, что «все всегда готовы есть!» [Ozaki 2011]. В другой книге разговор о еде переведен с национального на международный уровень, представляя рацион военных и кулинарные традиции других стран (включая Соединенные Штаты, Великобританию, Италию, Францию и Германию). В дополнение к объяснению того, как приобрести *«мири-мэси для гражданских лиц»* (*«минкан мири-мэси»*), читателям также рассказывают, как самостоятельно приготовить *мири-мэси* дома. Среди рецептов представлены такие блюда, как карри с рисом из меню императорского флота Японии и жареная курица с кукурузным хлебом из меню армии Конфедеративных Штатов Америки периода Гражданской войны [Imai 2008: 129–140]. Сюжеты с рассказами о солдатах, готовящих еду и наслаждающихся ею, делают образ военных знакомым, близким народу и деполитизированным.

Процесс милитаризации продуктов питания и кулинарных традиций продолжает усиливаться в Японии после катастрофы. В популярном интернет-магазине «Ракутэн» подходящие для чрезвычайных ситуаций продукты питания продаются с пометкой «походный паек». Понятие «еда на случай экстренных ситуаций» используется повсеместно и становится частью повседневных забот, что отражено в кулинарной книге, составленной из отмеченных наградами рецептов Конкурса еды на случай экстренных ситуаций (*«Саба-мэси контэсуто»*). С 2006 года радиостанция «FM Сэндай» проводит этот конкурс ежегодно. В нем принимают участие местные домохозяйки. В книге перечислены «вкусные», «простые» и «интересные» рецепты на случай чрезвычайных ситуаций (например, «томатное кима карри», «ризотто с тыквой» и «паэлья с морепродуктами»). Предполагается, что домохозяйки могут приготовить любое из этих блюд за 45 минут. Важно отметить, что в книге женщинам предлагается не только адаптировать к чрезвычайным ситуациям свое повседневное меню, но и включать в него продукты, предназначенные для экстренных ситуаций. При наличии достаточного количества практики в обычное время женщины смогут приготовить вкусные блюда в чрезвычайной ситуации [FM Sendai 2013].

К процессу мобилизации продуктов питания и кулинарных традиций после катастрофы 11 марта присоединились кулинары-женщины. Выдающийся кулинар Хироко Сакамото, пережившая Великое землетрясение Хансин-Авадзи в городе Кобе в 1995 году, готова делиться приобретенным жизненным опытом и профессиональными знаниями. Она утверждает, что даже — или особенно — в условиях кризиса женщины хотят готовить блюда, к которым привыкли их члены семьи, и при наличии достаточных навыков («*вадза*») и должной сноровки они могут легко это делать. Подобно Рису Андо, призывающей приобретать знания и навыки выживания с тем, чтобы быть готовыми к стихийным бедствиям, Сакамото объясняет женщинам, что к приготовлению еды, подходящей для чрезвычайных ситуаций, нужно относиться как к чему-то вроде приготовления пищи в палаточном лагере. В отсутствие электричества женщины тем не менее могут соорудить при помощи металлических ведер и нескольких кирпичей плиту, которая топится дровами [Sakamoto 2011a: 42–44]. Проявив немного смекалки, они могут сделать из рисовых шариков (типичной еды, выдаваемой в местах эвакуации) вкусный плов с курицей или жареный рис по-китайски [Sakamoto 2011a: 48–49], а также приготовить итальянский суп минестроне или японское рагу (*суйтон*) [Sakamoto 2011a: 59–60, 67–71]. Навык приготовления еды в экстренной ситуации, когда используется минимальное количество горючего, можно отрабатывать в обычное время, что также позволяет женщинам экономить ресурсы в повседневной жизни (*сэцудэн*) — еще один плюс в ведении домашнего хозяйства с ориентацией на повышение устойчивости. Сакамото восторженно отзывается о тех, кто, выполняя свои домашние обязанности в привычной обстановке и экстремальных условиях, овладевает навыками приготовления пищи в экстренных ситуациях, и называет их «*супа сюфу*» (супердомохозяйками) [Sakamoto 2011в].

Специализирующаяся на повышении устойчивости домашних хозяйств Сакамото считает, что дети тоже должны овладевать навыками и осваивать способы приготовления пищи в чрезвычайных ситуациях. В случае разлуки со своими матерями они должны знать, как прокормить себя. В предназначенной для девочек и мальчиков кулинарной книге Сакамото рассказывает, как приготовить такие подходящие для чрезвычайных ситуаций блюда, как креветки на пару, пельмени по-китайски и маринованные овощи. Однако важно отметить, что она стремится преподать нечто большее, чем простые навыки выживания. В своих рассуждениях о еде Сакамото также надеется привить молодым читателям, от которых зависит будущее страны, взгляд на мир и настрой, имея который они всегда будут готовы к стихийным бедствиям [Sakamoto 2011b: 2–7]. По мере распространения дискуссий о еде, теле и устойчивости подготовка к стихийным бедствиям становится реализуемой и внедренной практикой, побуждающей как взрослых, так и детей отрабатывать сценарии чрезвычайных ситуаций и развивать собственный потенциал стойких граждан своей страны.

После 11 марта различные темы и аспекты повышения устойчивости, о которых говорилось выше, сочетаются в Японии с явным акцентом на «японских традициях». После мартовской катастрофы, которую научные знания никак не могли ни предсказать, ни сдержать, японские традиции и народные обычаи приобрели новое значение. В дискуссиях об устойчивости неоднократно подчеркивается необходимость вновь обратиться к мудрости прошлых поколений (*сэндзин но тиэ*). Кусано, автор и создательница упомянутых ранее состоящих из четырех картинок комиксов, рекомендует использовать такие традиционные предметы домашнего обихода, как японское полотенце для рук (*тэнугуи*), которое можно применить во время стихийного бедствия для различных целей [Kusano 2011: 124]. На лекции, проходившей в январе 2013 года в «Сонариа», вслед за главным докладчиком Рису Андо выступила Масаё Сонода, директор некоммерческой организации *Дакко то Онбу но Кэнкюдзё* — «исследовательского центра», занимающегося разработкой правильных способов ношения матерями детей на руках (*дакко*) и за спиной (*онбу*). Назвав традиционные методы воспитания детей ключом к выживанию в случае стихийных бедствий, Сонода продемонстрировала, как можно носить младенца за спиной, используя для этого традиционный кусок длинной ткани (*сараси*), а также призвала присутствующих обратиться за советом по воспитанию детей к женщинам старшего поколения[13]. Обращение к прошлому также является важной частью решения проблемы приготовления пищи в чрезвычайной ситуации. Японская кулинарная культура (*васёку бунка*) полна незаменимой в кризисных ситуациях мудрости. В одной публикации, уделившей большое внимание японским традициям, делается поразительное заявление о питании и устойчивости: после потребления на протяжении многих поколений такого большого количества морских водорослей как части базовой диеты организм японцев стал «естественным образом» устойчивым к воздействию радиации [Shōgakkan 2011: 67].

В 2012 году Хироко Сакамото, страстная сторонница обращения к прошлому Японии, написала в соавторстве со своей дочерью, кулинаром Кана Сакамото, книгу «*Дайдокоро босаййдзюцу*» («Способы подготовки кухни к стихийным бедствиям»). Мать и дочь утверждают, что женщины могут извлечь уроки из образа жизни прошлых лет (*мукаси но кураси*), когда современные бытовые удобства еще не были доступны и у домохозяек получалось обходиться малым. Женщинам, «обратившимся к воспоминаниям о том, как была устроена жизнь всего 40 лет назад», будет проще понять, что делать в современном мире, стоящем перед лицом угрозы стихийного бедствия [Sakamoto, Sakamoto 2012: 143]. Делая акцент на традициях, авторы книги рекомендуют читательницам налаживать связи с крестьянскими семьями и жителями сельских районов, на которых они смогут положиться как на источник продовольствия в чрезвычайных ситуациях. Японки должны заново находить и открывать для себя «родину» («*фурусато*») и воссоединяться с ней, чтобы подготовиться к неизвестному и непредсказуемому будущему [Sakamoto, Saka-

---

[13] Сонариа. *Кёдаи дзисин кара кодомо о мамору сэмина*. 20 января 2013 года. — *Примечание автора.* О деятельности организации см. [Dakko 2019].

moto 2012: 136–137]. Притом что Хироко Сакамото и Кана Сакамото описывают ужасающие последствия стихийных бедствий, они все же призывают женщин не бояться. В истории многих народов были свои взлеты и падения, но ни один не прекратил свое существование по причине землетрясений. Пережив на протяжении веков многочисленные бедствия, Япония обладает прошедшей проверку и доказавшей свою эффективность мудростью, которая, будучи переданной следующему поколению японцев, обеспечит выживание нации [Sakamoto, Sakamoto 2012: 142]. Книга была опубликована Сельской культурной ассоциацией Японии, организацией, тесно связанной с движением за улучшение жизни, речь о котором шла в первой главе. Выступая за рационализацию повседневной жизни, это движение играло важную роль в строительстве нации и империи в Японии до 1945 года. Связывая неолиберальное понятие самопомощи с неоконсервативными настроениями в отношении традиций и нации, «Даидокоро босайдзюцу» мобилизует японских женщин на участие в проекте повышения устойчивости после 11 марта.

Наконец, идущие в Японии после мартовской катастрофы разговоры о подготовке и подготовленности к стихийным бедствиям сводятся к выделению одного наиболее важного принципа такой подготовки и такой подготовленности — надлежащего управления эмоциями и их контроля. Как объясняется в специальном выпуске журнала «ан ан» «Базовые навыки для девушек», хранение косметических средств в сумке для чрезвычайных ситуаций — это вовсе не вопрос женского тщеславия; скорее, речь идет о предоставлении женщинам доступа к инструментам, которые помогут им успокоиться и эмоционально прийти в себя (иясу), а также сохранить самообладание перед лицом катастрофы [an an 2011: 62–63]. В случае угрозы ядерной аварии особенно важна дисциплина ума и сердца. Столь крупномасштабные ядерные аварии, как та, что произошла 11 марта, неизменно вызывают страх, тревогу и чувство неопределенности. Однако такое эмоциональное напряжение можно снять с помощью слез — важнейшего способа «очищения своего сердца» («кокоро но осодзи»), при этом описание действия «очищение» («осодзи») напоминает еще об одном способе подготовки к бедствию, а именно, уборке дома [Kusano 2011: 176]. Чрезмерно эмоциональная реакция на ядерную угрозу не только оказывается лишней, но и способна привести к негативным последствиям, поэтому женщины должны стремиться контролировать чувство паники и, несмотря ни на что, не терять присутствия духа [Shōgakkan 2011: 67]. В рамках всеобщей подготовки к бедствиям и их предотвращения «бедствие умов и сердец» («*кокоро но синсай*») должно внимательно отслеживаться. Упражнения на растяжку и другие физические упражнения или просто посмотреть на себя в зеркало, улыбнуться и наполниться «чувством счастья» — все это полезные тактики для достижения этой цели [Kusano 2011: 168–177]. Налаживание дружеских отношений с соседями как источник эмоциональной поддержки является важным шагом в рамках долгосрочного планирования, своего рода инвестицией, поскольку женщинам необходимо полагаться на этот и другие способы взаимной помощи, способствующие преодолению и выживанию в кризисных ситуациях [an an 2011: 32]. Вопрос управления сердцами и умами (*кокоро но канри*) неразрывно связан с управлением в кризисных ситуациях (*кики канри*), где надлежащий контроль эмоций приводит к уменьшению последствий бедствия, будь то землетрясение, цунами или ядерная катастрофа.

В целом после 11 марта национализм, милитаризм и неолиберализм в Японии оказались объединены с целью мобилизации женщин и домохозяйств для участия в повышении устойчивости. Обремененные ответственностью по защите дома, женщины должны выполнить множество задач: от проведения учений на случай стихийных бедствий и подготовки запаса провизии на случай чрезвычайных ситуаций до дисциплинирования как своего тела и разума, так и членов своей семьи. Эта зарождающаяся культура выражает новый взгляд на граждан-женщин в материальном и нематериальном плане, поскольку она подчеркивает трансформацию материального (прежде всего жилья), одновременно призывая к перенастройке нематериального (сердец и умов). Как будет рассмотрено ниже, эта зарождающаяся идея стойкости женщин, отнюдь не отрицающая или запрещающая ее, провоцирует различные обсуждения и практики, касающиеся «расширения прав и возможностей женщин», подчеркивая непрочную связь между феминизмом и устойчивостью в современной Японии.

Женщины, устойчивость и предпринимательство

Как было показано во второй главе, Управление по содействию является главной движущей силой продолжающегося процесса по наращиванию устойчивости в Японии. Созданное при Канцелярии кабинета министров в 2013 году, оно представлено тесно связанными с правящей ЛДПЯ политиками, крупнейшими предпринимателями и учеными. Являясь средоточием мужской власти, Управление по содействию тем не менее обратилось к конкретным женщинам, используя их в качестве «девушек с плаката», посвященного теме восстановления страны. Все это являлось гендерной стратегией, в рамках которой шаг навстречу «гендерному равенству» оказался направлен на повышение легитимности режима внутри страны и за рубежом. Важно отметить, что указанная динамика предоставляет также этим женщинам доступ к ресурсам и возможностям, позволяя им начать новую карьеру и выбрать новый путь в стране, пережившей стихийное бедствие.

Упомянутая динамика хорошо прослеживается на сайте Управления по содействию, где в разделе «Мой комментарий» («*Ватаси но хитокото*») публикуются высказывания экспертов-женщин, занимающихся вопросом устойчивости. Воспроизводя ключевые концепции и практики устойчивости в непринужденной, доступной форме, эти высказывания оказываются педагогическим инструментом. Одним из экспертов, представленных в разделе «Мой комментарий», выступает Кунидзаки. Определяя процесс повышения устойчивости гораздо шире, чем в своих публикациях, она характеризует подготовку и подготовленность к стихийным бедствиям как главное средство «реализации своей мечты» («*юмэ о канаэру*»). Она утверждает, что подготовка к будущим угрозам, опасностям и бедствиям — это не вопрос приходящей и уходящей «моды», а фундаментальный принцип, который должен укорениться в повседневной жизни. Недостаточно убрать опасные предметы домашнего обихода, переставить мебель и подготовить сумку для экстренных случаев. Женщины должны сделать больше. Чтобы объяснить значение и масштабы стратегии повышения устойчивости, она проводит аналогию: точно так же, как поддержание здоровья требует ежедневной практики правильных привычек на протяжении всей жизни, так и формирование устойчивости — это стремление, которому человек следует «от колыбели до могилы» («*юрикаго кара хакаба мадэ*»).

Кунидзаки продолжает раскрывать свое видение подготовленности, обращаясь к экономическому вопросу. Простая подготовка для защиты своей жизни в случае бедствия не гарантирует безопасного будущего, сохранение своего имущества (*дзаисан*) не менее или даже более важно. Она отмечает, что значение последнего более чем очевидно, если мы посмотрим на плачевное состояние жертв 11 марта, оставшихся после катастрофы в живых, но продолжавших находиться в тяжелой ситуации впоследствии. Кроме того, повышение устойчивости требует участия в нем компаний. Чтобы Япония смогла справиться с бедствием и пережить его, руководители корпораций должны сделать нечто большее, чем простое планирование своевременного восстановления и бесперебойной работы; они должны заранее разработать стратегию использования бедствия в качестве возможности повысить свой уровень устойчивости и свою конкурентоспособность на глобализирующемся рынке. Кунидзаки утверждает, что для построения «светлого будущего» японцы должны научиться готовиться к худшему, ежедневно принимать меры предосторожности и защищать свои жизни, а также имущество [Kunizaki 2019].

Выступающая за приобретение навыков выживания Рису Андо, еще одна эксперт-женщина, чье высказывание опубликовано в разделе «Мой комментарий», подчеркивает значение в повышении устойчивости матерей. Она отмечает, что их потенциал (*сэндзай норёку*) в вопросе подготовки огромен. Чтобы донести свою точку зрения, Андо рассказывает, как начался ее путь сторонницы стратегии устойчивости. Побеседовав с другими похожими на нее мамами о пользе навыков выживания при предотвращении стихийных бедствий и ликвидации их последствий, Андо обнаружила, что все они всерьез интересуются этой темой. Вскоре информация о компетентности Андо начала распространяться повсеместно, привлекая внимание других матерей по всей стране и положив начало ее экстраординарной карьере. В настоящее время она ежегодно читает около 100 лекций на тему противодействия бедствиям. Японских матерей, различающихся талантом, способностями и опытом, объединяет миссия защиты детей. Движимые материнской заботой, они также обращаются к женщинам старшего поколения с расспросами о том, как правильно воспитывать детей, в результате чего создаются новые межпоколенческие общности. Андо считает, что активное участие женщин в вопросе защиты семьи и общества дает возможность надеяться на лучшее будущее [Andō 2019].

Работа Андо по поддержке матерей дополняется деятельностью Миса Танака — основательницы организации «Босай гару» («Стойкие девушки»), принявшей участие в создании выпущенного правительством Токио руководства для женщин. Миса подчеркивает важность мобилизации молодых незамужних женщин — группы населения, часто упускаемой из виду по причине чрезмерного внимания к матерям с детьми. Ее организация сделала многое для того, чтобы привлечь женщин в возрасте от 20 до 40 лет — возраст, рассматриваемый в качестве переходного этапа перед вступлением в брак, рождением ребенка и созданием семьи, — к участию в посвященных устойчивости мероприятиях, лекциях и деятельности. Сотрудничая с государственными учреждениями в вопросе подготовки к стихийным бедствиям и повышения уровня осведомленности о них, «Босай гару» объединилась также с представителями японской промышленности с тем, чтобы направить внимание молодых женщин — и их покупательную способность — на набирающие популярность товары, оказывающиеся в чрезвычайных ситуациях товарами первой необходимости (босай гуддзу). Задачи организации хорошо согласуются с задачами государства, планирующего увеличить число «*босай* девочек» и «*босай* мальчиков», так чтобы ко времени проведения Олимпийских игр 2020 года в Токио, события национального и националистического значения, по крайней мере один из десяти молодых людей любого пола был готов оказать помощь в случае стихийного бедствия [Tanaka 2019].

Демографические рамки стойкого населения Японии были дополнительно расширены Сатоко Оки — доцентом Университета Кэйо в Токио, сейсмологом и специалистом по изучению окружающей среды и информационных технологий, выступающей за мобилизацию студентов колледжей. По ее словам, полные творческих идей и новаторских мыслей молодые люди будут способствовать повышению устойчивости. В Университете Кэйо студенты Оки проявляют свою предприимчивость различными способами. Одни рисуют четырехпанельные комиксы, разъясняющие, как правильно организовать эвакуационные убежища. Другие придумывают, как при помощи хореографии научить маленьких детей тому, как защитить себя во время бедствия. Третьи, скооперировавшись со студентами, занимающимися информационными технологиями, разрабатывают новые приложения для смартфонов. Эти инициативы не только подчеркивают важность междисциплинарного подхода — они указывают на важную роль, которую играют в обучении устойчивости удовольствие и интерес. Оки отмечает, что студенты колледжа знают, как сделать процесс подготовки «прикольным».

В своем размещенном в разделе «Мой комментарий» заявлении Оки не только подчеркивает значимость студентов колледжей и университетов в повышении устойчивости, но и подробно описывает саму концепцию такой «устойчивости». Обращаясь к представлению о том, что бедствие «не поддается прогнозированию» (*сотэйгай*), упрочившемуся после катастрофы 11 марта, она указывает на невозможность «предсказать непредсказуемое» (*сотэйгай о сотэйсуру*). Подготовка к непредсказуемой катастрофе потребовала бы громадных средств из государственного бюджета, и поэтому нет смысла даже обсуждать это. Для разработки альтернативного подхода к повышению устойчивости она предлагает представить себе невообразимое событие, будь то сильное землетрясение, террористическая атака или падение метеорита, а затем спросить себя, что вы больше всего хотите защитить. В ответе вы, несомненно, указали бы вашу семью, ваши имущество и жилье, а также основные функции общества. Она утверждает, что устойчивость достигается за счет защиты этих дорогих для человека вещей. Не уточняя, какие меры и ресурсы необходимы для реализации этого видения, она, не вдаваясь в детали, предлагает в качестве решения проблемы «японскую культуру». Оки уверена, что Япония сможет преуспеть в достижении необходимого уровня устойчивости. И, обладая способностью учитывать риски, преодолевать опасности и справляться с бедствиями, она, несомненно, сможет завоевать в мире репутацию «устойчивой» и «прекрасной» страны [Ōki 2019].

Поддержка стратегии повышения устойчивости со стороны Кунидзаки, Андо, Танаки и Оки не остается незамеченной. На странице «Мой комментарий» размещены ссылки на их сайты, где рассказывается об их успешных карьерах, участии в общественных мероприятиях и сотрудничестве с правительственными и неправительственными организациями, перечисляются их многочисленные лекции, выступления на телевидении, а также указываются способы связаться с ними с целью возможного сотрудничества. Соглашаясь с господствующими представлениями о гендере, нации и бедствии, а также подчеркивая связь между правительством (*кан*), академическими кругами (*гаку*), представителями промышленности (*сан*) и населением в целом (*мин*), в своем сотрудничестве с Управлением по содействию эти женщины-эксперты без всякого почтения относятся к авторитету мужчин. Получив доступ к средоточию политической власти страны, они обзаводятся также новыми ресурсами — среди которых известность, репутация и престиж, — которые помогают им выжить и преуспеть в сейсмологии, управлении в кризисных ситуациях или спорте на открытом воздухе, областях, в которых доминируют мужчины и в которых они строят свои карьеры. Предприимчивые и занимающиеся саморекламой, эти женщины применяют новый метод расширения своих прав и возможностей, используя поворот страны к устойчивости в интересах своей деятельности в публичном поле. Как будет показано далее, стратегия повышения устойчивости, привлекая других женщин и еще больше встраивая секьюритизацию в социальное поле, вне всякого сомнения, никогда полностью не противоречила проекту по расширению прав и возможностей женщин и феминисток.

Секьюритизация страны и мобилизация феминисток

Позиционируя Японию после катастрофы 11 марта как образец гендерного равенства и противодействия бедствиям, культура не только четко формулирует связь между расширением прав и возможностей женщин и граждан внутри страны, но и продвигает гендерно-дифференцированный подход к секьюритизации за пределы Японии. Эту тенденцию можно проследить в восьмистраничной брошюре «Извлекая уроки из невзгод», выпущенной на английском языке в 2014 году Управлением по вопросам гендерного равенства (*Дандзё Кёдо Санкакукёку*) при кабинете министров. Брошюра представляет собой сокращенную версию опубликованного в 2013 году японского руководства *«Дандзё кёдо санкаку но ситэн кара но босай, фукко но торикуми сисин»* («Основные принципы подготовки к стихийным бедствиям и восстановления после них с точки зрения гендерного равенства»), увесистого документа, состоящего из более чем 100 страниц и разделенного на главы «Краткие сведения», «Основные принципы», «Пояснения и примеры», «Перечни» и «Дополнительные документы».

«Извлекая уроки из невзгод» раскрывает международной аудитории взаимосвязанные темы гендера, нации и стихийных бедствий, определяющие способы повышения устойчивости после мартовской катастрофы. В самом начале излагается национальное и националистическое видение устойчивости Японии: «Стихийные бедствия, начиная с землетрясений и цунами и заканчивая извержениями вулканов и тайфуном, были регулярными явлениями на протяжении всей долгой истории

Японии». Это давнее взаимодействие с природными (но не рукотворными) бедствиями «сформировало наше общество и постоянно преподает нам новые уроки». С учетом ее истории, Японии предстоит выполнить особую миссию. Благодаря своей приверженности принципу «*кайдзэн*» (переводится как «непрерывное совершенствование») Япония продолжает извлекать из стихийных бедствий уроки и постоянно наращивать свой потенциал в предотвращении катастроф и ликвидации их последствий. Более того, стремясь к «глобальной кооперации», Япония готова поделиться с международным сообществом своими имеющими отношение к вопросу устойчивости знаниями и технологиями. Один из жизненно важных уроков, извлеченных из катастрофы 11 марта, касается «взаимосвязи между гендерным равенством и снижением риска бедствий». «[Ч]тобы построить общество с высокой устойчивостью к стихийным бедствиям, — говорится в брошюре, — гендерное равенство должно быть фундаментальной ценностью как в хорошие, так и в плохие времена», при этом «женщины должны выступать в руководящей роли во всех аспектах процесса снижения риска бедствий». В вопросе управления в кризисных ситуациях «учет гендерной проблематики во всех аспектах планирования, связанного со стихийными бедствиями», является в Японии важным пунктом повестки дня [Naikakufu 2019a: 1].

Согласно брошюре, значение женщин во время бедствия очевидно. Во-первых, женщины «обычно играют ключевую роль в оказании помощи местному сообществу в целом и отдельным людям в частности с тем, чтобы те могли справиться с последствиями» катастрофических событий, во-вторых, следует помнить, что на мужчин и женщин бедствия по-разному влияют, особенно когда «это касается пожилых людей, инвалидов, беременных, новорожденных и других уязвимых групп населения». Среди многообразных проявлений гендерных различий особого внимания требует насилие: во временных убежищах и пунктах эвакуации женщины и дети часто становятся жертвами домашнего и сексуализированного насилия, также нередки случаи жестокого обращения с детьми. В решении этой и других проблем «[о]беспечение гендерного равенства посредством тесного сотрудничества между различными организациями» до, во время и после катастрофического события является неотложной задачей [Naikakufu 2019a: 2].

Далее в брошюре обсуждается ряд мер, которые должны содействовать «гендерному равенству» в три этапа: «подготовительный этап», «этап оказания помощи во время стихийного бедствия» (сразу после бедствия; в эвакуационных убежищах; в домах временного размещения) и «этап восстановления». Концепция «гендерного равенства», продвигаемая на каждом этапе, заслуживает внимания. На этапе подготовки необходимо приложить все усилия для увеличения числа женщин среди сотрудников, наделенных полномочиями по принятию решений, в учреждениях, отвечающих за борьбу со стихийными бедствиями на местном уровне, включая комитеты городской администрации и гражданские группы по предотвращению пожаров и подготовке к стихийным бедствиям. Гендерный фактор также имеет значение при создании запасов, которые должны учитывать «особые потребности женщин и семей с детьми». Всегда должно быть достаточное количество «женских гигиенических средств», а также «вещей для младенцев и других предметов для удовлетворения [их] специфических потребностей». Вопрос обеспечения присмотра за детьми также должен быть продуман заранее, в особенности это касается женского медицинского персонала, пожарных и других специалистов оперативного реагирования. В брошюре приводится пример детских садов, организованных Силами самообороны Японии в процессе ликвидации последствий катастрофы 11 марта, и объясняется, как к этому были быстро привлечены солдаты-женщины.

На этапе оказания помощи, когда жертвы эвакуируются во временные убежища, гендерный вопрос остается одним из главных. Помещения для эвакуации должны быть оборудованы такими предназначенными только для женщин пространствами, как «комната для кормления грудью, отдельные туалеты, пространства для сушки белья, раздевалки и зоны отдыха». Женщины также должны быть вовлечены во все аспекты работы убежищ, включая «распределение предметов гигиены, нижнего белья и других предметов». Особое внимание следует уделять состоянию здоровья «беременных, младенцев, пожилых женщин и других лиц». Для предотвращения насилия в отношении женщин «патрули должны охранять места, отведенные для сна, и помещения, предназначенные только для женщин»; «следует предусмотреть такие меры, как раздача сигнальных брелоков для самообороны»; при этом «[отвечающие за объект] должны создать среду, не допускающую насилия, где оперативно оказывают всестороннюю поддержку всем жертвам». Чтобы обеспечить реализацию всех этих предложений, женщины должны занимать «не менее 30 %» руководящих должностей в организациях, отвечающих за восстановление страны, что является базовым показателем, установленным правительственной политикой «202030», целью которой является увеличение к 2020 году числа женщин во всех сферах общественной жизни [Naikakufu 2019a: 3–5].

По мере того как жертвы стихийных бедствий перебираются из временных убежищ во временное жилье, внимание к гендерной проблематике должно сохраняться как на благо женщин, так и на благо всего сообщества. В брошюре говорится, что «[е]сли женщины будут участвовать в планировании, проектировании и эксплуатации временного жилья, эти объекты станут гораздо более пригодными для жизни и будут лучше отражать потребности жильцов». Следуя принципу «202030», в брошюра также утверждает, что «самоуправляемые организации следует развивать и поддерживать» и что не менее чем в 30 % случаев женщины должны занимать должность директора. Кроме того, контактная информация местных центров по обеспечению гендерного равенства и других общественных и частных организаций должна быть распространена среди жителей с тем, чтобы они могли получить доступ к таким необходимым им ресурсам, как помощь волонтеров, психологическая поддержка и профессиональная подготовка. К мужчинам также должен быть выработан определенный подход в соответствии с их полом. Следует разработать программы и проводить консультации для решения таких проблем, как социальная замкнутость и изоляция, распространенные среди мужчин среднего и пожилого возраста, которые были вынуждены сменить место жительства в результате стихийного бедствия [Naikakufu 2019a: 6].

Даже после начала восстановительных работ принцип гендерного равенства должен оставаться в центре внимания. Женщины должны активно участвовать в принятии решений. При необходимости могут быть организованы встречи «только для женщин», позволяющие услышать мнения последних и не дающие мужчинам заглушить их голоса. На данном этапе остро встает вопрос о восстановлении экономического положения женщин. Необходимо приложить особые усилия, чтобы «помочь женщинам, пострадавшим от стихийного бедствия, найти работу» и оказать поддержку тем, кто заинтересован в «открытии бизнеса». В брошюре рекомендуется отслеживать проведение политики «гендерного равенства» на каждой стадии работы с бедствием с помощью метода Деминга («планируй-делай-проверяй-действуй»), четырехэтапного метода управления бизнесом [Naikakufu 2019a: 6–7]. В прилагаемых к брошюре «Контрольных листах для эвакуационных убежищ/складов для хранения аварийного запаса» перечисляются предметы, необходимые матерям с маленькими детьми (сухое молоко, бутылочки для кормления, детское питание, приспособления для переноски младенцев), а также предлагаются действия, имеющие определяющее значение для вовлечения женщин в работу по предотвращению стихийных бедствий и ликвидации их последствий (создание помещений «только для женщин», назначение женщин на ответственные должности, изучение потребностей женщин) [Naikakufu 2019б].

Гораздо более длинный и подробный японский оригинал представляет собой расширенную версию изложенных выше рекомендаций для домашней аудитории, в котором повторяется идея о том, что женщины являются «главными агентами» («*омона нинайтэ*») в повышении устойчивости. Задуманный как административное руководство, этот документ, разработанный для общественных организаций и частных компаний (добровольных противопожарных отрядов и комиссий по социальной поддержке, фабрик и фирм, колледжей и университетов), призывает их использовать изложенные в нем практики из руководства и подойти к этому вопросу «оригинально» и «креативно» с тем, чтобы соответствовать конкретным условиям конкретного региона [Naikakufu 2019в: 2]. В оригинале приведены многочисленные примеры из реальной жизни, демонстрирующие, в свою очередь, как следует практиковать принципы женской уверенности в себе, взаимопомощи и предприимчивости для того, чтобы реализовать концепцию устойчивости. После землетрясения 2004 года в префектуре Ниигата четыре домохозяйки скооперировались и открыли новый ресторанный бизнес, основой предлагаемых в нем блюд стали местные продукты, а главными потребителями этих блюд — оказывающие помощь после стихийного бедствия добровольцы [Naikakufu 2019в: 67]. После землетрясения 1995 года в префектуре Хёго группа добровольцев, используя государственные средства, выделенные после стихийного бедствия на поддержку инновационных бизнес-идей, открыла в сотрудничестве с местными акушерками, врачами, педиатрами и стоматологами детский сад [Naikakufu 2019в: 68]. Еще одна группа в префектуре Иватэ после 11 марта начала оказывать помощь по уходу за пожилыми людьми. Члены этой группы покупали предметы первой необходимости и доставляли их пожилым людям, размещенным во временных жилищах. Организованная женщинами доставка на дом также давала возможность проверять состояние здоровья покупателей; и то и другое было критически важной задачей, выполнить которую могли только эти женщины [Naikakufu 2019в: 54]. Женское предпринимательство не только предоставляет новые экономические возможности, но и устанавливает и укрепляет *кидзуну*. В префектуре Сайтама местный центр по обеспечению гендерного равенства открыл после катастрофы 11 марта кафе, создав пространство, где местные жители могли познакомиться с эвакуированными из Тохоку. В управляемом волонтерами кафе предлагали чай, услуги визажиста и аромамассаж, что оказывало большую эмоциональную поддержку жертвам 11 марта, а также способствовало сближению тех, кто пострадал от стихийного бедствия, и тех, кого оно не затронуло [Naikakufu 2019в: 72].

Представленная в брошюре «Извлекая уроки из невзгод» и в ее японском оригинале концепция указывает на ряд допущений, лежащих в основе формирующейся культуры устойчивости, которая в настоящее время распространяется внутри Японии и за ее пределами. Сосредоточив внимание на стихийных бедствиях, она не содержит каких-либо упоминаний о техногенных катастрофах, оставляя аварию на атомной электростанции за рамками обсуждения. В связи с тем, что она подчеркивает повторяющийся характер стихийных бедствий в Японии, снижение риска в ней представлено в качестве явления, укоренившегося в истории и традициях страны, и особенности, якобы присущей национальному организму и государственному устройству. Эта национальная (националистическая) концепция пронизана неолиберальными дискурсами о самопомощи и взаимопомощи, непрерывном совершенствовании, сотрудничестве государственного и частного секторов и локально-глобального взаимодействия, при этом корпоративная стратегия метода Деминга («планируй-делай-проверяй-действуй») выступает в качестве главного средства контроля. Движущей силой всех этих идей является приверженность «гендерному равенству», значение которого в лучшем случае двусмысленно, а на самом деле довольно непостоянно. Настаивая на значимости гендерного равенства, существующий дискурс тем не менее придерживается эссенциалистского подхода к женственности, подчеркивая физические различия между мужчинами и женщинами, определяя женщин как субъектов, оказывающих уход, и превознося материнские обязанности. Хотя применение насилия в отношении женщин выявляет гендерную разницу физических потенциалов и подрывает столь воспеваемую *кидзуну*, доминирующие тенденции незамедлительно возобновляются, поскольку не предпринимается никаких попыток принять меры в отношении виновных (мужчин) или структурных причин (исторически, институционально, социально патриархальный уклад) такого насилия, подразумевая, что эта проблема является в первую очередь «женской проблемой». Более того, устойчивая Япония, частью которой женщин призывают стать, выполняя свои обязанности, — это пространство, в котором военные обеспечивают образцовый уход за детьми, а неолиберальный порядок прославляет женское предпринимательство как путь к расширению прав и возможностей женщин. В этих сложившихся после стихийного бедствия новых условиях дух самопомощи и взаимопомощи воплощают собой не только женщины, но и некоммерческие и неправительственные организации. Все эти организации берут на себя разнообразную работу по уходу, необходимую во время и после стихийного бедствия. Настаивая на привлечении женщин и используя контрольную цифру в 30 % в качестве талисмана гендерного равенства, эта формирующаяся концепция не учитывает или, возможно, точнее будет сказать, игнорирует вопрос о том, что представляют собой формирующиеся требования и тенденции, для воплощения которых в жизнь мобилизованы женщины. Не обращая внимания на доминирующую динамику власти, лежащую в основе политики устойчивости после 11 марта, «Извлекая уроки из невзгод» и ее японский оригинал побуждают женщин действовать во имя «гендерного равенства».

Чем можно объяснить распространенность дискуссий о «гендерном равенстве» в Японии после катастрофы? Описанную выше мобилизацию женщин следует рассматривать в связи с двумя взаимосвязанными тенденциями — использованием этих женщин правительством в качестве гендерно-дифференцированного человеческого ресурса и стремлением их самих к (некоторому) гендерному равенству — каждая из которых базируется на идее «*дандзё кёдо санкаку*» (гендерное соучастие), политическом дискурсе, обладающем исключительным влиянием, разносторонностью и гибкостью. С одной стороны, гендерное соучастие — это управленческий вопрос, возникший в ответ на проведенную в 1995 году в Пекине Всемирную конференцию ООН по положению женщин, на которой «обеспечение всестороннего учета гендерной проблематики» было принято в качестве стратегии для расширения прав и возможностей женщин по всему миру. Это международное предписание немедленно отразилось на внутренней политике Японии. В ходе последовавших вскоре дебатов феминистское требование о преобразовании патриархального общественного устройства звучало параллельно с императивом консерваторов, касающимся роли женщин во время экономических и демографических сдвигов. В конечном счете в 1999 году был принят закон «*Дандзё кёдо санкаку кихонхо*», название которого было переведено правительством как «Основной закон общества гендерного равноправия» [Ōsawa 2000; Suzuki et al. 2014][14].

Несмотря на то что одни считают закон 1999 года вехой в развитии феминизма, другие критикуют его принятие и последующую реализацию, видя в них пример «санкционированного правительством феминизма» («*гёсэй фэминидзуму*») или даже «феминизма восходящего солнца» («*хиномару фэминидзуму*») [Hotta 2009: 289–294; Hotta 2002: 106–109; Kanei 2017: 145–146; Yamaguchi 2014: 549][15]. Воплощая в своем японском названии идею «гендерного соучастия» (*дандзё кёдо санкаку*), а не «гендерного равенства» (*дандзё бёдо*), закон 1999 года, действительно, имеет больше общего с использованием женщин в условиях нарастающих волн неолиберализма и неоконсерватизма в качестве гендерно-дифференцированного человеческого капитала, чем с продвижением гендерного равенства. Защищая принцип «учета гендерной проблематики, аргументированно рассматриваемый многими теоретиками и практиками феминизма как не являющийся средством интеграции женщин в доминирующую структуру, сформированную силами свободного рынка и неолиберализма» [Bacchi, Eveline 2003; George 2004; AWID 2004], этот закон работает как гендерно-дифференцированный инструмент государственного управления, облегчая женщинам доступ на рынок труда, содействуя балансу между работой и личной жизнью и провозглашая политику поддержки семей и стимулирования деторождения (*сёсика тайсаку*), направленную на сдерживание

---

[14] О закулисной стороне принятия закона 1999 года см. [Ōsawa, Ueno 2001: 10–77].

[15] Специальный выпуск журнала «*Импакусён*» с подзаголовком «*Дандзё кёдо санкаку но сикаку то госан*» (т. 131, 2002) содержит ряд критических замечаний о проводимой политике.

падения рождаемости [Muta 2006; Minakawa 2008; Coleman 2016; Schieder 2014; Kikuchi 2019]. Использование вместо «гендерного равенства» «гендерного соучастия» влечет за собой последствия как внутри страны, так и во всем мире. Выбранный в качестве инструмента по выстраиванию репутации страны, дискурс о «гендерном равенстве» [Valaskivi 2013] должен помочь создать позитивный и прогрессивный образ «Японии», сдерживая при этом международную критику в адрес практики использования «женщин для утешения», с одной стороны [Coleman 2016], и привлекая зарубежных инвесторов, с другой [Kaizuma 2014]. Цитируемая в начале этой главы речь Синдзо Абэ на Всемирной конференции ООН по уменьшению опасности бедствий является воплощением этой тенденции, в которой продвижение женщин неразрывно связано с продвижением государства.

С другой стороны, «Извлекая уроки из невзгод» и ее японский оригинал отражают также взгляды и голоса, порожденные мобилизацией женщин и феминисток после случившегося в 1995 году Великого землетрясения Хансин-Авадзи (Кобе) магнитудой 6,9 балла, выявившего ряд проблем, которые привлекли внимание к различным проявлениям гендерного неравенства. Помимо того, что среди погибших женщин было примерно на 1000 больше, чем мужчин, они также оказались жертвами бытового насилия, сексуальных посягательств и домогательств, сообщения о которых имели место. Потеря работы — особенно увольнение работников, занятых неполный рабочий день, среди которых женщин было непропорционально больше, — усугубила экономическое положение женщин и ускорила феминизацию бедности. По мере того как гендерное разделение труда подтверждало свои позиции в семьях и убежищах, женщины брали на себя непропорционально больше работы по уходу после стихийного бедствия. Более того, по причине прочно укоренившегося маскулинного представления о главе дома (*сэтайнуси*) они часто оказывались в стороне при распределении средств на восстановление после стихийного бедствия. Учитывая недостаточную представленность женщин в отвечающих за восстановление правительственных и неправительственных структурах, существовало не так уж много механизмов, с помощью которых они могли решить свои проблемы. Игнорируемые и даже преуменьшаемые мужчинами и институтами, в которых доминируют мужчины, физические и психологические потребности женщин, вопрос удовлетворения которых стал еще острее в чрезвычайных условиях катастрофы, породили внутреннее и продолжительное чувство дегуманизации, деградации и возмущения. Когда голос общественных деятельниц и активисток усилился, Управление по вопросам гендерного равенства переадресовало некоторые, если не все, их проблемы структурам, определяющим политический курс на местном и государственном уровнях[16].

После 11 марта — еще более смертоносной катастрофы с еще более серьезными последствиями — аналогичный набор гендерных проблем всплыл в Тохоку, положив начало очередному циклу мобилизации. Среди инициатив, с которыми выступили женщины, был «Симпозиум 11 июня», организованный Научным советом Японии (*Нихон Гакудзюцу Синкокаи*) и проведенный всего через три месяца после бедствия. Симпозиум, в котором приняли участие известные женщины, предоставил возможность продемонстрировать «перспективы гендерного соучастия» как способы решения множества гендерных проблем, возникающих в период восстановления после стихийных бедствий и в процессе проведения мероприятий по уменьшению опасности таких бедствий[17]. Председателями мероприятия стали Акико Домото (бывший губернатор префектуры Тиба) и Кунико Иногути (политолог, общественный деятель и политик). В числе докладчиков находились такие женщины-ученые, как Мари Осава (Токийский университет), Хироко Хара (заслуженный профессор университета Отяномидзу), Кэйко Икэда (Университет Сидзуока) и Юмико Цудзимура (Университет Тохоку). Ветераны политики «*дандзё*

---

[16] О проблемах, касающихся гендерного неравенства и диспропорции, возникших после катастрофы 1995 года, например, см. [Wuimenzu 2005]. Общую историю женщин, стихийных бедствий и политической мобилизации с 1995 по 2011 год см. в [Saitō 2012].

[17] Краткий обзор симпозиума 11 июня см. в [Ōsawa 2013].

кёдо санкаку» Домото, Иногути и Осава стояли у истоков ее формирования в 1990-х годах. В симпозиуме также приняли участие влиятельные женщины, бывшие родом из Тохоку, в том числе Эмико Окуяма (мэр города Сендай префектуры Мияги), Эмико Мунаката (директор некоммерческой организации «*Ико-ру нэтто Сендай*», также находящейся в Мияги) и Табата Яэко (директор некоммерческой организации «Женский центр Мориока» в префектуре Иватэ), являвшиеся активистами-управленцами, начавшими заниматься внедрением «гендерного соучастия» на своих территориях задолго до катастрофы 11 марта[18].

С учетом уроков прошлого — землетрясения Хансин-Авадзи (Кобе) 1995 года и землетрясения Тюэцу (Ниигата) 2004 года в Японии, а также землетрясения и цунами 2004 года в Индийском океане и урагана «Катрина» 2005 года в США — на симпозиуме был поднят вопрос угроз, существующих для женщин во время бедствий. Многие представленные на симпозиуме доводы были уже известны: необходимо учитывать индивидуальные потребности женщин, особенно матерей с маленькими детьми; необходимо увеличить представительство женщин на всех уровнях принятия решений, касающихся уменьшения уровня опасности бедствий, а также восстановления после бедствия. При этом звучали и новые аргументы (потенциально) критического характера. Икэда, специалист по социальной географии, представила сравнительный взгляд на гендер и стихийные бедствия. Говоря о зарубежном опыте, она уделила особое внимание международной тенденции виктимизации женщин во время стихийных бедствий и рассказала о различных инициативах, проводимых Организацией Объединенных Наций [Ōsawa et al. 2013: 10–17]. Мари Осава, известная исследовательница феминизма, осветила проблему регионального неравенства Токио и Тохоку. Исследуя исторические и институциональные аспекты ядерной катастрофы, она объяснила, как послевоенное экономическое развитие

---

[18] Материалы симпозиума 11 июня, включающие протоколы (*кироку-хэн*) и документы (*сирё-хэн*), см. в [Ōsawa et al. 2013]. PowerPoint-презентации избранных докладчиков на мероприятии см. в [Nihon 2012].

Японии вынудило Тохоку, исторически бедный регион со статусом квазиколонии, нести бремя производства ядерной энергии [Ōsawa et al. 2013: 49–53]. Возможность задавать во время симпозиума вопросы позволила получить дополнительную критическую информацию для размышления. Один мужчина из числа слушателей, подчеркнув, что симпозиум по большей части посвящен женскому вопросу, отметил, что действия и поведение мужчин не были подвергнуты сомнению и анализу [Ōsawa et al. 2013: 27, 63].

Несмотря на значительный потенциал этого симпозиума, в котором приняли участие преимущественно ассоциированные с «дандзё кёдо санкаку» политики-женщины, представительницы интеллигенции и общественные активистки, он скорее укрепил доминирующий дискурс о гендере, нации и бедствии, чем бросил ему вызов. В своем заранее записанном видеообращении мэр Сендая Эмико Окуяма не только подчеркнула важность «гендерного соучастия», но и отдельно выделила концепцию *кидзуны*, восхваляя ценность и достоинства взаимопомощи, когда связи между людьми способствуют безопасности местных сообществ [Ōsawa et al. 2013: 20–22]. Предложившая глобальную концепцию для гендера и бедствий социальный географ Икэда также следовала общепринятому представлению о женщинах: с учетом их знаний и опыта в качестве матерей и жен, женщины должны участвовать в ликвидации последствий стихийных бедствий, реализуя тем самым концепцию «учета гендерной проблематики» [Ōsawa et al. 2013: 11, 15]. Яэко Табата, директор Женского центра Мориока, открытого в 2000 году в качестве одного из местных отделений Управления по вопросам гендерного равенства, рассказала об общенациональной сети, в которую входят корпорации, некоммерческие и неправительственные организации, женские группы и отдельные лица, помогающие восстановить Тохоку. Координируя отправку поступающей со всей Японии помощи, Женский центр Мориока оказывал неоценимую поддержку пострадавшим в результате катастрофы 11 марта матерям с маленькими детьми, инвалидам и пожилым людям. В центре был разработан план расширения существующей программы женского предпринимательства, являющейся важным средством «реализации женских устремлений» [Ōsawa et al. 2013: 58–61]. Эмико Мунаката, директор *Икору нэтто Сендай*, представила еще один способ оказания помощи после стихийных бедствий, предоставляемой с участием женщин, — инициативу под названием «*Сэнтаку нэтто*» («Сеть прачечных»). В таких прачечных, ставших примером женского предприятия, использующего женские навыки и опыт ведения домашнего хозяйства, добровольцы стирали и сушили одежду женщин, проживающих во временных убежищах [Ōsawa et al. 2013: 35–36]. Пусть даже превознося возможности женщин, эти примеры тем не менее воспроизводят традиционное представление о женственности как тесно связанной с домашним хозяйством и, по сути, ограниченной им, чем усиливают доминирующие гендерные тенденции.

Симпозиум 11 июня положил начало серии мероприятий, проводимых в Японии и за ее пределами с участием женщин. Он воодушевил Акико Домото, Хироко Хару и других его участниц на проведение серии активных лоббистских действий. Они настаивали на том, чтобы правительство включило концепцию «гендерного соучастия» в программу по восстановлению после стихийных бедствий и уменьшению их последствий. Благодаря их усилиям многие идеи и взгляды, высказанные на симпозиуме 11 июня, нашли отражение в брошюре «Извлекая уроки из невзгод» и ее японском оригинале, а также в других программных заявлениях и документах. Гордясь своими достижениями, эти общественные деятельницы считают, что проведенная ими мобилизация является успешным примером женского и феминистского активизма[19]. Симпозиум также стал катализатором организационных усилий на низовом уровне, что нашло отражение в создании Женской ассоциации по борьбе со стихийными бедствиями в Восточной Японии «Сплотимся!» («*Хигаси Нихон*

---

[19] О мобилизации феминисток, вызванной симпозиумом 11 июня, кульминацией которого стал «триумф феминисток», см. раздел с документами из материалов симпозиума [Ōsawa et al. 2013]. Также см. публикации, относящиеся к Японской женской ассоциации по уменьшению опасности бедствий, обсуждаемой далее.

Дайсинсай Дзёсэй Сиэн Неттоваку»; далее «Сплотимся!»), а также Японской женской ассоциации по снижению риска бедствий («*Дандзё Кёдо Санкаку то Сайгай Фукко Неттоваку*»). «Сплотимся!», в число лидеров которой входила Икэда, продолжила играть важную роль в актуализации гендерной проблематики за счет продвижения необходимости удовлетворения женских нужд во время стихийных бедствий, содействия представительству женщин в процессе восстановления, а также создания разнообразных образовательных ресурсов [Higashi 2016а; Higashi 2016б]. Организация, переименованная в 2014 году в Учебный центр по гендерным вопросам и снижению риска бедствий, продолжает продвигать концепцию «гендерного соучастия» в вопросе повышения устойчивости[20].

Японская женская ассоциация по снижению риска бедствий, ведущие роли в которой играют Акико Домото и Хироко Хара, является еще одной организацией, возникшей в результате событий 11 марта, а также действующей в том числе за пределами Японии. Помимо заметного присутствия на международных мероприятиях, подготовленных такими организациями, как Азиатский центр по предотвращению стихийных бедствий и Организация Объединенных Наций, Ассоциация также активно развивает партнерские отношения с Гавайским университетом, Делавэрским университетом, Университетом ООН, Агентством Соединенных Штатов по международному развитию (АМР США), Японским агентством по международному сотрудничеству и Управлением ООН по снижению риска бедствий (УРСБ ООН, ранее Международная стратегия ООН по уменьшению опасности бедствий) [Women's Network 2019]. Японская женская ассоциация по снижению риска бедствий не только стремится институционализировать «гендерное соучастие» в управлении устойчивостью на местном, государственном и международном уровнях, но и активно делится с международной аудиторией информацией о прогрессе, которого добились японские женщины и лидеры феминистского движения. На четвертой встрече

---

[20] Например, см. специальный выпуск журнала «Биосити» [Biocity 2016].

Глобальной платформы по снижению риска бедствий, прошедшей в Женеве в 2013 году, Акико Домото рассказала, как симпозиум, состоявшийся 11 июня, привел к массовой мобилизации японских женщин, сумевших в результате договориться с правительством о продвижении «гендерного равенства» [Dōmoto 2013][21]. Представляя Японию в качестве нового международного лидера в области снижения риска бедствий, Хироко Хара говорила о необходимости распространения японских практик обеспечения устойчивости за рубежом. При этом она назвала книги Кунидзаки одним из важнейших ресурсов, которым Япония могла бы поделиться с другими странами [Hara 2013: 21]. Получение Японской женской ассоциацией по снижению риска бедствий финансирования от Катарского фонда дружбы, организации, созданной для оказания помощи Японии в восстановлении после катастрофы 11 марта, еще больше подчеркнуло ориентацию этой ассоциации на международное сотрудничество. Япония является важным торговым партнером Катара, покупая у него сырую нефть и сжиженный природный газ. Ассоциация и Учебный центр по гендерным вопросам и снижению риска бедствий продолжают выступать в защиту «учета гендерной проблематики» и «гендерного соучастия», рассматриваемых как часть феминистской повестки в Японии после катастрофы. Однако в своем стремлении к «гендерному равенству» их деятельность редко, если вообще когда-либо, пересекается с вопросами милитаризма и неолиберализма, оставляя, таким образом, без анализа две основные геополитические тенденции, определяющие процесс повышения устойчивости Японии.

После мартовской катастрофы мобилизация демонстрирует гендерно дифференцированную и дифференцирующую тенденцию секьюритизации, в рамках которой движение страны к восстановлению объединяется с феминистским стремлением достичь гендерного равенства. Выражая свое стремление к ген-

---

[21] О схожей истории см. вступительную речь Домото Акико на международном симпозиуме, проведенном 29 октября 2011 года Национальным женским образовательным центром Японии [Dōmoto 2011].

дерному равенству в дискурсивном пространстве, давно сформированном (переформированном) стратегиями «гендерного соучастия» и «учета гендерной проблематики», японские общественные деятельницы в конечном счете, с одной стороны, приняли эссенциалистское и биологическое представления о женственности и мужественности, а с другой — способствовали включению женщин в доминирующую социальную структуру, в которой влияние неолиберализма и неоконсерватизма становится все сильнее. Мобилизация Японии после стихийного бедствия не только не изменила существующий гендерный порядок, но и сделала женщин гендерно дифференцированными агентами секьюритизации, оказывающими само- и взаимопомощь, заботящимися о пострадавших после стихийных бедствий, а также занимающимися предпринимательской деятельностью — все это неотъемлемые черты зарождающейся неолиберальной культуры. Ожидается, что наделенные полномочиями, ответственные и предприимчивые японские женщины будут стремиться защищать семьи, соседей и страну, а следовательно, подменять и дополнять работу государственной машины, первостепенное значение для которой имеет безопасность. Более того, распространяя информацию о прогрессе японских женщин и феминисток на международной арене, эта зарождающаяся культура представляет Японию мировым лидером в вопросе гендерного равенства и противодействия стихийным бедствиям, о чем также говорил премьер-министр Синдзо Абэ.

Отнюдь не являясь примером «постфеминизма» (феномена, о котором много говорят исследователи феминизма и активистки феминистского движения, критикующие неолиберальную культуру, в которой предполагаемое достижение гендерного равенства сигнализирует о конце феминизма), активизированная катастрофой 11 марта гендерная динамика все еще представляется очень «феминистской», поскольку она признает, что гендерное неравенство все еще имеет место, и призывает к той или иной форме феминистского вмешательства. Обращение к «феминистским» темам наравне с «женскими» играет важнейшую роль в Японии и других странах, где признание гендерного неравенства в сочетании с продвижением идей феминизма в качестве решения проблемы помогает сохранять иллюзию либеральной демократии на фоне стремительного перехода к неолиберальному политическому, экономическому и социальному устройству. Важно отметить, что нарратив Японии о преодолении гендерного неравенства и стремлении к гендерному равенству работает более чем на одну аудиторию или цель. Позволяя общественным деятельницам выходить на международный уровень, он также предоставляет правящей власти возможность вернуть лидерство Японии в Азиатско-Тихоокеанском регионе. Феминистский дискурс, существуя в политическом ландшафте, где пространство для высказывания по-настоящему критических замечаний сужается, все чаще используется для того, чтобы способствовать, а не препятствовать укреплению доминирующих политических, экономических и культурных тенденций [Rottenberg 2018: 75–78]. Таким образом, мобилизация женщин в Японии после 11 марта демонстрирует процесс, в ходе которого господствующий либеральный феминизм «очищается» и «трансформируется» в феминизм неолиберальный, становясь тем самым проводником формирующегося в XXI веке режима власти [Rottenberg 2018: 54].

Заключение

После событий 11 марта Япония пережила всплеск мобилизации «матерей на страже», «девушек на страже» и «феминисток на страже», чья активность породила ряд культурных продуктов, заявлений и практик, касающихся гендера и стихийных бедствий. Женщинам, призванным обеспечивать в рамках своих, определенных гендером обязанностей подготовку и подготовленность в собственном доме, в обществе и в стране, настоятельно рекомендуется приобретать новые навыки и закалять характер. Подразумевается, что их неспособность сделать это может серьезно отразиться не только на их собственных шансах выжить, но и на таких шансах их близких. Обремененные этой личной миссией государственного значения, женщины становятся частью новой культуры секьюритизации, в которой отказ подчиниться будет считаться неестественным (учитывая «материнский инстинкт» у женщин), неразумным (учитывая ценность жизни) и даже предательским (учитывая важность национальной обороны). Эта зарождающаяся культура представляет собой многогранное явление. Провозглашая культ домашнего хозяйства после катастрофы, она превращает дома в защищенное место, а повседневную жизнь — в серию мер безопасности. Поощряя женщин становиться самостоятельными, заботящимися о себе и предприимчивыми, она также намечает (иллюзорный) путь к «расширению прав и возможностей женщин», прославляет «стратегию учета гендерной проблематики» и формулирует устойчивость на языке феминистского прогресса. К тому же, преподнося Японию в качестве лидера в области гендерного равенства и устойчивости к стихийным бедствиям, она оказывается инструментом укрепления репутации страны, позволяя политическим элитам отстаивать ее мощь и доблесть на мировой арене. Базирующаяся на гендерных представлениях и проникающая через множество границ стратегия повышения устойчивости — это масштабный и дорогостоящий проект, в рамках которого женщин из разных слоев общества побуждают сделать милитаризм и неолиберализм частью их повседневных дел с целью создания нового секьюритизированного гражданина своей страны в условиях бесконечной нестабильности.

4

Секьюритизация детства

*Воспитание детей и подготовка
к стихийным бедствиям*

Ампанман — круглолицый, умеющий летать маленький герой, сражающийся со злодеями и готовый накормить голодного, отломив от своей сделанной из ампана (теста, начиненного сладким бобовым джемом) головы кусочек сладости, широко известен в Японии. О нем рассказывает книга для детей, однако необычайную популярность он приобрел благодаря вышедшему в 1988 году телевизионному аниме сериалу «*Сорэ Икэ! Ампанман*» («Вперед, Ампанман!»). Образ вызывающего восхищение персонажа в узнаваемом красном костюме и длинном плаще популярен как в реальном, так и в вымышленном мирах детей. Его изображение можно увидеть на игрушках, канцелярских принадлежностях и контейнерах для еды. Вы также обязательно встретите его в детском саду, больнице, торговом центре и «Детских музеях Ампанмана», расположенных в городах Фукуока, Кобе, Нагоя, Иокогама и Сендай. По данным исследования 2010 года, завоевав умы и сердца детей, Ампанман занял первое место в основанном на показателях продаж рейтинге популярности, обойдя своих знаменитых конкурентов — Хеллоу Китти и Покемона [Tabuchi 2010].

Созданный эксцентричным поэтом, автором песен и театральным режиссером Такаси Янасэ (1919–2013) Ампанман, чья внешняя оболочка (тесто) сформирована Западом, а внутренняя суть (паста из сладких бобов) остается причудливо японской, является героем, не похожим ни на кого другого. Ампанман с его плаксивостью и нелюбовью к воде не демонстрирует свои силу и авторитет, как это обычно бывает с другими героями. Наоборот, он «самый слабый герой в мире», который тем не менее помогает другим, принося в жертву свое тело (а именно, отламывая кусочки теста от своей головы и раздавая их голодным) [Trendy Net 2011]. Добрый герой, олицетворяющий мир, великодушие и храбрость, был отчасти навеян опытом Янасэ, бывшего солдатом во время Второй мировой войны. Будучи решительно настроенным против любой войны по причине пережитых им испытаний военного времени [Yanase 2013a], Янасэ создал Ампанмана с тем, чтобы переосмыслить правосудие с точки зрения слабых, уязвимых и угнетенных [Yanase 2013б].

После катастрофы 11 марта 2011 года Ампанман стремительно приобрел статус национального героя. Люди обращались к вымышленному персонажу для того, чтобы найти утешение, мужество и надежду в разгар потрясшей страну беспрецедентной катастрофы. Радиостанции были завалены просьбами слушателей воспроизвести в эфире главную песню аниме «*Ампанман но мати*» («Марш Ампанмана»), текст которой написал Янасэ. В этой песне восхваляется ценность и добродетель любви, жизни и храбрости. Какой-то слушатель позвонил на одну из токийских FM-радиостанций и попросил поставить «Марш Ампанмана» для четырехлетней дочери своего друга, указав причиной оптимистичность песни. Мать троих детей из префектуры Фукусима вспоминала, как ее боявшиеся радиации и новых подземных толчков дочери приободрились, как только из портативного радиоприемника в их гостиной зазвучала знакомая мелодия. Подобных историй предостаточно, что свидетельствует о возможностях Ампанмана в пострадавшей от стихийного бедствия стране. Больной и уже практически отошедший от дел Янасэ возвратился к общественной жизни, организовав кампанию помощи жертвам стихийного бедствия в Тохоку с Ампанманом в качестве своего представителя, которого нельзя не заметить [NHK 2013].

Тем не менее фигура Ампанмана — это податливый материал для создания смыслов, отличающихся от первоначального замысла Янасэ и даже противоречащих ему. Например, в выложенном на YouTube ролике «Синсай кюдзё кацудо оэнка» («Главная песня спасательных операций при стихийных бедствиях») сила Ампанмана используется для демонстрации значимости военных. В сопровождаемом мелодией «Марша Ампанмана» видео поочередно демонстрируются сцены из аниме-сериала и фрагменты документальных съемок в процессе операции «Томодати». Международная группа солдат на катерах, вертолетах и авианосцах спасает попавших в беду женщин и детей, доставляя их в безопасное место и воссоединяя с их семьями. Путем проведения аналогии между маленьким героем (Ампанманом) и взрослыми героями (солдатами) в ролике формулируются принципы политики милитаризма бедствий, которая преподносит (переосмысливает) военных в качестве агентов гуманитарианизма, основной миссией которых является защита и сохранение человеческих жизней. Особенно заметно, как переплетаются гуманитарианизм и милитаризм в последних кадрах видео. Служащий Сил самообороны Японии по-отечески улыбается лежащему у него на руках младенцу, спасенному благодаря оперативному развертыванию вооруженных сил [Shimizu 2011].

После катастрофы 11 марта Янасэ продолжает творить, проявив себя еще в одной связанной с безопасностью и защищенностью области: организация занятия по подготовке к стихийным бедствиям с участием детей. Игра «Асобосай карута», которую Янасэ разработал при участии правительства префектуры Коти, его родины, демонстрирует его авторитет в сфере образовательных проектов по подготовке к стихийным бедствиям. За основу «Асобосай карута» взята традиционная карточная игра «карута», в которой игроки должны соотнести карточки с картинками с карточками с пословицами. В названии игры объединены два слова «асобо» («давай поиграем») и «босай» («предупреждение стихийных бедствий»). Игра призвана прививать молодежи принципы самопомощи (дзидзё) и соседской взаимопомощи (кёдзё). На картинках изображены мультяшные персонажи, похожие на тех, которых можно увидеть в аниме «Вперед, Ампанман!», а вот пословицы сосредоточены на навыках и способностях, необходимых для подготовки к бедствиям и выживания во время них. «Асобосай карута» была создана в ожидании суперземлетрясения в разломе Нанкай, крупномасштабного бедствия, которое, по прогнозам, должно произойти в ближайшем будущем. На сайте правительства префектуры Коти эта игра в формате PDF доступна с 2003 года. Всенародную известность она приобрела после 11 марта. Об игре рассказали в программе FM-радио «Босай радзио» («Радио готовности к стихийным бедствиям»), выпускаемой в Японии членами Международной ассоциации студентов-волонтеров[1]. Кроме того, в учебном заведении «Сонариа», расположенном в Токийском парке по предотвращению стихийных бедствий «Ринкай», «Асобосай карута» была представлена вместе с другими учебными материалами, для создания которых были использованы традиционные игры «карута» и «сугороку» (настольная игра). Посетители, многими из которых были дети в сопровождении родителей, не только могли посмотреть на эти игры вблизи, но и поиграть в них, что позволяло им приобретать знания и навыки, необходимые для обеспечения готовности к стихийным бедствиям[2].

В этой главе исследуются дети и устойчивость к стихийным бедствиям в Японии. Даже в большей степени, чем взрослые, мобилизация которых рассмотрена в предыдущих главах, дети выступают местом сосредоточения политики устойчивости, поскольку от них зависит будущее страны. Рост популярности Ампанмана после 11 марта показывает, что мир несовершеннолетних является оживленным пространством культурного производства, где дискурсы и практики устойчивости распространяются с помощью, казалось бы, таких невинных средств, как игрушки, мультфильмы, игры, рассказы и школьное обучение[3].

---

[1] *Дайгакусэи га босаи радзио хадзимэмасита*. URL: http://bousairadio.net/program/index.html (в настоящий момент ресурс недоступен).

[2] *Сонариа. Кёдаи дзисин кара кодомо о мамору сэмина*. 20 января 2013 года. — *Примечание автора.*

[3] Молодежная культура была сферой проявления дискурсивной динамики в Японии и до 1945 года, когда дети были мобилизованы для продвижения экспансионистских устремлений страны. См., например, специальный выпуск «Джэпен форум» под названием «Дети, образование и СМИ в Японии

Используя старые и причудливые вещи — *карута, сугороку, ампан,* — эта новая культура обращается к прошлому, вызывая ностальгию. Та же динамика, выделяя милитаризм бедствий, самопомощь и соседскую взаимопомощь, также определяет и этот милитаризм, и неолиберализм — две стороны одной медали в современной геополитике [Kirk, Okazawa-Rey 2000]. Гендер играет в этом новом дискурсивном пространстве весьма заметную роль, поскольку формирующийся нарратив зачастую прославляет героев (мужчин), архетипических и неархетипических, отдавая предпочтение мужчинам и мальчикам как главным агентам государственной безопасности и национальной обороны. Миф о детской невинности эффективно деполитизирует эти тенденции, делая процесс повышения устойчивости естественным, неизбежным и непреложным[4].

Далее будет рассмотрен ряд организаций, занимающих после катастрофы 11 марта центральное место в формировании и трансформации молодежной культуры. Прежде всего, это Министерство образования, культуры, спорта, науки и технологий, которое играет ведущую роль в выборе и распространении практик подготовки к стихийным бедствиям японских детей. Производя поразительное количество отчетов, инструкций и руководств, Министерство формирует новое направление педагогики, описываемое лозунгом «*икиру тикара*», или «жажда жизни», расплывчатость которого делает его более чем эффективным инструментом мобилизации [Takayama 2014: 131]. Силы самообороны и Организация экономического сотрудничества

_____

и империи» (т. 28, 2016). Замечательный иллюстрированный обзор школьных учебников, молодежных журналов, детских игрушек и игр (включая *карута* и *сугорока*), сыгравших определенную роль в мобилизации молодежи, см. в [Kuboi 2006]. Историческое исследование о детях, милитаризме и культуре с конца XIX века по настоящее время см. в [Frühstück 2017].

4   Критический разбор идеологической работы, которую выполняет «детская невинность», см. в [Giroux 2000: 2]. О роли детей в политике секьюритизации после событий 11 сентября в Соединенных Штатах, где нарратив о защите детей породил необычный союз между консервативными идеологами и активистками феминисткого движения, см. [Renfro 2018].

и развития (ОЭСР) присоединились к Министерству в работе по привлечению детей к новому режиму устойчивости. Будучи ведущими арбитрами в работе с геополитическими и экономическими рисками соответственно, они определяют связь между устойчивостью, милитаризмом и неолиберализмом, делая образование в области стихийных бедствий не только национальным, но и транснациональным по своим масштабам и амбициям явлением. Наконец, молодежная литература после катастрофы представляет собой арену, на которой сошлись все эти тенденции с тем, чтобы еще больше активизировать культурное производство после бедствия. Подобно *бидан* (нравоучительным историям), ставшим популярными после катастрофы 1923 года, нарративы молодежной литературы после 11 марта распространяют нравоучительные рассуждения о гендере, расе, военных и нации, функционируя как педагогический инструмент исключительной силы и влияния.

Новые образовательные концепции: «Чудо Камаиси», «Жажда жизни» и «Школа ОЭСР в Тохоку»

Пожалуй, одной из самых известных среди различных историй, циркулировавших в Японии после 11 марта, стала история под названием *«Камаиси но кисэки»* («Чудо Камаиси»), рассказывающая о реальных событиях, случившихся в городе Камаиси префектуры Иватэ. Типичный отчет, представленный Управлением по связям с общественностью при японском правительстве, выглядит следующим образом. Катастрофа 11 марта стала трагическим событием, унесшим жизни почти 16 000 человек. Более 2500 человек после нее до сих пор числятся пропавшими без вести. В то время как в Тохоку оплакивали множество унесенных жизней, в Камаиси произошло маленькое чудо. Среди более чем 1000 погибших жителей разрушенного цунами прибрежного города только пятеро были детьми школьного возраста. Большинству учащихся начальных и средних классов школ города (всего 3000 человек) удалось спастись от приливных волн. Большое количество — согласно наиболее часто цитируемой статистике, 99,8 % — выживших среди детей оказалось обусловлено общегородской образовательной инициативой по обеспечению готовности к стихийным бедствиям, с которой выступил несколькими годами ранее Тоситака Катада, профессор факультета гражданского строительства Университета Гунма [Public Relations Office 2018].

В деталях история о чуде разворачивалась следующим образом. 11 марта 2011 года, когда в 14:46 по местному времени в регионе произошло землетрясение магнитудой 9 баллов, в средней школе «Камаиси хигаси» находилось 210 учеников, многие из которых участвовали во внеклассных мероприятиях. Когда толчки прекратились, игроки школьной футбольной команды, предвидя приближение цунами, незамедлительно принялись эвакуироваться. Следуя инструкциям, полученным во время проведенных ранее учений, они выдвинулись в сторону ближайшего эвакуационного пункта, одновременно призывая других последовать их примеру. В расположенной неподалеку начальной школе «Уносумай» учителя, также предвидя приближение цунами, повели почти 360 учеников на третий этаж школьного здания. Однако, увидев бегущих изо всех сил учеников «Камаиси хигаси», они быстро осознали всю серьезность ситуации. Изменив план действий, они тоже выбежали из здания и направились в эвакуационный пункт. Оказавшись там, один из учеников «Камаиси хигаси» обратился к взрослым, предложив вместе переместиться в другой эвакуационный пункт, находящийся дальше и выше. Вид убегающих школьников встревожил окрестных жителей, и они тоже бросились бежать. Пока увеличивающаяся толпа бежала в безопасное место, ученики постарше несли на руках младенцев, вели за руки младших учеников и везли инвалидные коляски пожилых людей. Таким образом до безопасного места добрались почти 700 человек, те же, кто находился в числе последних, едва успели спастись от надвинувшихся на них волн [Katada 2012]. Эта захватывающая история о катастрофе, эвакуации и выживших привлекла внимание Японской телерадиовещательной корпорации «Эн-эйч-кэй» и других средств массовой информации. Она разлетелась со скоростью света, породив после мартовской катастрофы новую легенду о подготовленности Японии[5].

Тоситака Катада, в настоящее время признанный ведущий специалист по образовательным программам подготовки к стихийным бедствиям, способствовал превращению локальной истории в максиму национальной устойчивости. Он утверждает, что история учеников из Камаиси задает «три фундаментальных правила эвакуации» (*хинан сангэнсоку*), критически важных для обеспечения готовности к стихийным бедствиям всей страны. Во-первых, никогда не следует полагаться на прогнозы (*сотэй ни тораварэруна*). Цунами 11 марта оказалось «невообразимо» (*сотэйгай*) интенсивным, затопив многие из тех эвакуационных пунктов, которые до этого считались «безопасными». Вот почему решающее значение при спасении собственной жизни будет иметь умение правильно оценить ситуацию. Во-вторых, для того, чтобы пережить катастрофу, человек должен делать все, что в его силах (*сайдзэн о цукусэ*). Почти 700 человек спаслись от цунами, потому что не сдались и продолжали бежать. Если бы они остались в первом эвакуационном пункте, никто бы не выжил, чтобы рассказать эту историю. В-третьих, в случае эвакуации следует вести за собой, а не быть ведомым другими (*соссэн хинанся тарэ*). Ученики «Камаиси хигаси» ставили во главу угла свою личную безопасность, и их действия, в свою очередь, побудили других последовать их примеру. В результате большому количеству людей удалось спастись. Катада утверждает, что «Чудо Камаиси» демонстрирует значение самопомощи и самоответственности, двух принципов, занимающих главное место в образовательных программах подготовки к стихийным бедствиям [NHK 2015: 128–139].

Эта история о чуде черпает свою дискурсивную силу как из прошлого, так и из будущего. С одной стороны, она подтвержда-

---

5   В дополнение к нескольким документальным программам съемочная группа «Эн-эйч-кэй» во главе с продюсером-женщиной Кадзуё Фукудой выпустила об этом событии несколько книг, см. [NHK 2015]. Иллюстрированную версию см. в [NHK, Katada 2012]. Манга-версию см. в [NHK 2014].

ет ценность старой региональной пословицы *«цунами тэндэнко»*, или *«иноти тэндэнко»*, предписывающей жителям населенных пунктов, подверженных риску быть разрушенными цунами, в случае приближения волн бежать изо всех сил, не думая о других и будучи убежденным, что спасение собственной жизни важнее их спасения. Утверждается, что если следовать этому принципу будет каждый член общества, то никому не нужно будет беспокоиться о своих близких, так как они тоже будут спасаться бегством самостоятельно. С другой стороны, «Чудо Камаиси» также отвечает требованиям экономики, меняющейся в процессе движения Японии в неопределенное будущее. В интервью, данном им в 2015 году «Эн-эйч-кэй», заслуженный профессор Высшей школы международной корпоративной стратегии Университета Хитоцубаси Икудзиро Нонака, известный гуру менеджмента, чей анализ затрагивает не только корпоративные, но и военные структуры[6], заявил, что история в Камаиси имеет большое значение для «управления бизнесом». Он утверждает, что благополучное спасение школьников в Тохоку воплощает в себе принципы автономии личности, инноваций, лидерства и ситуационного мышления, и все эти принципы имеют важное значение для выживания в условиях глобализирующейся экономики [NHK 2015: 242–248]. Таким образом, «Чудо Камаиси» — это национальный нарратив, который взывает к мудрости прошлого и одновременно определяет пути развития в будущем.

Благодаря беспрецедентному уровню своего освещения «Чудо Камаиси» было незамедлительно учтено при разработке государственной политики. В сентябре 2011 года, всего через шесть месяцев после катастрофы, группа экспертов в области образования представила в Министерство образования, культуры, спорта, науки и технологий свой отчет. Используя пример Камаиси и подчеркивая ценность *«цунами тэндэнко»*, группа выделила ряд

---

6   В 1984 году Нонака, преподававший в Академии национальной обороны (*Боэй Дайгаку*) с 1979 по 1982 год, выступил соредактором книги *«Сиппай но хонсицу: Нихонгун но сосикитэки кэнкю»*, в которой содержится анализ организации Императорской армии Японии и ее неудач во Второй мировой войне.

способностей и свойств, требующихся для того, чтобы оказаться готовым и подготовленным к стихийным бедствиям: автономное мышление, способность принимать решения, действовать решительно, приоритет личной безопасности, оказание помощи другим и извлечение уроков из прошлого [Monbu 2011]. Впоследствии отчет был включен в «Белую книгу», опубликованную Министерством образования, культуры, спорта, науки и технологий в 2012 году. Выпущенный под названием «Возрождение после Великой восточнояпонской катастрофы: творческое восстановление и развитие кадрового потенциала», он определил «творческое восстановление» («*содзотэки фукко*»), «развитие кадрового потенциала» («*хитодзукури*») и «укрепление связей» («*кидзуна*») в качестве фундаментальных основ образования после стихийного бедствия. Знания и опыт, полученные в результате катастрофы 11 марта, стали каркасом «берущей начало в Тохоку ориентированной на будущее образовательной модели» («*Тохоку хацу но мирай-гата кёику модэру*»), в которой Тохоку оказывается отправной точкой этой новой образовательной инициативы. Эта модель направлена на воспитание из молодежи новых граждан, готовых к стихийным бедствиям [Monbu 2012: 25, 54–55].

Что же на самом деле означают эти ключевые слова и лозунги в процессе подготовки к стихийным бедствиям и разработки образовательных мероприятий с участием детей? Ответ на этот вопрос Министерство образования, культуры, спорта, науки и технологий дает в документе под названием «Разработка образовательной программы по предотвращению стихийных бедствий в рамках "Жажды жизни"» («*"Икиру тикара" о хагукуму босай кёику но тэнкай*»). Это опубликованное в 2013 году увесистое руководство объемом более 200 страниц описывает различные методы и технологии, необходимые для обеспечения подготовки и подготовленности к стихийным бедствиям под лозунгом «жажда жизни». В этом справочном руководстве для преподавателей, работающих по программе К-12 (детский сад и все 12 классов школы), содержится ряд предложений по учебным планам и инструкциям с проверочными листами. Рассматривая множество сценариев стихийных бедствий, от землетрясений, цунами, пожаров, наводнений, молний, извержения вулканов до торнадо, документ примечателен тем, что он совсем не рассматривает ядерную катастрофу [Monbu 2013]⁷.

В руководстве 2013 года подчеркивается важность помощи самому себе и соседям, в связи с чем укрепление дисциплины, порядка и подчинения играет ключевую роль в воспитании стойкой молодежи [Monbu 2013: 6, 9, 11]. Это подробное руководство содержит конкретные указания для каждого класса. Воспитанников детских садов мотивируют учиться распознавать в окружающей обстановке риски и опасности, следовать правилам и указаниям учителей, а также принимать решения и предпринимать действия, исходя из ситуации. Развивать такие умения и навыки помогают простые игры и упражнения [Monbu 2013: 52]. Подготовка к стихийным бедствиям учеников начальной школы оказывается еще более многосторонней. Помимо участия в учениях по эвакуации, они рассматривают стихийные бедствия, произошедшие в Японии и за ее пределами, с научной точки зрения [Monbu 2013: 96–99]. Вопрос подготовки и подготовленности семей и населения в целом не менее или даже более важен. По этой причине ученикам дают задание запастись дома предметами первой необходимости (едой, водой, аптечкой для неотложной помощи), обсудить процедуры эвакуации с членами семьи и скоординировать свои действия с действиями соседей [Monbu 2013: 108–109]. С целью повышения качества помощи населению, ученикам настоятельно рекомендуется ознакомиться с работой местных учреждений. Школы могут использовать представителей местных органов власти, полиции, пожарных частей и общественных волонтерских организаций в качестве «приглашенных учителей» для обмена опытом и передачи знаний [Monbu 2013: 82–83]. Ученикам средних и старших классов на такого рода уроках, заданиях и мероприятиях дают более сложный материал.

---

⁷ Этот документ представляет собой обновленную версию другого документа со схожим названием: «Обучение технике безопасности в школах в рамках "Жажды жизни"» («"Икиру тикара" о хагукуму гакко дэно андзэн кёику»), опубликованного в 2001 и 2010 годах.

Их учат оказывать первую помощь, укреплять свои дома и способствовать благополучию общества после стихийного бедствия [Monbu 2013: 149–154]. Также считается необходимым посещение полицейских участков, больниц, автозаправок, мэрий, телевизионных станций и волонтерских организаций, поскольку это позволяет познакомиться с работой местных учреждений из первых рук и, следовательно, дает возможность приобрести необходимые знания и выработать точку зрения информированного человека [Monbu 2013: 134]. И, наконец, в руководстве подчеркивается важность интеграции этих тем и видов деятельности в такие различные предметные области, как обществознание, физкультура и домоводство, с целью сделать обучение поведению во время стихийных бедствий по-настоящему междисциплинарным занятием.

Важно отметить, что в руководстве 2013 года также подчеркивается важность нравственного воспитания (*дотоку кёику*). Предполагается, что в Японии после 11 марта правильное поведение является незаменимым элементом стойкости граждан. По этой причине воспитанников детских садов учат воспитывать в себе любовь к жизни путем заботы о животных и растениях. Кроме того, они узнают о важности порядка, общения и сотрудничества, когда играют в игры, взаимодействуют со своими учителями и убирают за собой [Monbu 2013: 54–56]. Нравственное воспитание шестиклассников предполагает обсуждение различных обязанностей, которые, как ожидается, каждый будет выполнять в после стихийного бедствия. Поскольку многие из учащихся окажутся перемещены, а также будут жить в государственных убежищах, крайне важно знать, как переносить неудобства, сопереживать другим и вносить свой вклад в коллективное благополучие [Monbu 2013: 91–93]. Поскольку продвижение понятия «*омоияри*», подразумевающего такие человеческие качества, как внимательность, чуткость и понимание, занимает в образовательном процессе после 11 марта по-настоящему важное место, семиклассникам предлагается поразмышлять над смыслом и значением этого понятия. Ожидается, что размышления о Великом землетрясении Хансин-Авадзи (в Кобе) 1995 года и катастрофе

11 марта 2011 года «укрепят силу теплой человеческой любви» («*ататакай нингэнъай но сэйсин о фукамэру*») в детях. Все это неотъемлемая часть нового подхода к образованию, цель которого — научить молодежь «защищать свою собственную жизнь и жизни других людей, а также активно выстраивать межличностные отношения с соседями» [Monbu 2013: 130–131].

Очевидно, что после 11 марта подход к образованию представляет собой набор разнообразных, а подчас и противоречивых идей и практик. В частности, предлагается не только радоваться чудесной истории спасения учеников из Камаиси во время внезапного цунами, но и воспроизвести это чудо с помощью обучения и подготовки. А также не только отдавать приоритет самопомощи и самозащите, но и культивировать в то же время добрососедские отношения и налаживать связи с местным сообществом. И, используя региональную максиму «*цунами тэндэнко*», воспринимать при этом принципы корпоративного управления и инновационные идеи ведения бизнеса в глобализирующемся мире. Или приобретать научные знания, перестраивая одновременно свои сердца. Движущей силой всех этих идей является призыв «жажда жизни», или «*икиру тикара*», содержание которого как на английском, так и на японском в лучшем случае двусмысленно. Как во всем этом разобраться?

Здесь будет полезно немного рассказать о происхождении понятия «*икиру тикара*», являющегося основой современного обучения устойчивости. Пусть даже может показаться, что эта концепция зародилась внутри страны, на самом деле ее история восходит к международным дискуссиям об образовании, в которых такие понятия, как «учиться быть», «обучение на протяжении всей жизни», «общество, основанное на знаниях» и «ключевые компетенции», были впервые сформулированы ЮНИСЕФ (Детским фондом Организации Объединенных Наций) и позже доработаны ОЭСР[8]. В ответ на глобальную структурную перестрой-

---

[8] Исследование о происхождении и развитии идеи «жажда жизни» см. в [Takayama 2014: 140]. Исследование о развитии идеи «обучения на протяжении всей жизни» в Японии см. в [Ogawa 2015].

ку экономики ОЭСР — транснациональная экономическая организация со штаб-квартирой в Париже, членами которой являются в основном промышленно развитые страны, — выступила за новый тип образования для нового типа рабочей силы. Отстаивая так называемые ключевые компетенции в областях «когнитивных и практических навыков, творческих способностей и таких психосоциальных ресурсов, как установки, мотивация и ценности», организация призывает к развитию человеческого капитала, соответствующего быстро меняющейся экономике. Она говорит о необходимости формирования автономной, гибкой и предприимчивой рабочей силы, способной конкурировать на мировом рынке, готовой работать в базирующейся на знаниях экономике и продолжать учиться на протяжении всей жизни для постоянного поддержания своих навыков и квалификаций на соответствующем уровне. Соотнося образовательные цели с потребностями экономики, ОЭСР усердно продвигает свою повестку по всему миру [Bouhali 2015]. В 1990-х годах эту повестку стала использовать Япония. К этому времени Министерство образования (ранее Министерство образования, культуры, спорта, науки и технологий) и его исследовательское подразделение, Государственный исследовательский институт проблем образовательной политики, уже довольно долгое время сотрудничали с ОЭСР. Новый образовательный подход организации был обозначен словосочетанием «*икиру тикара*», или «жажда жизни», и предполагал, что японская молодежь научится «выявлять проблемы, учиться и мыслить независимо, выносить самостоятельные суждения и действовать соответствующим образом» для того, чтобы удовлетворять требованиям новой экономической эры [Takayama 2014: 137–138].

Нет ничего удивительного в том, что участие ОЭСР в вопросе управления образованием вызвало критику международного сообщества. Одним из случаев разногласия связаны с Международной программой оценки образовательных достижений учащихся — схемы оценки знаний, разработанной организацией для измерения основных компетенций 15-летних подростков из стран, как являющихся, так и не являющихся членами ОЭСР[9]. Внедренная в 2000 году и применяемая с тех пор каждые три года, эта программа приобрела популярность в качестве нового международного стандарта. Когда ОЭСР публикует «таблицы рейтингов» (то есть международный рейтинг, основанный на средних баллах тестов), это вызывает «программный шок» и обостряет конкуренцию между участвующими в программе странами. В 2014 году международная группа ученых и педагогов, включая ведущего специалиста в области образования и критика Анри Жиру, направила открытое письмо Андреасу Шляйхеру, немецкому эксперту в области образования, занимавшему в тот момент пост директора программы. В письме группа бросила вызов «режиму Международной программы по оценке образовательных достижений учащихся». Ставя под сомнение обоснованность оценки, основанной на количественных измерениях с узким диапазоном параметров, письмо критикует экономически обоснованное представление организации о человеческой компетентности, зависимость от определенных экспертов (экономистов, статистиков и психометристов) при проведении измерений, использование международной системы оценки, игнорирующей экономические различия между странами, и «образовательный колониализм», при котором «глобальный Север» оказывает непропорционально большое влияние на формирование образовательной повестки для остального мира [Meyer, Zahedi 2014].

Отражая эту международную динамику, распространение стратегии «жажда жизни» также оказалось обусловлено ситуацией внутри Японии, где экономический спад 1990-х годов привел к росту неоконсерватизма[10]. Поскольку неолиберальная структурная перестройка экономики усугубила социальное неравенство,

---

[9] Министерство образования и Государственный исследовательский институт проблем образовательной политики стояли у истоков создания Международной программы по оценке образовательных достижений учащихся, см. [Takayama 2014: 130].

[10] Доказательства того, что неолиберализм обязательно порождает консервативный национализм в контексте XXI века, см. в [Харви 2007].

подогрела страсти и усилила нестабильность, консервативные члены ЛДПЯ обратились к морально-нравственному дискурсу с тем, чтобы справиться с неопределенностью и воспрепятствовать распространению чувства незащищенности. Предлагая новый тип образования, они подчеркивают значение порядка, морали, самодисциплины, уважения традиций и любви к стране. Результатом такой динамики стал подход «обучения для сердца» («*кокоро но кёику*») [Takayama 2008: 134–137]. Смещая фокус проблемы со структурной динамики на индивидуальные установки и предрасположенность, новая инициатива усиливает продвигаемый ОЭСР тренд приватизации. Такое слияние «рыночных ценностей» и «традиционных ценностей» происходит вовсе не только в Японии, но и во всем мире, оказывая влияние на политику в области образования более чем в одной стране или регионе[11]. Обучение устойчивости после 11 марта отражает и усиливает эти национальные (националистические) и глобальные тенденции, функционируя как многогранный дискурсивный механизм, мощь которого тем более возрастает в связи с наличием у него четкой цели — безопасности и защиты детей — намерения настолько очевидного, что оно не подлежит сомнению или оспариванию.

На примере одного образовательного проекта можно увидеть, как с целью обеспечить мобилизацию детей после 11 марта оказались связаны между собой местный, государственный и международный уровни. В рамках этого проекта Тохоку стал «эпицентром» образовательного вмешательства — или, возможно, правильнее будет сказать, образовательного вторжения — государственных и международных сил. Всего через месяц после катастрофы Генеральный секретарь ОЭСР и мексиканский экономист Анхель Гурриа посетили Японию и пообещали поддержку организации в восстановлении Тохоку. Результатом последовавших после этого консультаций с участием ОЭСР, Министерства образования, культуры, спорта, науки и технологий, Государственного исследовательского института проблем образовательной политики

---

[11] О глобальном росте неолиберализма и неоконсерватизма в области образования см. [Apple 2000; Apple 2006].

и Фукусимского Университета стал проект под названием «Школа ОЭСР в Тохоку». Проект был запущен в 2012 году. В нем было задействовано около 100 учеников средних и старших школ, расположенных в Мияги, Иватэ и Фукусиме, трех префектурах, более всего пострадавших в результате катастрофы 11 марта. Было предложено превратить Тохоку в пространство «образовательных инноваций» и «творческого восстановления», способствуя тем самым тому, чтобы новая форма обучения создала новый тип человеческого капитала для обновления и перестройки Тохоку. Как объясняла Барбара Ишингер, немецкий ученый и руководитель Директората по образованию при ОЭСР, предполагалось, что ученики должны будут спланировать, организовать и провести в августе 2014 года публичное мероприятие в Париже с целью продемонстрировать прогресс Тохоку в восстановлении и привлекательность проекта международной аудитории. В течение двух с половиной лет, предшествовавших главному мероприятию в Париже, ученики должны были посетить пять напряженных семинаров и проводить в местах своего проживания регулярные встречи для того, чтобы спланировать, организовать и реализовать этот грандиозный проект. Никаких предварительных набросков проекта представлено не было, а участие в нем учителей было сведено к минимуму с целью пробудить в привлеченной к проекту молодежи дух автономии[12].

На первый взгляд может показаться, что сопровождаемый лозунгом «Преодолей прошлое, преодолей здравый смысл, преодолей государственные границы» (*Како о коэмасу, дзёсики о коэмасу, коккё о коэмасу*) проект «Школа ОЭСР в Тохоку» был прогрессивным начинанием. Однако при ближайшем рассмотрении становится ясно, что эта школа, назначением которой было привить «ключевые компетенции»: лидерские и управленческие качества, инициативность, а также умение сотрудничать и навы-

---

[12] Краткое описание проекта см. в [OECD 2018a]. Статью, написанную Габором Халасшем, участником проекта и венгерским специалистом по политике в области образования, см. в [Halasz 2018]. Мнения взрослых участников проекта из Японии, см. в [Miura et al. 2015].

ки коммуникации, оказалась примером «бизнесификации образования» [Hill 2004]. Ее конечной целью было формирование предпринимательской личности. С тем, чтобы превратить принявших участие в программе учеников в прошедших надлежащую подготовку современных международных специалистов, объединились весьма разнообразные силы. Проект начался с заседания под председательством Акиры Икэгами, известного журналиста и бывшего ведущего «Эн-эйч-кэй», герольда стандартного японского языка. Учитывая историческое наследие Тохоку, чьи языковые и другие культурные отличия от Токио долгое время считались признаком предполагаемой отсталости региона, зрелище того, как ученики проходят подготовку, используя при этом «стандартизированные» произношение и лексику, было далеко не нейтральным[13]. Последовавшие за этим семинары своими масштабами и содержанием были явно ориентированы на решение бизнес-задач. В них приняли участие известные деятели в области управления коммерческими организациями и связей с общественностью. Хидэнобу Санада, главный операционный директор «ЮНИКЛО Фрэнс», международной сети магазинов одежды со штаб-квартирой в Японии, рассказал о бизнес-анализе с целью развития у молодежи «критического мышления» [Miura et al. 2015: 7920]. Кодзи Митани, профессор, преподающий бизнес-консалтинг в Канадзавском техническом университете, провел семинар на тему «креативности» и «любознательности» [Miura et al. 2015: 7917]. Гад Вейль, французский продюсер мероприятий, известный своими масштабными инсталляциями на Елисейских полях и в других местах, рассказал о том, как можно «брендировать» Тохоку [Miura et al. 2015: 7918]. Также в школе выступил известный в Международной программе по оценке образовательных достижений учащихся Андреас Шлейхер. Подчеркнув меняющийся характер мира и важность «ключевых компетенций», он заявил, что для того, чтобы Тохоку смог преодолеть свой маргинальный статус в Японии, необходимо развивать новые навыки и новые человеческие ресурсы [OECD 2018в]. Докладчики, выступающие

---

[13] Исследование Тохоку как «другого» региона в Японии см. в [Hopson 2017].

на этих семинарах перед молодыми участниками, представленными примерно одинаковым количеством девочек и мальчиков из Тохоку, были преимущественно мужчинами, занимающими определенное положение как на национальном, так и на международном уровне, что отражало тенденции маскулинизации и глобализации, захватившие регион после катастрофы 11 марта.

Финал проекта «Возрождение Тохоку: устремленная в будущее Япония» состоялся на Марсовом поле в Париже 30 и 31 августа 2014 года. Мероприятие, собравшее почти 150 000 посетителей, продемонстрировало впечатляющий список корпоративных спонсоров, включая «Ай-би-эм», «Яху», «ЮНИКЛО», «Софт банк», «Фудзицу» и «Олл Ниппон эйрвэйз». У подножия Эйфелевой башни разрабатывавшиеся в течение двух с половиной лет идеи участников проекта были воплощены в серии показов и мероприятий. В воздухе висели большие воздушные шары, символизирующие высоту цунами мартовской катастрофы и передающие масштаб бедствия. Было показано падение костяшек домино, символизировавшее уничтожение, восстановление и возрождение Тохоку. Созданные учениками документальные фильмы рассказывали о разрушениях, вызванных катастрофой, а также о прогрессе в восстановлении. Также были продемонстрированы образцы регионального культурного наследия, примером чего послужили исполнение «Сиси одори» («Танец оленя») из префектуры Мияги и показ видео о «Сома номаои» («Охота на диких лошадей в Соме») из префектуры Фукусима. В палатках участников проекта были представлены такие разнообразные характерные для их родных мест продукты, как фруктовое желе, ламинария и сладости. Рядом с палатками Японская национальная туристическая организация рекламировала туризм в Японии, а несколько университетов (из университетов Тохоку, Кансая и Осаки) разместили информацию о программах обмена, что указывает (по крайней мере, для критически настроенного наблюдателя) на то, что проводимые мероприятия оказались хорошим шансом для тех японских социальных акторов, чьи нужды имеют весьма незначительное отношение к Тохоку или его молодежи [OECD 2018в: 9–10]. Мероприятие завершилось официальной церемонией — посадкой сакуры в штаб-квартире ОЭСР, — ознаменовавшей с помощью знаменитого символа Японии установление *кидзуны* (связей) между Японией и Францией [OECD 2018б].

Несмотря на то что школа ОЭСР в Тохоку получила высокую оценку в качестве инновационного образовательного проекта для пострадавших во время стихийного бедствия молодых людей, который был создан ими самими для них же самих, она превратилась в проект по связям с общественностью, в рамках которого планы по восстановлению после бедствия были использованы акторами, находящимися за пределами Тохоку, и в интересах, не связанных с Тохоку. Продемонстрированное в Париже представляло собой экзотический ориенталистский образ далекой Японии и еще более отдаленного Тохоку, предъявленный аудитории в надежде на то, что искусство, традиции и локальная продукция Тохоку привлекут иностранных туристов в испытывающий трудности регион. Подчеркивая связь между бедствиями, капитализмом и туризмом, проект последовал тенденции «извлечения выгоды из катастрофы», сценарию, наблюдавшемуся в процессе восстановления после стихийных бедствий в других местах [Gunewardena, Schuller 2008]. Кроме того, проект столкнулся с множеством проблем, как это часто бывает, когда в восстановлении после бедствия участвуют сторонние организации. Найти в Тохоку вскоре после катастрофы достаточное количество учеников оказалось непростой задачей. Нехватка персонала и недопонимание обострили отношения между организаторами в Тохоку и Париже, что замедлило работу над проектом и вызвало раздражение его участников. Тот факт, что ученикам приходилось обращаться за пожертвованиями для финансирования своих зарубежных поездок к коммерческим организациям и корпорациям, почти все из которых были расположены в Токио, вызвал вопросы о характере и значении проекта [Miura et al. 2015: 7932]. Перегруженные логистическими проблемами организаторы японской части проекта были вынуждены передать часть своей работы как коммерческим, так и некоммерческим организациям [Miura et al. 2015: 7923–7924]. Напряженность возникла и в самом Тохоку. Проект вызвал недовольство среди учителей, не приглашенных для участия в нем. В то же время работавшие над ним учителя отнеслись к нему скептически. Многие из принявших участие в проекте учеников, зачастую выбранных на эту роль преподавателями, держали свое участие в секрете от своих сверстников [Halasz 2018: 21–23]. Трудно сказать, было ли это связано с разницей в отношении к ученикам (когда одни получили заветный шанс, а другие нет) или с очевидным несоответствием конечной цели проекта реальному положению людей в Тохоку.

Возможно, наиболее едко бессвязный характер проекта показан в серии документальных видеороликов на английском языке, которые ученики сняли у себя на родине для заключительного мероприятия в Париже. Эти рассказывающие о взглядах, поведении и опыте жителей Тохоку видео, каждое продолжительностью от 10 до 20 минут, могли бы создать пространство для критического осмысления и размышлений о катастрофе 11 марта и ее последствиях. Однако их потенциал был быстро нивелирован замыслом и целями проекта. В одном видео, снятом в городе Иваки, расположенном в префектуре Фукусима, описывается ядерная катастрофа и ее последствия для местного рыбного рынка. В ролике, посвященном владельцу магазина, дедушке 18-летнего ученика, выступившего в роли рассказчика и продюсера фильма, рассказано о том, как ядерная катастрофа привела к загрязнению океана, заражению улова и вызвала резкое снижение продаж в магазине. Обсуждая это, ученик и его дедушка разговаривают на региональном диалекте, демонстрируя таким образом взгляд на события 11 марта местных жителей. Рассказчик вслух размышляет над вопросом, зачем вообще в Фукусиме была построена атомная электростанция. Чтобы найти ответ на этот вопрос, он начинает учебу в школе ОЭСР в Тохоку и принимается за работу над исследовательским проектом по истории производства ядерной энергии в своем регионе. Поиски приводят его к капитану судна, которому он задает свой вопрос. Однако капитан говорит ему, что атомная электростанция «Фукусима» принесла региону много пользы. После этого разговора в видео делаются поспешные выводы без дальнейшего изучения вопроса. Через какое-то время уровень радиации снизился, и покупатели вернулись в дедушкин магазин. На последних кадрах рассказчик уплетает тарелку сасими, подчеркивая (и «доказывая»), что рыба, выловленная в местных водах, теперь безопасна и проблемы больше не существует.

В другом видео, действие которого происходит в городе Нихонмацу, расположенном в префектуре Фукусима, рассказчицей выступила 17-летняя ученица. В ее ролике исследуется роль науки в катастрофе 11 марта и ее последствиях. В начале видео показано, как на землю падает множество символизирующих радиоактивные вещества красных лепестков, передавая тем самым при помощи художественного приема ужас ядерной аварии и ее последствий. Чтобы получить больше информации о ядерной энергетике и лучше понять ее проблемы, пострадавшая от аварии ученица вступила в научный клуб при своей школе. На видео показаны различные занятия, к которым приступает она и ее товарищи по клубу. Перемещаясь по школьному двору, они измеряют уровень ядерного излучения с помощью счетчика Гейгера, непрекращающийся шум которого указывает на высокий уровень этого излучения. Отправившись в Токио, учащиеся консультируются с экспертами Токийского университета, чтобы расширить свои знания. Вернувшись в школу, они собирают из пластиковых бутылок, металлических листов и воды хитроумное устройство для проведения эксперимента по использованию возобновляемых источников энергии. Несмотря на свой критический потенциал, освещая совершенные ученицей действия и подчеркивая значение науки, это видео полностью игнорирует вопрос о какой-либо исторической и институциональной динамике, приведшей к ядерной катастрофе в Фукусиме. Также, документируя различные эксперименты, проводимые учениками в школе, оно освещает деятельность членов клуба мужского пола, почти всегда оставляя женщин за кадром и воспроизводя знакомую динамику развития гендера, науки и знаний[14].

---

[14] Видеоролики доступны на домашней странице Японской сети инновационных школ, поддерживаемой ОЭСР, исследовательским консорциумом, созданным после завершения работы школы ОЭСР в Тохоку. См. [ISN 2018].

Несмотря на все это, было признано, что проект «Школа ОЭСР в Тохоку» оказался ошеломляюще успешным. Настолько, что он сдержал и фактически устранил сопровождавшие его напряженность, конфликты и противоречия. В официальном отчете были с гордостью представлены графики и диаграммы, указывающие на прогресс учеников в отдельных областях по «ключевым компетенциям» [OECD 2018б]. Михо Тагума, старший политический аналитик ОЭСР и главное связующее звено между Францией и Японией, заявляет, что проект создал модель реформы образования, которой может последовать весь остальной мир. Очевидный успех проекта снабдил ОЭСР импульсом, а также легитимностью для осуществления нового начинания «Образование 2030», в рамках которого будут пересмотрены, обновлены и получат дальнейшее распространение такие средства проведения политики организации, как ключевые компетенции и Международная программа по оценке образовательных достижений учащихся [Taguma 2016]. Министерство образования, культуры, спорта, науки и технологий также оказалось воодушевлено успехом проекта. Создав новый исследовательский консорциум «Сеть инновационных школ Японии при поддержке ОЭСР», главными учреждениями которого являются Фукусимский университет и Токийский университет, оно стремится распространить «модель Тохоку» в других частях страны, о чем сказано в программе «Регионального возрождения и инноваций 2030» («*Тихо сосэй инобэсён*»), предусматривающей реализацию серии аналогичных школе ОЭСР в Тохоку проектов в префектурах Хиросима, Вакаяма, Симанэ, Хёго и Фукуи. Повторяя модель, первоначально разработанную в Тохоку, и решая различные проблемы от снижения рождаемости и состояния окружающей среды до глобализации, эти проекты мобилизуют японских учеников, их корпоративных партнеров и зарубежных коллег [ISN 2018]. Таким образом, «жажда жизни» — концепция, сформулированная на стыке неолиберализма и неоконсерватизма, главными разработчиками которой являются ОЭСР и Министерство образования, культуры, спорта, науки и технологий, — продолжает распространяться на территории Японии и за ее пределами, а Тохоку обеспечивает импульс, мотивацию и оправдание для ее циркуляции и популяризации.

Милитаризирующая подготовка к стихийным бедствиям — Силы самообороны Японии

Хотя неолиберализм оказывает значительное влияние на японское образование, милитаризм — еще одно направление геополитической динамики — играет не менее заметную роль в привлечении молодежи к деятельности по повышению устойчивости после 11 марта. После катастрофы 11 марта связь между молодежью и военными действительно стала заметной. Эту связь демонстрирует не только Ампанман. Изображения детей с солдатами в Тохоку были массово растиражированы, превратив молодых людей в эффективных пиарщиков военных[15]. В своем обращении к ученикам начальной школы Тохоку возглавлявший на тот момент Министерство образования, культуры, спорта, науки и технологий Хирофуми Хирано заявил, что, пока состоящие на службе Сил самообороны Японии солдаты вместе с пожарными, полицейскими и учителями неустанно занимаются восстановлением, молодежь должна усердно учиться, укреплять свои тела, открывать свои сердца и заботиться о других [Hirano 2012]. Поскольку «жажда жизни» призывает к «помощи окружающим», в которой местные учреждения играют ведущую роль в обеспечении подготовки и подготовленности к стихийным бедствиям, региональные подразделения вооруженных сил все чаще участвуют в такой подготовке в школах. Отделение по сотрудничеству с Силами самообороны провинции Киото направляет в местные школы своих сотрудников для проведения просветительской работы на тему стихийных бедствий [Jieitai 2018]. В Токио государственная старшая школа «Танаси» с техническим уклоном провела в 2013 году в лагере Асака Сухопутных сил са-

---

[15] Например, см. [Miyajima 2011: 76–78, 82–83, 108–111].

мообороны Японии трехдневные учения по ликвидации последствий стихийных бедствий. Акция, инициированная тогдашним губернатором Токио Наоки Иносэ и его предшественником Синтаро Исихарой, была одобрена Токийским столичным советом по образованию [Shinbun 2013]. В 2017 году частные средняя и старшая школа «Мэгуро гакуин», также расположенные в Токио, организовали в лагере Нэрима Сухопутных сил самообороны «интегрированную учебную сессию». Мероприятия этой сессии были зафиксированы на фото и выложены на сайте школы [Meguro 2018]. Похожие совместные мероприятия с участием школ и военных имели также место в других префектурах, включая Окаяму, Хёго, Сигу, Тояму, Акиту и Хоккайдо.

Министерство обороны усердно стремится наладить контакт с детьми, о чем свидетельствует его сайт «Кидз сайт», настоящий универсальный магазин всего военного для японской молодежи (подростков от 9 до 19 лет). Используя образы двух являющихся талисманами Министерства обороны персонажей, принца Пиклза (*Пикурусу одзи*) и мисс Парсли (*Пасэри-тян*), этот сайт предлагает юным зрителям познакомиться с Министерством обороны и Силами самообороны Японии в надежде вызвать в них интерес. На сайте определены четыре направления, способные заинтересовать детей. Раздел «Давайте учиться» («*манабо*») содержит информацию об истории, роли и организации вооруженных сил, в то время как в разделе «Давайте работать» («*хатарако*») перечислены разнообразные возможности трудоустройства в Силах самообороны. В разделе «Давайте испытаем» («*таикэнсиё*») размещена информация о проводимых Силами самообороны и Министерством обороны публичных мероприятиях, а в «Давайте насладимся» («*таносимо*») можно загрузить рассчитанные на мальчиков обои для рабочего стола и рисунки для поделок из бумаги с изображением джипов, танков, подводных лодок, вертолетов и самолетов Сил самообороны. На сайте также можно найти ссылку на манга-версию датируемой 2006 годом «Белой книги» Министерства, а также короткий анимационный видеоролик о Силах самообороны на японском и английском языках [Bōeishō 2018a].

«Кидз сайт» представляет японских военных в первую очередь в качестве агентов обороны, а не нападения, главной целью которых является поддержание мира и безопасности. Заслуживает внимания порядок, в котором перечислены миссии агентства. Главной обязанностью военных является оказание помощи в случае стихийных бедствий (*сайгай хакэн*), подразумевающей спасение людей, защиту домов, поиск пропавших без вести, оказание первой помощи и доставку продовольствия и воды. За ней следует вторая миссия — национальная оборона (*боэй*), когда военные защищают воздушное пространство, морские и сухопутные границы Японии от внешних сил. Третья миссия — стабилизация международной «обстановки безопасности» (*андзэн хосё канкё*), включающая в себя операции по поддержанию мира и международную дипломатию. Операции по поддержанию мира предусматривают такую деятельность по оказанию помощи и стабилизации обстановки, как, например, миротворческие операции Организации Объединенных Наций и операции по ликвидации последствий стихийных бедствий. Международная же дипломатия направлена на укрепление взаимопонимания между странами посредством дипломатических визитов, совместных военных учений и обменов стран курсантами (военная версия обучения за границей)[16]. Таким образом, в ориентированной на детей информационно-пропагандистской деятельности вооруженных сил отличительной чертой организации являются операции, связанные со стихийными бедствиями.

Анимационный видеоролик «Лекция Боэмона по защите страны — простой урок о Силах самообороны» (*Боэмон но боэй дамон: ёку вакару Дзиэйтаи*) — это иллюстрированный рассказ о Силах самообороны Японии. В нем представлена вымышленная семья Кано: Хидэки, высококлассный пилот реактивного истребителя, его жена Юмико и трое их детей, Дайсукэ, Миа и Сё (ученики шестого, пятого и третьего классов). История разворачивается вокруг встречи детей с Боэмоном, загадочным суще-

---

16 Боэисё Дзиэитаи. *Кидз сайт: Боэисё Дзиэитаи но нинму*. URL: http://www.mod.go.jp/j/kids/understand/duty.html (в настоящее время ресурс недоступен).

ством, похожим на птицу. Младший ребенок по имени Сё придумал и нарисовал Боэмона, ожившего в гостиной семьи и ставшего в ролике главным рассказчиком[17]. Видео представляет собой образец «японской военной манги», в которой персонажи аниме и мультфильмов мобилизованы для обеспечения массовой поддержки военным. Хотя это явление вызвало множество разговоров и критики внутри страны и за ее пределами, использование молодежной культуры в целях военных присуще не только Японии[18]. Роль Боэмона напоминает роли, которые в Соединенных Штатах сыграли Дональд Дак в случае мобилизации времен Второй мировой войны и Черепаха Берт в случае гражданской обороны времен холодной войны, когда американских детей учили справляться с национальными кризисами с помощью анимационных персонажей. После катастрофы 11 марта с помощью персонажей, выдуманных специально для их потребления, японские дети также оказались аудиторией вооруженных сил.

История Боэмона, разворачивающаяся в домашнем кругу вымышленной семьи Кано, представляет собой многогранное повествование. С одной стороны, видео служит педагогическим инструментом для рассказа о вооруженных силах и милитаризации. Как объясняет Боэмон детям, в рамках своей миссии солдаты Сил самообороны защищают родину, поддерживают международную безопасность и оказывают гуманитарную помощь во время стихийных бедствий и после них. Используя документальные съемки Сил самообороны в качестве учебного пособия, Боэмон рассказывает о разных видах оружия и технологиях вооруженных сил Японии, утверждая при этом, что они никогда не будут использованы для завоевания других стран. В качестве доказательства он приводит простой пример. Он поясняет, что на школьном дворе никто не стал бы бросать вызов детям постарше. Подобным же образом, наличие более сильной и большой армии становится «сдерживающей» (ёкусирёку) силой, которая

---

17 Краткий пересказ содержания видео также см. в [Frühstück 2017: 165–167].
18 Например, см. [Brummer 2016; Chin 2016].

не даст иностранным государствам предпринимать действия против Японии. Вслед за этим объяснением Боэмон описывает три вида вооруженных сил — военно-воздушные, сухопутные и военно-морские — словами «три стрелы», термином, поначалу введенным в оборот премьер-министром Синдзо Абэ, а теперь используемым с целью подчеркнуть важность многоуровневой обороны. Боэмон отмечает, что военный союз Соединенных Штатов и Японии представляет собой «четвертую стрелу», незаменимым элемент безопасности и защиты Японии.

С другой стороны, видео также оказывается учебным пособием по вопросам гендера и расы. В самом его начале показано, как состоящий на службе Воздушных сил самообороны Японии Хидэки, защищая воздушное пространство страны от неизвестных врагов, выполняет маневры на реактивном истребителе. Успешно выполнив свою миссию, он возвращается на землю, где беседует со своим младшим коллегой Мидзусимой. Мидзусима хочет поделиться радостной новостью о появлении на свет своего первенца и с нетерпением ждет возможности показать фотографию новорожденного. Говоря о радостях «большого семейства», Хидэки показывает фотографию своей семьи, состав которой отражает традиционный идеал *итихимэ нитаро* (первым ребенком должна быть девочка, а вторым – мальчик) и совсем не соответствует современному снижающемуся уровню рождаемости в Японии, что сопровождается серьезным уровнем тревоги в стране. Мидзусима искренне соглашается с Хидэки, выражая надежду завести в ближайшем будущем еще двоих детей. Намекая на «проблему» снижения рождаемости, видео ненавязчиво одобряет идею возвращения к «традиционной семье».

Апология тенденции к сохранению семьи с традиционными гендерными ролями становится еще более заметной по возвращении Хидэки домой, где его ждут жена Юмико и трое детей. Притом что Юмико работает в издательстве, какие-либо признаки того, что у нее есть жизнь вне дома, отсутствуют. Вместо этого показано, как она занимается домашними делами, ни одно из которых не воспринимается как «работа» в том смысле, в каком это относится к работе ее мужа. Таким образом, воспроизводится давно известный взгляд на маскулинность и феминность: Хидэки — сильный и доблестный солдат и защитник, активно работающий в публичном поле, в то время как Юмико — нежная воспитательница и хранительница, которая счастлива отвечать за частную сферу дома. Боэмон появляется в этой домашней атмосфере с лекцией о вооруженных силах. Хотя его возраст и пол в аннотации к видео «не указаны», Боэмон явно мужского пола, учитывая его имя, внешность и доступ к знаниям. То, что изначально он был нарисован младшим сыном, Сё, показывает, что история также отдает предпочтение мальчикам как создателям жизненно важных знаний. Кроме того, Боэмон — настоящий национальный символ, поскольку он с гордостью носит на лацкане значок, на котором изображен японский государственный флаг. Так, его лекция о Силах самообороны проходит в домашнем пространстве, наполненном общепринятыми представлениями о гендере, семье и стране.

Важно отметить, что в ролике поднимается явно волнующий дочь Мию вопрос службы женщин в вооруженных силах. Демонстрируя различные роли, которые военнослужащие-женщины играют в Силах самообороны Японии, видео тем не менее показывает их выполняющими на своих местах в основном вспомогательные функции[19]. В то же время, отличаясь своей физической силой, мужским героизмом и технической грамотностью, солдаты-мужчины отвечают за выполнение основных задач в военных операциях как внутри страны, так и за рубежом. Из диалогов видео становится очевидно, что именно на Хидэки, главу семьи и высококлассного пилота Воздушных сил самообороны Японии, равняются дети, мальчики же просто хотят ему подражать. Таким образом, запечатленный в ролике образ вооруженных сил сочетает в себе поверхностную пропаганду «женской власти» (что нашло отражение в призыве премьер-министра Синдзо Абэ к «вуменомике») [Schieder 2014] с общепринятым представлением о мужчинах и маскулинности. Несмотря на «инфантилизацию»

---

[19] Критический анализ истории гендера в Силах самообороны Японии см. в [Satō 2004].

и «феминизацию» Сил самообороны, продвигаемую милитаристической мангой [Frühstück 2017: 165–210], «Кидз сайт» Министерства обороны по-прежнему отдает предпочтение мужчинам как воплощению японских солдат и боевой Японии, продолжая демонстрировать, что мужчины находятся в приоритете.

Также важно отметить, что видео продвигает общепринятые представления о расовых и национальных различиях. В рассказе о миротворческой деятельности Сил самообороны говорится о том, как японские солдаты создают в Южном Судане инфраструктуру и улучшают жизнь местного населения. Так как на снятых в Судане кадрах практически отсутствуют признаки современной жизни, используется хорошо знакомый прием по противопоставлению современной Японии отсталой Африке, в условиях которого располагающие людскими ресурсами, технологиями и доброй волей японские военные несут «прогресс» в далекую страну на далеком континенте.

Описанная выше динамика развития гендера, расы и нации также оказала влияние на опубликованную в 2012 году манга-версию «Белой книги» Министерства обороны, центральной темой которой стала катастрофа 11 марта и ее первые последствия. В занимающем более 70 страниц и состоящем из семи глав докладе дан отчет о военных операциях, проведенных во время мартовской катастрофы. Чтобы донести до своих читателей ощущение «реальности» и «объективности», отчет сопровожден серией фотографий и таких наглядных материалов, как графики и диаграммы [Bōeishō 2012][20]. История начинается через год после катастрофы, в марте 2012 года, когда родившаяся в Тохоку и состоящая на службе в Морских силах самообороны Японии Аяко встречает двух пятиклассниц, Кацунори и Марико. Рассказы всех троих об их испытаниях 11 марта и после сопровождаются комментариями Аяко, которые помогают лучше понять и по достоинству оценить Силы самообороны и Министерство обороны. Когда разразилась катастрофа, объясняет она, японские военные развернули операцию беспрецедентного масштаба.

---

[20] Краткое изложение сюжетной линии см. в [Frühstück 2017: 174–175].

Используя диаграммы, графики, фотографии и выделяя основные тезисы, Аяко рассказывает о том, как японские солдаты спасали жизни, искали пропавших без вести и доставляли товары первой необходимости. В ее рассказе Силы самообороны предстают современной организацией, действующей быстро, эффективно и рационально. По мере того как Аяко и двое детей продолжают обсуждать катастрофу, граница между военными и катастрофой порой исчезает. Образ японского солдата переосмысливается. Этот солдат выступает агентом по оказанию гуманитарной помощи, который сделает все, что в его силах (*има дэкиру кото о сэиппай оконау*) и перед которым стоит единственная цель — помочь жертвам стихийных бедствий (*субэтэ ва хисаиса но тамэ ни*) [Bōeishō 2012: 15]. Ликвидации последствий аварии на атомной электростанции придано новое значение «борьбы с незримым врагом» («*миэнай тэки то но татакай*»), в которой солдаты прибегают к смертельно опасным стратегиям (*кэсси но сакусэн*) [Bōeishō 2012: 40] и рискуют своими жизнями (*иноти-гакэ дэ татимукау*), чтобы усмирить и сдержать этого врага [Bōeishō 2012: 36]. Язык оказания помощи в случае стихийных бедствий и язык вооруженной борьбы становятся неотличимыми друг от друга, объединяя два упомянутых понятия воедино, чтобы сформулировать идею и идеал милитаризма бедствий. Объяснение, данное в интересах детей, которые, возможно, не готовы к детальному рассказу о том, что такое мобилизация вооруженных сил или ядерное излучение, немедленно превращает их в невинных выразителей и распространителей упомянутой выше концепции.

Так же, как и видео с Боэмоном, история Аяко, Кацунори и Марико, привлекая внимание к солдатам-женщинам в Силах самообороны, немедленно отодвигает их на второй план. Они выполняют стереотипные женские обязанности — доставляют еду и воду, занимаются общественными банями, организуют развлечения и оказывают эмоциональную помощь. Когда Марико и Кацунори называют Аяко и других женщин-солдат кем-то вроде «старшей сестры» и даже «мамой», тенденция феминизации становится еще более заметной. Руководствуясь при выполнении своей работы эмоциями, а не материально-технической стороной вопроса, военнослужащие-женщины, которых воспринимают как часть семьи, остаются в военном ведомстве на позиции «других», неспособных быть наравне с военнослужащими-мужчинами, которые выполняют «реальную» работу по обеспечению безопасности и защиты страны.

Однако когда язык семьи и родственных связей используется для описания американских солдат, это вызывает противоположный эффект, поскольку речь идет о чужаках. Вспоминая проведенную во время катастрофы 11 марта совместную американо-японскую операцию «Томодати», Аяко, Марико и Кацунори описывают американских военных как «настоящих друзей» («син но томо»). Эту дружбу явно определяют гендер и раса. Все американские солдаты изображены мужчинами и белыми, за исключением одного военнослужащего мужского пола с более темным оттенком кожи. Американские солдаты превосходят японских солдат, о чем свидетельствует их гораздо лучшее понимание базовых потребностей и нужд пострадавших от стихийного бедствия жителей Тохоку [Bōeishō 2012: 50–51]. Расовые и национальные различия между иностранными солдатами и японскими детьми временно исчезают, когда они становятся друзьями. Между детьми в Тохоку и солдатами из Соединенных Штатов быстро устанавливается эмоциональная связь, навевающая у последних воспоминания об их оставшихся на родине младших братьях. Таким образом, американо-японские отношения переосмысливаются в семейных, но все еще иерархических терминах братской любви [Bōeishō 2012: 49]. Подобно тому, как «Белая книга» Министерства обороны делает военное сотрудничество США и Японии привычным путем прямого использования семейной лексики, она также деполитизирует вопрос создания альянсов и двустороннего сотрудничества в Азиатско-Тихоокеанском регионе, при этом дети пострадавшего от стихийного бедствия Тохоку служат неоспоримым доказательством ценности и достоинств такого союза.

Рассказывая об этом воображаемом мире, где между американскими и японскими военными существует тесная связь,

«Кидз сайт» Министерства обороны также приглашает детей окунуться в реальный, физический мир самообороны. В разделе этого сайта «Давайте испытаем» детям предлагается посетить штаб-квартиру Министерства обороны в Касумигасэки, токийском бастионе японской бюрократии. «Ознакомительный тур принца Пиклза и мисс Парсли в Итигая», ежегодное летнее мероприятие в штаб-квартире Министерства обороны, предполагает участие более 100 детей школьного возраста (начальная и средняя школы) в каждый из двух дней его проведения. В сопровождении гидов, одетых как принц Пиклз и мисс Парсли, участники осматривают штаб-квартиру, посещают лекцию, встречаются с министром, наблюдают за тренировкой почетного караула, примеряют военную форму и пробуют свои силы в подаче сигналов флагом. Обед — главное событие дня, поскольку детей угощают *Дзиэйтаи карэ* (карри Сил самообороны), приготовленным специально для них военными поварами [Bōeishō 2018б][21]. Выбор блюда не случаен. Он отражает новую моду на «армейскую еду» (*мири-мэси*), о которой говорилось в третьей главе, касающейся работы по популяризации еды военных и способов ее приготовления с целью приобретения Силами самообороны массовой поддержки[22]. Карри Сил самообороны из детского тура в Итигая представляет собой инструмент по связям с общественностью, который делает военных домашними и милитаризирует домашнюю жизнь не столь уж незаметным способом.

Если экскурсия в Итигая предлагает детям исследовать штаб-квартиру Министерства обороны, привлечение к ней принца Пиклза и мисс Парсли предлагает, возможно, непреднамеренно, провести еще один тип исследования. С момента их появления в начале 1990-х годов эти два персонажа-талисмана стали популярным символом японских военных. Как сказал один представитель Министерства обороны, «Принц Пиклз — это олицетворяющий нас персонаж, поскольку он располагает к себе, а это

---

[21] Также см. [Bōeishō 2017].

[22] Также см. [Miyajima 2008; Kikuzuki 2006].

то, чего хотят японские военные»[23]. Будучи представителями Сил самообороны Японии и Министерства обороны, принц и его очаровательная спутница идентифицируются как «японцы». Однако при ближайшем рассмотрении в отношении их национальности возникают некоторые вопросы, которые могут осложнить использование талисманов в качестве национальных символов или даже привести к отказу от них. Самую подробную историю о жизни принца можно найти в манге, состоящей из трех частей: «Принц Пиклз, путешествие к миру», «Дневник принца Пиклза о Силах самообороны Японии» и «Дневник принца Пиклза о Силах самообороны Японии, часть вторая». Найти эту мангу на сайте Министерства обороны «Кидз сайт» не так легко. Она спрятана среди различных плакатов и брошюр в «темном уголке» раздела по связям с общественностью, расположенного на главной странице сайта Министерства. Невозможно определить, существуют ли дети, которые на самом деле читали эту историю, и сколько таких детей. Тем не менее изучить ее содержание полезно, так как оно проливает свет на то, что доминирующие механизмы власти вовсе не постоянны и не последовательны и на самом деле им часто свойственны двусмысленность и неопределенность.

История принца Пиклза — это рассказ о преображении, в котором сюжетную линию оживляют ассоциирующиеся с едой персонажи (в именах героев использованы названия овощей, в то время как в истории Ампанмана имена героев связаны с хлебом). Принц, наследник Королевства Паприка, в котором десятилетиями царил мир, сомневается в том, что стране необходимо иметь силы самообороны. Однако в результате его путешествия в соседнее королевство Брокколи, где он заводит дружбу с принцем Кэрротом и влюбляется в дочь деревенского старосты мисс Парсли, его отношение к силам самообороны меняется. Счастливое пребывание принца в гостях длится недолго. В Королевство Брокколи вторгается Империя Кунжута, нападает на жителей,

---

[23] Заявление официального представителя Министерства обороны Сётаро Янаги, цитируемое в [Tabuchi 2007].

опустошает земли и похищает мисс Парсли. Поспешив обратно в Королевство Паприка, принц Пиклз мобилизует силы обороны с тем, чтобы дать захватчикам отпор. Проявив большой талант в своем первом в жизни военном сражении, принц Пиклз прогоняет врага, восстанавливает мир и спасает мисс Парсли. Принц усваивает важный урок: самооборона необходима для защиты близких и поддержания мира в стране.

После этого повествование переносит читателей из Королевства Паприка в Японию. По настоянию своего отца-короля принц Пиклз на один год отправляется на учебу за границу. Вступив в Силы самообороны Японии, он тренируется с японскими солдатами, участвует в ликвидации последствий стихийных бедствий и узнает об истории американо-японского военного союза. Принц восхищен солдатами-женщинами Сил самообороны, но еще больше ему нравится агитационно-пропагандистская деятельность военных, включающая в себя их участие в знаменитом ледяном фестивале на Хоккайдо, где солдаты вырезают из льда гигантскую статую Ампанмана. И все же больше всего он оказался впечатлен тем, как народ был благодарен действиям военных во время стихийных бедствий. История завершается возвращением принца в Королевство Паприка, где он должен жениться на мисс Парсли и взять на себя роль наследника королевства, помня о недавно приобретенных военных знаниях и опыте, задающих будущее направление развития его страны [Bōeishō 2016a; Bōeishō 2016б; Bōeishō 2016в][24].

История принца Пиклза воспроизводит, но также и усложняет динамику развития гендера, расы и нации, обсуждавшуюся в этой главе до сих пор. Несмотря на формальное признание солдат-женщин, история в очередной раз вращается вокруг мужчин, демонстрируя принца, а также японских и американских военнослужащих в качестве защитников мира и носителей (справедливой) власти. Тема обеспеченного мужчинами спасения оказывается центральным элементом повествования. Обращение принца Пиклза к милитаризму вызвано похищением его возлюб-

---

[24] Подробное описание сюжета см. в [Frühstück 2007: 128–138].

ленной мисс Парсли. Он впадает в несвойственную ему ярость и предпринимает немедленные военные действия, отказываясь от своей прежней веры в пацифизм. На протяжении всей истории мисс Парсли неоднократно появляется рядом со своим принцем, непоколебимо преданная ему и счастливо следующая за ним. В отличие от безусловно любящей его мисс Парсли, принц отвлекается на солдат-женщин Сил самообороны, при этом его большие бегающие глаза изображены с юмором, но без осуждения.

Вопрос расы и нации выглядит еще сложнее. Королевство Паприка — далекая, полная средневековых традиций страна, описание которой невнятно намекает на то, что она находится где-то на Ближнем Востоке. Поначалу негативно относящийся к армии принц меняет свою точку зрения и отправляется в Японию, чтобы получить знания, недоступные в его стране. Оказавшись в Японии, похожий на ребенка Пиклз при всем своем очаровании резко контрастирует со статью японских и американских военнослужащих, всегда изображенных взрослыми мужчинами. Несмотря на то что официальные лица Министерства обороны официально идентифицируют его как «японца», в Японии принц Пиклз производит впечатление «другого». Его военные и мужские навыки не только отличаются от способностей самих японцев, но и уступают им. Однако притом, что принц Пиклз отличается от остальных, он представляет собой ценность. Он — воплощение сыновьей почтительности (что отражается в его послушании отцу) и семейных ценностей (на что указывает его стремление к гетеросексуальным романтическим отношениям и браку) — является хранителем традиционных моральных принципов, стремительно исчезающих в Японии.

Таким образом, историю принца Пиклза можно прочитать как притчу, в которой Япония проецирует свои тщетные желания на «других» своих граждан, представителей иной расы и национальности. Возможно, это немного надуманно, но тем не менее интересно представить Королевство Брокколи как одну из областей, ранее находившихся под контролем Японии — Окинаву, Китай или Корею, подчинение которых Японской империи в колониальную эпоху было сформулировано с точки зрения их гендерной и расовой неполноценности. Их продолжающееся противодействие ремилитаризации Японии является в текущей ситуации источником геополитической напряженности, а возможное изменение в ближайшем будущем отношения жителей этих территорий к японским военным и милитаризации, а также их поддержка будут приветствоваться Силами самообороны Японии и Министерством обороны. Принц, созданный в качестве ведущего гуманитарного агента по продвижению Сил самообороны и тем самым обеспечивающего общественную поддержку и даже обожание вызывающего вопросы института, может в конечном итоге напомнить об имперском прошлом страны и его серьезных последствиях для региона. Во время тура в Итигая дети становятся ничего не подозревающими свидетелями запутанной динамики развития милитаризма — как его становления, так и его уничтожения, — которая продолжает определять региональную политику в Восточной Азии.

Молодежная литература после 11 марта: связывая национализм, милитаризм и неолиберализм

Имея целью охватить путем рассказов о событиях, имевших место после катастрофы 11 марта в Японии, более широкую аудиторию, обсуждавшаяся до сих пор активность неолиберализма, национализма и милитаризма не ограничивается пределами Камаиси, школы ОЭСР в Тохоку и штаб-квартиры Министерства обороны. Объем молодежной литературы о событиях 11 марта по-настоящему феноменален. В этой связи был опубликован справочник, в котором было перечислено более 300 соответствующих изданий с аннотациями [Kusagaya 2012]. В рамках этого зарождающегося жанра рассматриваются разнообразные темы, от техники и науки до литературы и эмоций. В работах нередко встречаются критические высказывания, особенно когда речь заходит о ядерной катастрофе. Иллюстрированный рассказ Рэны Мацуямы, названный *«Гэмбаку то гэмпацу»* («Ядерная бомба и ядерная энергия»), связывает между собой катастрофы

1945 и 2011 годов, давая возможность критического осмысления обеих [Matsuyama 2013]. В работе «*Дзукай: Гэмпацу но усо*» («Иллюстрированный рассказ: ложь о ядерной энергетике»), автором которой является известный ученый и активист Хироаки Коидэ, прослеживается история производства атомной энергии и изучаются его последствия для общества на территории Японии и за ее пределами [Koide 2012]. Иногда в дискуссиях об атомной энергетике обращаются к периоду холодной войны на Тихом океане. В книге «*Бикини суибаку хисаи дзикэн но синсо: Дайго Фукурю-мару*» («Правда об инциденте на атолле Бикини: шхуна " Фукурю-мару "») другой ученый и активист Икуро Андзай рассказывает о ядерных испытаниях США на атолле Бикини сразу же после войны [Anzai 2014][25]. Критикой занимаются не только взрослые авторы; дети также высказывают свои опасения. В письмах из сборника «*Фукусима но кодомотати кара но тэгами*» («Письма детей из Фукусимы»), адресованных политикам в Токио, задается вопрос, ответственно ли правительство за ядерный кризис 2011 года, а также ставится под сомнение миф о ядерной безопасности, дающий возможность сохранять производство атомной энергии в Японии на протяжении десятилетий [Kids Voice 2012].

Несмотря на эти и другие случаи интерцессии, молодежная литература после мартовской катастрофы чаще отражает и усиливает доминирующие дискурсы, а не бросает им вызов или порицает их. Представление об этой динамике дают сборники детских рассказов, опубликованные ведущим издателем учебников «*Гаккэн кёику сюппан*», широко известным как «Гаккэн». Один из таких сборников, «Иллюстрированные рассказы о событиях 11 марта» («*Катарицуги оханаси эхон 3-гацу 11-нити*»; далее «Рассказы»), предназначен для детей младшего возраста и состоит из восьми выпусков, в каждом из которых по две истории, сопровожденные многочисленными иллюстрациями. Другой сборник, «Великое восточнояпонское землетрясение: 100 исто-

---

[25] «Дайго Фукурю-мару» («Счастливый дракон») — японское рыболовное судно, оказавшееся в зоне радиоактивного заражения во время ядерных испытаний США на атолле Бикини 1 марта 1954 года.

рий, которые необходимо рассказать» («*Хигаси Нихон Дайсинсай: цутаэнакэрэба наранаи 100 но моногатари*»; далее «100 историй»), предназначен для взрослых читателей и состоит из десяти выпусков, в каждом из которых по десять историй без иллюстраций [Gakken 2013в; Gakken 2013а]. В этих двух сборниках содержатся *бидан* XXI века, основанные на реальных событиях 11 марта. Оба этих издания вышли в 2013 году и включены в упомянутый выше справочник. Сборники популяризируют нравоучительные истории о гендере, расе, нации, милитаризме и неолиберализме, усиливая тем самым динамику, озвученную Министерством образования, культуры, спорта, науки и технологий, ОЭСР и Министерством обороны.

В историях, рассказанных после 11 марта, заметную роль в формировании представлений о повышении устойчивости играет гендер. В повествовании «*Футацу но юки*» («Двое отважныха») из сборника «Рассказы» описывается реальная спасательная операция, которую провели двое мужчин: Тэцуюки Утияма, врач городской больницы в городе Исиномаки префектуры Мияги, и Кэнъити Яно, летный хирург из префектуры Сидзуока. Центральной темой повествования является мужество, целеустремленность и активность этих мужчин. Утияма закончил оперировать больного, несмотря на землетрясение, цунами и отсутствие электричества. В поисках помощи для своих пациентов и сотрудников, застрявших в больнице, он отважился выйти из здания и по пояс в воде пробрался до мэрии, чтобы вызвать спасателей. Именно Яно ответил на звонок из Красного Креста в Исиномаки, после которого он немедленно вылетел на своем вертолете в больницу. Вскоре прибыли еще три вертолета; один был направлен Силами самообороны, а два других — группой медицинской помощи при стихийных бедствиях. Они присоединились к проводимым спасательным работам. Благодаря героическим усилиям этих людей более 400 человек были доставлены в безопасное место. Изображая Утияму и Яно в постоянном движении, повествование подчеркивает их активность [Gakken 2013в, 6: 4–25]. Рассказ «Двое отважных» завоевал исключительную популярность и был опубликован издательством «Гаккэн» отдельным буклетом, что придало особое значение этой истории о действиях военных и мужском героизме, подчеркивающей важность помощи себе и окружающим [Gakken 2013б].

В стремлении к гендерному балансу история о двух врачах помещена в сборнике рядом с историей об одной женщине[26]. В новелле «*Аутодоа гиэнтай сюцудо!*» («Уличное объединение по сбору пожертвований, вперед!») рассказывается о Сатико Ивано, заядлой туристке и лыжнице, дважды участвовавшей в экспедиции на Южный полюс, а позже работавшей в Осаке в компании по продаже товаров для активного отдыха. Когда в 1995 году в Кобе произошло землетрясение Хансин-Авадзи, она и ее коллеги основали волонтерскую группу «Уличное объединение по сбору пожертвований», целью которой было помочь ликвидировать последствия стихийных бедствий. После катастрофы 11 марта 2011 года группа решила еще раз предложить свою помощь, на этот раз в Тохоку. Однако первым человеком, отправившимся в пострадавший от стихийного бедствия регион, была не Сатико, а ее коллега-мужчина, Исаму Тацуно. Раздавая еду, воду, одежду и такое походное снаряжение, как палатки, спальные мешки, лампы и переносные печи, он имел возможность делиться с жертвами стихийного бедствия своими знаниями и рассказывать им о навыках выживания. В конце концов Сатико тоже добралась до Тохоку, где занималась доставкой помощи и устанавливала эмоциональный контакт с теми, кто был эвакуирован в результате катастрофы. В отличие от истории «Двое отважных», в которой рассказывается о медицинских знаниях, физической активности и мужской храбрости, в истории Сатико почти ничего не сообщается о ее учености или заслугах опытного исследователя. Вместо этого в истории подчеркивается второстепенная роль, которую она сыграла в ликвидации последствий стихийных

---

[26] В то время как в сборнике «Рассказы» количество главных героев мужского и женского пола примерно одинаково, стремление обеспечить гендерное равенство резко исчезает, когда книга предназначается взрослым читателям, как, например, сборник «100 историй», в котором рассказов о мужчинах намного больше, чем рассказов о женщинах.

бедствий, и делается акцент скорее на эмоциональный, чем на профессиональный характер ее помощи в качестве волонтера-женщины [Gakken 2013в, 6: 26–47].

После 11 марта активность, храбрость и лидерские качества проявляются в историях для детей не только у профессионально подготовленных мужчин; обычные мужчины также оказываются наделены этими характеристиками. В «100 историях» имеется немало рассказов, в которых обычные местные мужчины совершают экстраординарные поступки, демонстрируя свою автономность, способность принимать решения, стремление действовать и оказывать помощь себе и окружающим. Первая история в сборнике называется «*Гарэки то хоно но уми о норикоэтэ: синисэ рёкан сюдзин но сэйкан то кюдзё кацудо*» («Пережить пожар и пробраться сквозь развалины в море: история спасения и выживания владельца гостиницы»), в которой излагается драма Хиронори Кумагаи, хозяина гостиницы в японском стиле, находящейся в городе Кесеннуме префектуры Мияги. После землетрясения, беспокоясь за свою рыбацкую лодку, Кумагаи поспешил в гавань. Увидев, как быстро отступает от берега вода, он сразу понял, что скоро вернется высокая приливная волна. Тогда же он принял экстраординарное решение вывести свою лодку из гавани в океан, чтобы избежать разрушительных волн, которые наверняка раздавили бы его судно.

В рассказе описано, как, стараясь оседлать одну чудовищную волну за другой, Кумагаи выполнял различные сложные маневры. После многочасовой борьбы в море цунами, наконец, утихло. Тем не менее для Кумагаи тяжелые испытания еще не закончились. Возвращаясь в гавань, он увидел, как по берегу распространился пожар, вызванный разливом нефти с промышленных предприятий. Лавируя между бушующими языками пламени, Кумагаи заметил дрейфующего среди обломков человека. Умело управляя своей лодкой, он добрался до незнакомца и вытащил его из воды живым. Благодаря храбрости Кумагаи как мужчины и технической сообразительности как моряка они оба выжили [Gakken 2013а, 1: 7–31]. Как и в рассказе о двух врачах, в этой истории подчеркивается способность мужчин действовать в неблагоприятных условиях и спасать не только свои собственные жизни, но и жизни других людей.

Военные присутствуют во всех произведениях, написанных после 11 марта. В повествовании *«Нэрима но Ю дэ ясураги о»* («Обеспечение комфортных условий для жертв стихийного бедствия в бане Нэрима») из сборника «Рассказы» основное внимание уделяется деятельности первого полка материально-технического обеспечения Сухопутных сил самообороны Японии в лагере Нэрима в Токио и описывается помощь, оказанная полком за пределами зоны бедствия, в городе Корияме префектуры Фукусима, и предполагающая, помимо прочего, строительство бань для жертв стихийного бедствия. Главной героиней повествования стала Сэкинэ Ю, женщина-солдат, успешно занимавшаяся в колледже борьбой. В работе подчеркивается самостоятельность, активность и физическая сила Сэкинэ как солдата, чем создается образ женственности, бросающий вызов характеристикам «неактивные», «зависимые», «беспомощные», часто ассоциирующимся с женщинами в произведениях, созданных после катастрофы 11 марта. И все же редакторы сборника быстро восстанавливает в правах общепринятые представления о гендере. На сопровождающей текст иллюстрации, демонстрирующей, как взаимодействовали солдаты и гражданские лица (особенно дети), военные-мужчины беседуют с мальчиками о технике, а военные-женщины (включая Сэкинэ) выполняют феминизированные задачи по мытью ванн, оказанию эмоциональной помощи и замене собой матерей и сестер для местных детей [Gakken 2013в, 7: 26–43]. Проявление женской самостоятельности, о котором говорилось в начале повествования, стремительно исчезает, будучи замененным знакомым описанием феминности и домашнего хозяйства.

Литературные образы солдат-мужчин после катастрофы не только воплощают собой мужество, отвагу и силу, но и, проявляя сострадание к жертвам стихийных бедствий, становятся гуманитарными агентами, оказывающими услуги слабым и уязвимым. В новелле *«Соко ни ва нани мо накатта. Кюдзё хэри кара мита хисаити»* («Ничего не осталось: вид на зону бедствия с вертолета») из «100 историй» рассказывается о Тамосу Ватанабэ (псевдоним), бывшем пилоте, управлявшем вертолетом Сухопутных сил самообороны и служившем в Мияги и Фукусиме во время катастрофы 11 марта, и не только подробно описывается его участие в спасательной операции, но и уделяется пристальное внимание его эмоциональному состоянию во время этой работы. Долетев до зоны бедствия, Ватанабэ увидел, что обширная равнина Сендай находится под водой; картина полного опустошения заставила его оцепенеть. Оказавшись на земле, он почувствовал себя «бессильным» («*мурёку*») перед лицом хаоса, беспорядка и разрушений. Когда к нему обратилась молодая девушка, попросившая его помочь ей найти ее мать и брата, пропавших во время цунами, он не смог сдержать слез. Не зная о ядерной катастрофе и подвергаясь воздействию неизвестного уровня радиации во время перелетов в поселок Футаба, расположенный рядом с местом аварии, Ватанабэ с трудом отгонял от себя дурные мысли о высших эшелонах вооруженных сил. Несмотря ни на что, он сохранял твердость духа, выполняя свой долг.

В основе этой новеллы лежит эмоциональная связь, возникшая у Ватанабэ с жертвами стихийного бедствия в Тохоку. Всякий раз, когда он прибывал в эвакуационный центр, люди, не сговариваясь, начинали ему аплодировать, приветствуя и выражая ему благодарность. Даже спустя месяцы после катастрофы общественная благодарность военным не ослабла. Однажды во время авиационного шоу, проходившего на военной базе, расположенной в окрестностях Токио, к Ватанабэ подошел мужчина и поинтересовался, участвовал ли тот в спасательной операции в Тохоку. Незнакомец оказался жителем поселка Минамисанрику, одного из мест, куда Ватанабэ был командирован 11 марта. Поблагодарив Ватанабэ за проделанную работу, незнакомец рассказал, как мартовская катастрофа изменила его отношение к военным. До этой катастрофы он совершенно не был убежден в необходимости существования в Японии Сил самообороны, теперь же он был ее преданным сторонником. Делясь воспоминаниями о пережитых во время бедствия трудностях, двое мужчин, переполненные эмоциями, разрыдались [Gakken 2013a, 3: 7–29].

Истории о бедствии и человеческих взаимоотношениях часто сопровождаются описанием военных технологий. Один из рассказов, включенных в сборник «100 историй», «*Сэндзё дэ оконаварэта социгёсики, Осима но кодомотати Кайдзё Дзиэйтаи*» («Выпускной бал на борту корабля: Морские силы самообороны Японии и дети Осимы») повествует о еще одном виде вооруженных сил — Морских силах самообороны Японии. История, в которой рассказано, как во время катастрофы 11 марта минно-тральные подразделения предоставили свою военную технику для проведения спасательной операции во время стихийного бедствия, формулирует концепцию «двойного назначения», в соответствии с которой военные ресурсы эффективно применяются во время кризиса для гражданских целей. Рассказывая об организационной структуре, управлении и вооружении Морских сил самообороны, эта история помогает юным читателям получить знания о военной технике и терминологии.

Рассказ о военной технике дополнен историей о дружбе между солдатами и гражданскими лицами, пострадавшими во время катастрофы 11 марта. В нем показано, как между Идзуру Фукумото, контр-адмиралом минно-трального подразделения Морских сил самообороны, и детьми из Осимы (Мияги), разрушенного цунами островного сообщества, возникла особенная связь. Сразу после стихийного бедствия местные начальные и средние школы столкнулись с проблемой отсутствия места для проведения церемонии окончания школы; их собственные помещения использовались в качестве временных эвакуационных пунктов для тех, кто потерял свои дома. Стремясь помочь студентам, Фукумото предложил в качестве альтернативной площадки для проведения церемонии свой корабль «Бунго» (плавбазу тральщиков типа «Урага» (MST-464)). В день мероприятия, когда около 50 учеников начальной и средней школы поднялись на палубу, их приветствовали солдаты-женщины, протягивающие выпускникам цветы, и солдаты-мужчины, державшие в руках плакаты «Поздравляем с окончанием школы!». Мальчики были особенно возбуждены тем, что они оказались на военном корабле и увидели вблизи большие пушки, но это было еще не все.

Школьников угостили специальным блюдом «рис с карри», приготовленным по рецепту, унаследованному от Императорского флота Японии. Им также разрешили помыться на корабле, что было особенно ценным подарком, учитывая острую нехватку воды на острове. Фотография этого радостного события разошлась по всему Осиме, приободрив местных жителей и впечатлив их щедростью военных.

В трогательной истории о солдатах и детях, где главную роль играют приготовление пищи и принятие ванны в домашней атмосфере, военные представлены семейной организацией, чья близость к гражданскому населению и связь с ним являются подлинной. В конце истории приводятся слова контр-адмирала Фукумото о том, что именно искренность (*магокоро*), чуткость (*омоияри*) и любовь (*ай*) побудили солдат относиться к жертвам стихийного бедствия так, как если бы те были членами их собственных семей. После 11 марта в молодежной литературе Силы самообороны превращаются в знакомый и семейный институт, ведомство, движимое человеческими эмоциями, добротой и состраданием в стремлении оказать обществу основанную на любви помощь [Gakken 2013a, 3: 55–77].

С ростом популярности Сил самообороны после 11 марта молодежь начала рассматривать их в качестве места, где можно построить карьеру. Рассказ *Има гамбара накутэ ицу гамбарунда. Рикудзё Дзиэйтаи кесси но кюдзё кацудо* («Сейчас самое время сделать все, что в наших силах: спасательные операции Сухопутных сил самообороны Японии и участие в восстановительных работах») из сборника «100 историй» посвящен Кацуо Накамура, полковнику Сухопутных сил самообороны, человеку, отвечавшему за тыловое обеспечение. В рассказе подробно изложена история его семьи, а также объясняется, почему и как он решил поступить на военную службу. Потеряв отца, Накамура рос в неполной семье. Он был вынужден отказаться от своей мечты стать стоматологом, чтобы облегчить бремя воспитания детей, легшее на плечи его матери. Накамура решил поступить в Академию государственной обороны Японии, где обучение было бесплатным и дополнялось стипендией. Так, выбор Накамурой военной карьеры стал следствием его обязательств перед семьей, стремлением выполнить свой сыновний долг.

Поступив на службу в Сухопутные силы самообороны, Накамура столкнулся со множеством трудностей. По причине полученной в прошлом травмы колена ему было тяжело соответствовать требованиям, касающимся физической подготовки. Несмотря на то что ему удалось окончить школу кандидатов в офицеры Сухопутных сил самообороны, по причине своего физического недостатка он был вынужден отказаться от блестящей карьеры на передовой и довольствоваться скромной должностью, отвечая за материально-техническое обеспечение. Вопреки трудностям, Накамура настойчиво шел к своей цели, неизменно чувствуя поддержку старших товарищей из Сухопутных сил самообороны. Постоянно подбадривая его и давая ему мудрые советы, они заменили ему отца, внимательно следя за тем, чтобы их юный подопечный смог преодолеть трудности и добиться своей цели. Теперь, когда ему было за 40, Накамура оказался готов сам выступить в роли отца для находящихся под его командованием молодых солдат, готовившихся к миссии по оказанию помощи в Тохоку. Среди разрушений пережившего катастрофу региона Накамура делился со следующим поколением солдат принципами самостоятельности, гордости, сострадания и выносливости. В Силах самообороны молодые люди могут получать образование и делать карьеру, выполняя при этом для страны жизненно важную работу — служить отечеству, независимо от того, с какими трудностями придется при этом столкнуться [Gakken 2013a, 3: 31–53].

Как видно из вошедшего в сборник «100 историй» рассказа *Дзэнрёку дэ анататати о тасукэмасу. Амэрика Каихэйтай Опэрэсён "Томодати"* («Мы поможем вам всеми силами: морская пехота США в операции "Томодати"»), американские солдаты также играют заметную роль в выпущенной после 11 марта детской литературе. В рассказе представлена история Хуана Вальехо, молодого сержанта 31-го экспедиционного отряда морской пехоты США, который был направлен в Осиму (Мияги) — место действия истории о «Бунго» — для оказания помощи.

Описывая организационную структуру и порядок работы 31-го экспедиционного отряда морской пехоты, рассказ приводит также подробные сведения о вооруженных силах США, а также аргументирует значимость совместных операций США и Японии. Не менее важно, что при этом он подчеркивает эмоциональную связь, возникшую между американскими солдатами и японскими гражданскими лицами. Значение межнациональной дружбы демонстрируется в конце рассказа, когда в знак своей признательности за все, что американцы сделали для его города, мальчик из местной начальной школы дарит изготовленный собственноручно флаг США полковнику морской пехоты [Gakken 2013a, 4: 173–196].

Эта трогательная история о самоотверженности США и благодарности Японии скрывает сложную — и в то же время жестокую — историю 31-го экспедиционного отряда. Изначально этот отряд был сформирован как Специальная десантная группа «Альфа». В 1967 году она была впервые переброшена с Окинавы во Вьетнам для участия в кровопролитной войне. В 1970 году группа была переименована в 31-й десантный отряд морской пехоты, а затем в 1992 году — в 31-й экспедиционный отряд морской пехоты. Начиная с 1994 года, базируясь в Кэмп-Хансен на Окинаве, отряд продолжил участвовать в вооруженных конфликтах на территории Азии и за ее пределами. После террористических атак 2001 года в Соединенных Штатах он стал играть ключевую роль в войнах США на Ближнем Востоке, приняв в 2004 году участие в операции «Ярость призрака», одном из самых ожесточенных наступлений американо-иракской войны [Marine Corp. 2016]. Объединяя Окинаву и Вьетнам, два ключевых очага военной экспансии США на территории Азии во время холодной войны, и распространяя свое влияние на Ближний Восток, очаг экспансионизма США в XXI веке, 31-й экспедиционный отряд морской пехоты воплощает собой международную историю американского милитаризма и его насильственного распространения. Тем не менее, оставив эту кровавую летопись вооруженных сил США в тени, «100 историй» рассказывают о чистых сердцем американцах, посвящающих себя гуманитарному делу в Тохоку, дети которого оказываются невинным проводником этих двусторонних отношений[27].

Распространяя неолиберальный подход к самопомощи и помощи окружающим, а также прославляя милитаризм бедствий, обращение к которому считается необходимым для поддержания безопасности, выпущенная после 11 марта молодежная литература также постоянно транслирует националистические настроения, в которых прошлое используется для (пере)осмысления настоящего и будущего. В истории «*Ёси батян но камисибаи*» («Уличный театр бабушки Ёси») из сборника «Рассказы» рассказывается о 86-летней Ёси Табата, хранительнице исконной мудрости региона. История начинается в 1933 году, когда Ёси, восьмилетняя девочка, живущая в рыбацкой деревне Таро в префектуре Иватэ, переживает землетрясение Сёва Санрику и последовавшее за ним цунами. Хотя это цунами разрушило ее деревню и многие другие деревни на побережье, Ёси чудесным образом выжила во время стихийного бедствия, поскольку следовала правилу «*цунами (или иноти) тэндэнко*» — самопомощи и самозащиты, — отложившемуся в голове маленькой девочки благодаря ее дедушке. Несколько десятилетий спустя, уже будучи бабушкой, Ёси решила научить «*тэндэнко*» своих внуков и других детей из Таро. При помощи «*камисибай*» (традиционное представление с рядом картинок, сопровождающихся историей) она начала рассказывать о катастрофе 1933 года, используя при этом созданные ею самой иллюстрации к рассказу. 11 марта 2011 года Ёси и множество детей, видевших ее представления, пережили цунами благодаря мудрости, которой она поделилась [Gakken 2013в, 2: 26–43]. После катастрофы «*камисибаи*» Ёси прославилось на всю страну. Оно было издано в виде буклета и вошло в разнообразные учебные пособия, направленные на подготовку молодежи к стихийным бедствиям и использующие в подаче материала форму таких традиционных игр, как *карута* и *сугороку* [Tabata 2011].

---

27 После 11 марта жители Окинавы испытывали двойственное отношение к чествованию американских военных в «собственно» Японии. См., например, [Tōbaru 2012].

Ценность и добродетель традиции являются также основной темой еще одной включенной в сборник «Рассказы» истории — *«Фукко но сируси "Сома номаой"»* («Признак выздоровления: фестиваль охоты на диких лошадей в Соме»). История происходит в разрушенном аварией на атомной электростанции городе Соме (Фукусима). В ней рассказывается о региональном фестивале *«номаой»*, или *«охота на диких лошадей»*, традиции, которой больше тысячи лет, представленной также в рамках проекта «Школа ОЭСР в Тохоку», о котором говорилось выше. В фестивале, являющемся предметом гордости местных жителей, принимают участие несколько сотен мужчин, одетых как *«киба муся»* (воины, ездящие верхом на лошадях) и демонстрирующих, как проходило в давние времена военное обучение. Они соревнуются друг с другом, демонстрируя свои навыки. Правительством Японии фестиваль был назван *«дзюё мукэй миндзоку бункадзаи»* (нематериальное народное культурное достояние, представляющее исключительную ценность). В истории, связывающей прошлое с настоящим, а затем и с будущим, подробно объясняется, почему возобновленный через год после катастрофы фестиваль является свидетельством стойкости людей и местных сообществ Сомы.

В центре истории находится семья Ниси, а именно Хаято, мальчик-подросток; его отец, чемпион по верховой езде; и его дед, искусный мастер, занимающийся изготовлением самурайских доспехов и шлемов. В истории подробно описывается, как три поколения мужчин посвятили себя сохранению традиции. Еще до катастрофы отец и дед Хаято были уважаемыми хранителями традиции *номаой*. После катастрофы перед Хаято была поставлена задача сохранить это драгоценное наследие. Мужчины Сомы, включая его отца и деда, помогают Хаято стать опытным наездником, в то время как его мать поддерживает его с трибун. Возобновленный через год после 11 марта и проходивший на альтернативной площадке в Канэгасаки (Иватэ) фестиваль 2012 года стал моментом триумфа жителей Сомы. Все трое мужчин из семьи Ниси приняли в нем участие. На детских рисунках можно увидеть, как грациозно и гордо они держатся в седлах, вселяя надежду в местных жителей [Gakken 2013в, 8: 4–21].

История о фестивале приобрела популярность. В «*Сайсэй то фукко ни мукаттэ: Фукусима-кэн Сома номаой*» («На пути к восстановлению: фестиваль охоты на диких лошадей в Соме префектуры Фукусима»), еще одном рассказе из ориентированного на взрослых читателей сборника «100 историй», также описывается возрождение фестиваля после катастрофы, но уже при более сложных обстоятельствах, когда чувство надежды омрачено трауром тех, кто пережил катастрофу. На этот раз в сюжете фигурирует еще одна семья гордых хранителей традиций, Макита. Глава семьи Ясуо был в прошлом опытным наездником, а его старший сын Сёма демонстрировал успехи в верховой езде с детства. Ясуо с нетерпением ждал того дня, когда его сын примет участие в фестивале, обеспечив тем самым продолжение традиции *номаой*, сохранение которой было миссией семьи на протяжении веков. Но случилась трагедия. Во время катастрофы 2011 года Сёма пропал без вести, поставив под угрозу сохранение семьей традиции. Несколько дней поисков Сёмы стали мучительным испытанием для Ясуо и остальных членов семьи. Прошло две недели, прежде чем тело сына Ясуо было найдено. Подавленный горем отец навсегда отказался от верховой езды.

Скорбный тон этой истории смягчен в ее конце ноткой надежды, поскольку славная традиция будет продолжена следующим по старшинству сыном, Кэндзи. На фестивале 2012 года Ясуо и Кэндзи, сидя на трибунах, наблюдали за происходящим. А потом Кэндзи повернулся к своему все еще скорбящему отцу, чтобы объявить о своем решении занять место своего покойного брата и стать хранителем традиции. История заканчивается сценой, в которой отец и сын тренируются вместе для участия в фестивале 2013 года. Традиция воинственной маскулинности передается от одного поколения мужчин к другому, что свидетельствует о силе устойчивости, уходящей корнями в региональное наследие и патриархальные родословные [Gakken 2013a, 9: 213–239].

Две истории, рассказывающие о многовековом фестивале в Соме, демонстрируют не только красоту региональной традиции и прочность семейных уз, но и стойкость жертв стихийных бедствий в Тохоку, подчеркивая тем самым важность самопомощи и помощи окружающим, в которой психосоциальные ресурсы — воля, решимость и выносливость — играют ключевую роль в обеспечении восстановления местного сообщества в целом. Более того, сосредоточившись на мужчинах и мальчиках как главных действующих лицах, эти истории продвигают ориентированный исключительно на них подход к устойчивости, в котором женщинам отведена лишь второстепенная роль наблюдающих со зрительских мест. Наконец, эти истории, предлагая в качестве средства для восстановления местного сообщества боевой дух, подчеркивают важность милитаризованной культуры, уходящей корнями в региональную традицию и ценимой правительством (о чем свидетельствует статус *номаой* как национального достояния). Запечатленный в новом литературном жанре историй, посвященных событиям после катастрофы, фестиваль охоты на диких лошадей в Соме становится мощным педагогическим инструментом, в котором множество аспектов — гендер, национализм, неолиберализм и милитаризм — связаны воедино, задавая направление сердцам и умам молодежи страны.

Заключение

Давно наблюдающий за гуманитарным кризисом в Африке Александр де Ваал утверждает, что

> готовность к стихийным бедствиям, их предотвращение, оказание помощи во время бедствия и восстановление после, все эти фразы, содержащие в себе неявные моральные ценности, на самом деле являются механизмами управления бедствиями. В действительности к бедствиям не готовятся, их не предотвращают, в их процессе не оказывают помощь и после них не восстанавливаются, но с ними обращаются таким образом, чтобы они представляли минимальную политическую угрозу для правительств [de Waal 2008].

Его наблюдения особенно хорошо соотносятся с положением детей и детства в Японии после катастрофы. Рост популярности

Ампанмана (являющегося одновременно символом детской невинности, милитаризма бедствий, неолиберальной самопомощи и националистической ностальгии) показывает, что после 11 марта японская молодежная культура вновь стала исключительно продуктивной и податливой средой для создания смыслов. Средой, в которой невинные и безобидные вещи постоянно используются для продвижения стратегии повышения устойчивости. Под лозунгом защиты детей и обеспечения им безопасности формирующаяся культура мобилизует молодежь для преодоления ряда кризисов, с которыми сталкивается страна, будь то ядерная катастрофа, нестабильность экономики или международная критика военной экспансии. Внедрение стратегии устойчивости к стихийным бедствиям в качестве инструмента управления, с помощью которого устраняются противоречия и сдерживаются угрозы, особенно заметно в Тохоку. «Чудо Камаиси», «Школа ОЭСР в Тохоку» и фестиваль в Соме — все эти явления указывают на то, что Тохоку после катастрофы стал своего рода новым рубежом, на который устремились различные национальные и транснациональные силы с целью установить свои соответствующие повестки дня, направленные на извлечение из катастрофы выгоды. По мере того как эта активность выходит за пределы Тохоку, стратегия повышения устойчивости связывает локальную, национальную и международную динамики развития, превращая региональную трагедию в международный образец милитаризма, неолиберализма и неоконсерватизма, в центре которого находятся японские дети, являющиеся для страны заветным символом морального оправдания и политической легитимации.

5
Мобилизующий рай

*Каким стало после катастрофы
массовое представление о Гавайях*

С точки зрения всего мира главным символом Гавайев являются девушки, танцующие хула. Юные танцовщицы на фоне экзотической флоры и фауны являются устойчивым образом островов, привлекая на них туристов и продвигая образ рая на земле. После катастрофы 11 марта девушки хула (вновь) стали основным символом восстановления в Японии. Не прошло и двух месяцев после бедствия, как спа-курорт «Хавайянз» — расположенный в городе Иваки префектуры Фукусима многопрофильный пансионат, известный своим полинезийским ревю с участием молодых танцовщиц из Тохоку и прославившийся после выхода в 2006 году кассового фильма *«Хура гару»* («Девушки, танцующие хулу»), в котором рассказывается история создания курорта, — организовал в рамках проекта «Кидзуна» автобусный тур[1]. Временно закрытый по причине возникших в результате стихийного бедствия повреждений, курорт отправил своих танцовщиц в тур доброй воли сначала в близлежащие эвакуационные пункты, а затем в 26 расположенных в разных частях страны префектур с тем, чтобы они распространяли «дух алоха» и оказывали на пострадавшую нацию исцеляющее воздействие. По возвращении в Иваки получивший восторженные отзывы

---

[1] Официальный сайт спа-курорта «Хавайянз» см. [Hawaianzu 2018].

тур был завершен празднованием, состоявшимся 1 октября
2011 года, в день, когда курорт частично возобновил свою работу. На торжественном мероприятии присутствовали 18 участвовавших в туре танцовщиц, сыгравшие в фильме актрисы Ю Аои
и Сидзуё Ямадзаки, а также мэр Кауаи (города-побратима Иваки),
что подчеркнуло силу *кидзуны* (связи), простирающейся от Фукусимы по остальной территории Японии вплоть до Гавайев
[Shimizu 2011: 166].

Вид танцующих девушек и исполняемые в процессе танца
песнопения стали широко известны в Японии после катастрофы.
В выпущенном в 2012 году сборнике рассказов для детей *Хура
гару то ину но Тёко* («Танцовщица хула и ее любимая собака
Тёко») описывается реальная история танцовщицы хула Риэ
Омори (сценическое имя Риэ Моана) и ее любимой собаки Тёко.
Подчеркивая важность самопомощи (*дзидзё*) и взаимопомощи
(*кёдзё*), рассказ повествует о том, как Риэ и Тёко смогли пережить
катастрофу благодаря *кидзуне* между ними [Haraigawa 2012]. Тур
(в котором Риэ приняла участие) описан в «100 историях», сборнике молодежной литературы, рассмотренном в четвертой главе
[Gakken 2013a, 5: 171–196], а также в *Гамбаппэ, Хура Гару!: Фукусима ни икиру канодзётати но* («Держитесь, девушки, танцующие хула!: жизнь танцовщиц хула в Фукусиме сегодня»), доку-
ментальном фильме, премьера которого состоялась в октябре
2011 года. В этих работах, прославляющих ценность и добродетель
кидзуны, которую танцовщицы хула установили по всей Японии,
подчеркивается значение женской стойкости, а страстной увле-
ченности танцовщиц придан статус государственной миссии.

Удивительно, но танцовщицы хула столь же, а возможно,
и в большей степени, популярны в сфере делового дискурса.
В книге «*Тохоку но Хаваи" ва надзэ V-дзи каифуку ситанока:
Супа Ридзёто Хаваиандзу но кисэки*» («Почему у "Гавайев Тохоку"
получилось V-образное восстановление: чудо спа-курорта "Хавайянз"») независимый журналист Кадзутоси Симидзу проводит
анализ того, как удивительно быстро отель оправился от вызван-
ного стихийным бедствием экономического спада [Shimizu 2018].
После 11 марта *Дзёбан Косан Кабусики-Гаися* (далее «Дзёбан

Косан»), компания, которой принадлежал спа-курорт, организовала кампанию по связям с общественностью, главной особенностью которой были танцовщицы хула. Благодаря этой кампании удалось привлечь туристов обратно в Фукусиму. Важно отметить, что аналогичная стратегия была использована полвека назад предшественницей «Дзёбан Косан» *Дзёбан Танко Кабусики-Гаися»* (далее «Дзёбан Танко»). В 1950-х годах «Дзёбан Танко», ведущая горнодобывающая компания на угольном месторождении Дзёбан (территория, простирающаяся от севера префектуры Ибараки до юга префектуры Фукусима), переживала кризис после того, как государственная энергетическая политика переместила акцент с отечественного угля на зарубежную нефть. Чтобы предотвратить надвигающуюся катастрофу, компания занялась диверсификацией своей деятельности, начав заниматься туризмом и открыв в 1966 году курорт с горячими источниками, названный «Дзёбан Хавайян сентер». Новое предприятие приняло на работу дочерей шахтеров из окрестных деревень, обучило их танцам в полинезийском стиле и отправило в рекламный тур по Японии. После такого эффектного старта курорт превратился в экономическую опору региона. В 1970 году он перешел под управление «Дзёбан Косан» и в 1999 году был переименован в спа-курорт «Хавайянз». Когда в 2011 году произошла тройная катастрофа, к танцовщицам хула вновь обратились для локализации кризиса. История успеха «Дзёбан Косан» известна в деловых кругах. Она представляет взгляд на корпоративную устойчивость в XXI веке[2].

Культовый статус девушек хула был продемонстрирован в июне 2018 года, когда регион посетили император Акихито и императрица Митико. Начиная с 11 марта императорская чета проводила свою собственную кампанию, посещая пострадавшие от стихийного бедствия районы, встречаясь там с пострадавшими, оказывая им поддержку и приободряя их. Их жесты сострадания были отмечены средствами массовой информации, что повысило популярность императорского дома [Yoshimi 2012: 10–12].

---

2   Например, см. [Nikkei Business 2011; Zaikai 2014; Shōkō jānaru 2017].

Во время своей трехдневной поездки в Фукусиму Акихито и Митико посетили пункты временного размещения в Иваки, где местные женщины и мужчины поделились с ними своими рассказами о трудностях, с которыми они столкнулись. Проведя ночь в спа-курорте «Хавайянз», королевская чета также с удовольствием посетила выступление танцовщиц хула. Растроганная императорским визитом ведущая танцовщица Харуна Судзуки со слезами на глазах сказала: «У нас есть силы двигаться после катастрофы вперед, благодаря императору и императрице, неоднократно посетившим наш регион. Мы бережно храним чувство благодарности и продолжаем двигаться в сторону полного восстановления» [Ogata, Shima 2018]. Эта поездка, пришедшаяся на конец правления императора Акихито, правившего под девизом Хэйсэй (1989–2019), напомнила поездки его отца, императора Хирохито, правившего под девизом Сёва (1926–1989), когда вскоре после Второй мировой войны тот ездил по Японии с целью исцелить страну, опустошенную войной и поражением [Yoshimi 2012: 9–10][3].

В то время как Гавайи играют заметную роль в жизни Тохоку, Тохоку, в свою очередь, демонстрирует свое присутствие на Гавайях. Как только первоначальный хаос 11 марта стих, в рамках «целительных туров» (*хоё рёко*) на Гавайи под предлогом «*ияси*» — физического и психологического восстановления — начали привозить детей из префектур Фукусима, Мияги и Иватэ. Самым заметным примером таких поездок оказался проект «Радуга для детей Японии». Просуществовавшая с 2011 по 2016 год и выступавшая за «*алоха*» и «*томодати*» (дружбу), «Радуга» занималась продвижением «*тайкэн-гата корю-гата но кёику рёко*» (образовательных туров, ориентированных на практический опыт и укрепление дружбы). Проект, поддерживаемый японскими

---

[3] Ёсими Сюнъя указывает на ошеломляющее визуальное сходство двух императоров во время их посещений пострадавших районов с целью проявить заботу, участие и сострадание к тем, кого затронуло бедствие. В обоих случаях заметно присутствие американских военных, участвовавших в восстановлении после бедствия в период американской оккупации Японии (1945–1952) и в процессе операции «Томодати» (2011).

Рис. 5.1. Танцовщицы хула, спа-курорт «Хавайянз»

и американскими волонтерами и общественными организациями, а также получающий пожертвования от корпораций, стал образцом сотрудничества на низовом уровне, основанного на щедрости и доброй воле, не знающих границ. После мартовской катастрофы Гавайи стали самым значимым местом для восстановления Японии, в котором можно работать над вызванными катастрофой страхами, тревогами и страданиями, а также подавлять их и преодолевать.

В этой главе рассматривается взаимосвязь, существующая между местным и глобальным уровнями повышения устойчивости после стихийных бедствий. Стремление Японии восстановиться, привлекая к этому отдаленные регионы, культуры и народы, отнюдь не ограничивается границами страны. В рамках этой деятельности Гавайи выделяются как основной «заграничный» объект, обращение к которому демонстрирует — но также и скрывает — политизированный и политизирующий характер этой мобилизации. Расположенные в центре Тихого океана, Гавайи представляют собой пространство имперского господства, сопротивления коренного народа и переговоров с поселенцами. Милитаризм и туризм уже давно определяют политическую, экономическую и культурную жизнь на островах. И все же Гавайи остаются «раем на земле», примером близорукости, поддерживаемой в немалой степени фантазией о танцующих туземцах, чьи женственные, экзотические и атавистические выступления делают критические размышления нежелательными и неуместными. Мобилизуя Гавайи и их представителей-женщин, японская стратегия повышения устойчивости снабжает предлогом, а на самом деле оправданием возможность предаваться мечте о восстановлении сил, избегая при этом вопроса власти.

С целью вмешаться в эту динамику, настоящая глава переосмысливает историю Гавайев, региона Дзёбан и Тихого океана. Приведенные ниже сведения, опираясь на данные существующих исследований о «турне танцовщиц хула» между Гавайями и Соединенными Штатами[4], раскрывают другие, менее изученные, встречные потоки, двигающиеся между Гавайями и Азией. В главе прослеживается история различных организаций, появляющихся, переживающих реорганизацию и исчезающих на транстихоокеанской арене, и рассматривается ряд социальных акторов, вовлеченных в процесс повышения устойчивости после событий 11 марта: в первую очередь это танцовщицы хула из расположенного в Фукусиме спа-курорта «Хавайянз», молодежь из Тохоку на Гавайях; менее заметные, но не менее значимые корейские шахтеры в Дзёбане военного периода, американцы японского происхождения на Гавайях во время холодной войны и номинальные имперские руководители эпох Сёва и Хэйсэй. Важно отметить, что призыв к *кидзуне* переплетается с обраще-

---

4   О концепции «турне танцующих хула» см. [Imada 2012]. Критический анализ хула, гендера и империи дополнительно см. [Desmond 1999; Trask 1991–1992; Stillman 1999]. Исторический обзор представлений японцев о Гавайях с начала XX века см. в [Yaguchi 2011; Yaguchi 2015].

нием к «*алоха*», связывая один эмоциональный термин с другим. Слово «*алоха*» — локальный гавайский термин, обозначающий любовь, привязанность и сострадание, — было заимствовано японцами для обозначения множества тенденций, распространяющихся внутри и за пределами государственных границ Японии после 11 марта. Неустанный призыв к «исцелению» после разрушительной ядерной катастрофы на Фукусиме, сформировавшийся в Тихоокеанском регионе после окончания холодной войны, плохо согласовывается с прошлым этого региона, когда во время холодной войны Соединенные Штаты провели в нем серию ядерных испытаний, повлекших за собой ужасающие последствия для тел и психики коренных жителей [Jacobs 2013; Teaiwa 1994]. Тихий океан — отнюдь не мирное пространство; это театр военных действий и завоеваний. На основе этих и других переосмыслений в настоящей главе предпринята попытка представить Гавайи как место для исторического самоанализа, а не искажения, как выгодную позицию, с которой можно провести критический анализ стратегии повышения устойчивости, реализуемой после 11 марта.

Гавайи в Тохоку: мобилизация танцовщиц хула для повышения устойчивости

Как реальные, так и воображаемые Гавайи, прославленные своими идеальными пляжами, величавыми вулканами и фантастическими радугами, являются также динамичным пространством культурного производства. После катастрофы 11 марта эти райские острова стали в Японии платформой для различных дискуссий и выступлений на разные темы от национальной и международной *кидзуны* и женской самодисциплины до мужского предпринимательства. То, что после мартовской катастрофы Гавайи занимают важное место в культуре Японии, видно, например, по упомянутой ранее вышедшей в 2012 году книге для детей «Танцовщица хула и ее любимая собака Тёко». В отличие от рассмотренной в четвертой главе молодежной литературы, главными героями которой выступают мужчины и мальчики, эта написанная для юных читателей (в первую очередь для учеников начальной школы) история подчеркивает самостоятельность, настойчивость и упорство Риэ, танцовщицы хула в спа-курорте «Хавайянз», и любимой собаки ее семьи — Тёко. В истории, рассказывающей не только о людях, но и о животных, описывается новая категория жертв, оказавшихся в поле зрения после 11 марта. Рассказывая об истории добычи угля в регионе, повествование обращается к воспоминаниям о труде, плоти и промышленности в Тохоку. Обладая критическим потенциалом, книга тем не менее превращается в еще один *бидан* (нравоучительную историю), в которой принципы самопомощи, взаимопомощи и *кидзуны* неутомимо прославляются в воображаемом пространстве Гавайев.

История начинается с рассказа о детстве Риэ в Фукусиме. Впервые посетив спа-курорт «Хавайянз», юная первоклассница Риэ была очарована увиденным — тропическим раем и прекрасными танцовщицами. Впечатление было настолько глубоким, что она начала мечтать о том, как однажды станет танцовщицей хула [Haraigawa 2012: 19–26]. После окончания местной старшей школы она поступила в институт музыки и танца Дзёбан (учебный центр при курорте) и начала свой путь к мечте. Тёко, любимая собака ее семьи, всегда поддерживала Риэ, подбадривала ее и оказывала ей эмоциональную поддержку. Успешно завершив обучение, Риэ была принята на работу в спа-курорт «Хавайянз» и стала сотрудницей «Дзёбан Косан», пойдя по стопам своего прадеда, работавшего на предшествующую той организацию — горнодобывающую компанию «Дзёбан Танко» [Haraigawa 2012: 44–55]. В обстановке очарования Гавайев история раскрывает гендерно дифференцированные устремления молодой девушки, эмоциональную связь между людьми и животными и семейную привычку трудиться.

Катастрофа 11 марта навсегда изменила жизни Риэ и Тёко. После взрыва на атомной электростанции «Фукусима дайити» высокий уровень радиации распространился на соседние населенные пункты, включая поселок Футаба, в котором жила со своей семьей Риэ. Всем его жителям, включая семью Омори, было приказано немедленно эвакуироваться, оставив дома, личные вещи и домашних животных. Хотя сестра, родители и бабушка Риэ перебрались сначала в местный приют, а затем во временное жилье в префектуре Тиба, Риэ решила остаться в Иваки, который находился за пределами зоны эвакуации. Она оказалась разлучена не только со своей семьей — ее любимая Тёко осталась в Футабе, превратившемся к тому времени в поселок-призрак, отравленный радиацией и без каких-либо признаков человеческого присутствия в нем [Haraigawa 2012: 55–71].

После такого драматического поворота событий у истории появляются два рассказчика: Риэ и Тёко. Каждая из них показывает свою личную решимость, упорство и находчивость. Вскоре после того, как Тёко осталась одна, ее одолели одиночество и голод. Когда у нее закончились еда и вода, она отважилась выйти на улицу, подружилась с другими собаками и нашла себе группу поддержки, овладев параллельно со всем этим определенными навыками выживания. Вынужденная выпрашивать еду (у других собак), а иногда даже питаться объедками, Тёко научилась отказываться от завышенных ожиданий и выживать в новых, порожденных кризисом обстоятельствах. Несмотря на многочисленные трудности, она сохраняла надежду, веря, что воссоединится с Риэ [Haraigawa 2012: 73–80, 117–132]. Тем временем Риэ наметила свой собственный план действий. Она присоединилась к туру «Кидзуна» и ездила по стране. При посещении эвакуационного пункта в префектуре Сайтама она неожиданно встретила группу людей, эвакуированных из ее родного города и живущих в переоборудованном для них школьном здании. Во время танца Риэ и ее коллег под успокаивающие мелодии гавайской музыки некоторые зрители плакали, так как вид девушек напоминал им об их «доме» [Haraigawa 2012: 113–117]. Несмотря на описанные в истории различные трудности, с которыми столкнулись герои после 11 марта, конец у нее все же счастливый. После нескольких месяцев разлуки Риэ воссоединилась со своей собакой, когда занимающийся спасением животных волонтер нашел Тёко [Haraigawa 2012: 134–142]. Подчеркивающая значение

кидзуны и прославляющая добродетели самопомощи и взаимо-
выручки история о девушке и ее любимой собаке разворачивается на фоне воссозданных в Тохоку Гавайев.

Когда эта же история пересказывается для взрослых читателей
в сборнике «100 историй», в ней раскрывается другой вид *кидзуны*, а именно эмоциональная связь, объединяющая людей по всей
Японии. История *«Канся но омои о идаки маэ ни сусуму: Фукусима Иваки-си Фура Гару но фуккацу»* («Движение вперед с чувством
благодарности: возвращение танцовщиц хула в город Иваки
префектуры Фукусима») рассказывает про планирование, проведение и окончание тура «Кидзуна». И снова женщины находятся в центре и на переднем крае этой истории. Вскоре после катастрофы, когда девушки хула собрались в институт музыки
и танца Дзёбан, их чувство радости оттого, что они собрались
в своей любимой школе, было омрачено серьезностью ситуации
в регионе. Стремясь внести свой вклад в восстановление, танцовщицы придумали совершить визиты доброй воли в местные
эвакуационные центры. По случайному стечению обстоятельств
состоящее исключительно из мужчин руководство «Дзёбан Косан» рассматривало в это время возможность организации ре-
кламной кампании, чтобы сообщить о «выздоровлении» Тохоку
и вернуть гостей в спа-курорт «Хавайянз». Так на свет появился
тур «Кидзуна», превративший девушек хула в послов доброй
воли и вестников устойчивости [Gakken 2013в, 5: 178].

Как только центральные газеты объявили о начале тура, спа-
курорт «Хавайянз» был завален сотнями запросов, поступающих
со всей Японии. С мая по октябрь 2011 года танцовщицы хула
ездили по островам и выступили более 200 раз [Gakken 2013в,
5: 187]. Это было нелегкое предприятие. Мало того что график
поездки оказался изнурительным, ее участницам приходилось
совершать многочасовые переезды на большие расстояния в маленьких автобусах, набитых костюмами и сценическим реквизи-
том. Девушки танцевали под открытым небом на асфальте, бето-
не или искусственном газоне, а их босые ноги обгорали в летние
месяцы, покрываясь болезненными волдырями [Gakken 2013в,
5: 184]. И все же они не останавливались. Куда бы они ни приеха-

ли, их встречали восторженные зрители. Одни улыбались, другие плакали, но всех их объединяло чувство надежды на восстановление. Исцеляя сердца и даря улыбки, девушки хула устанавливали прочную эмоциональную связь по всей Японии.

Тур оказал преобразующий эффект не только на зрителей, но и на танцовщиц и сотрудников спа-курорта «Хавайянз». Благодаря своим выдающимся лидерским качествам Риэ стала лучшей танцовщицей труппы, заслужив привилегию выступать сольно, а также использовать гавайское сценическое имя Риэ Моана [Gakken 2013в, 5: 194–195][5]. Поездка повлияла и на других девушек. Более опытные танцовщицы разделяли между собой обязанности по планированию и организации каждого выступления, в то время как их менее сведущие коллеги перенимали опыт, наблюдая за старшими. Персонал курорта внес в успех тура свой вклад, перетаскивая тяжелое оборудование, устанавливая сцену и убирая ее после каждого выступления [Gakken 2013в, 5: 185]. Всеми ими двигала идея, заложенная в выражении «*итидзан икка*» («одна гора, одна семья»), традиционной пословицы Дзёбана, прославляющей семейное единство работодателей и работников [Gakken 2013в, 5: 180]. Эта народная максима из Дзёбана вскоре была объединена с другой максимой, родом с Гавайев. Новая программа курорта была названа «Махало» (гавайское слово, означающее заботу, уважение и благодарность), что подразумевало постоянно растущий круг признательности и *кидзуны*, распространяющийся из Фукусимы по всей Японии и за ее пределы [Gakken 2013в, 5: 195–196].

Когда девушки хула вновь появляются в сфере делового дискурса, представление о нации и бедствии начинает меняться: танцовщицы отказываются от своих законных мест на сцене и отходят в сторону, а на их место выходят руководители-мужчины «Дзёбан Танко» и «Дзёбан Косан». Книга Симидзу «Почему у "Гавайев Тохоку" получилось V-образное восстановление: чудо спа-курорта "Хавайянз"» представляет собой рассказ о корпоративном кризисе и выживании для читателей деловых журналов.

---

[5]   Моана значит «море» или «океан».

Оформление этой книги отражает удивительную связь между управленческой властью, экономической устойчивостью и Гавайями. На суперобложке (*оби*) — важнейшем рекламном инструменте в японском издательском мире — напечатана фраза *Гяккё ни кацу кигё но "сокодзикара"* («Сила корпоративной устойчивости к неблагоприятным условиям»), сопровожденная изображением девушек хула, выступающих на сцене в красных и белых юбках из травы. Идея такого оформления ясна: устойчивость бизнеса — это вопрос эффективного использования женских тел руководителями-мужчинами.

Для погружения в контекст Симидзу начинает с краткого обзора истории региона. Угольное месторождение Дзёбан, разработка которого началась в XIX веке, было известно низкосортным углем и подземными термальными водами, препятствующими его добыче. Несмотря на такие неблагоприятные условия, благодаря своей близости к находящейся в центре страны равнине Канто, регион стал ведущим поставщиком энергии. Среди горнодобывающих компаний, работающих в этом регионе, были «Иваки Танко» и «Ирияма Сайтан», основанные в 1884 и 1885 годах соответственно. В 1944 году, на фоне усиления военных действий, они объединились в «Дзёбан Танко». Во время Второй мировой войны и в первые послевоенные годы угольная промышленность процветала, так как военная мобилизация и послевоенное восстановление опирались на уголь в качестве основного топлива. Однако в конце 1950-х годов, когда «энергетическая революция» привела к внезапному переходу с отечественного угля на зарубежную нефть, угольный бум резко сошел на нет, в связи с чем «Дзёбан Танко» столкнулась с серьезным кризисом. Чтобы сохранить заработок для почти 60 000 шахтеров и их семей, необходимо было разработать новую стратегию [Shimizu 2018: 54–56].

Человеком, который предпринял шаги по сдерживанию кризиса, был Ютака Накамура, харизматичный предприниматель с яркой индивидуальностью и первый из трех героев книги Симидзу. Занимавший в тот момент пост вице-президента «Дзёбан Танко», он был в компании человеком со стороны. Сын владельца небольшой угольной шахты в префектуре Сага, Накамура изучал экономику в Токийском императорском университете и работал в начале своей карьеры в «Ирияма Сайтан». Прозванный «императором Накамурой», он был известен своим деспотизмом по отношению к руководителям, но щедростью и добротой к рядовым сотрудникам [Shimizu 2018: 56–57]. То ли вопреки своему статусу постороннего, то ли в связи с ним, Накамура оказался серьезно обеспокоен судьбой местных шахтеров, которым предстояло потерять работу. Чтобы смягчить последствия кризиса, он начал реорганизацию «Дзёбан Танко», создав дочерние компании в сфере строительства, электроснабжения, консалтинга, медицины и сбыта продуктов питания. Проблема низкосортного угля была превращена в преимущество, когда в 1955 году была открыта тепловая электростанция «Дзёбан джоинт пауэр компани» [Shimizu 2018: 60]. Задуманная как совместное предприятие, новая электростанция была построена в партнерстве с другими представителями энергетической отрасли, включая «ТЕРСО», чье название позже станет синонимом ядерного инцидента 2011 года на Фукусиме. Хотя Симидзу не упоминает об этом, строительство нового завода оказалось достаточно важным событием, поскольку в 1961 году его посетили наследный принц Акихито и наследная принцесса Митико [Jōban 2005: 45]. Предпринимательская жилка Накамуры проявилась и в другом. Дзёбан был известен своими горячими источниками, препятствующими подземной добыче полезных ископаемых. Размышляя о том, как превратить проблемное предприятие в источник прибыли, Накамура решил создать посреди угольного месторождения геотермальный курорт [Shimizu 2018: 61–66].

Рассказанная Симидзу история создания Гавайского центра Дзёбан (переименованного в 1999 году в спа-курорт «Хавайянз») воспринимается как захватывающее приключение одного мужчины, действовавшего на переднем крае туристического бизнеса. Столкнувшись с беспрецедентным кризисом, Накамура неустрашимо следовал идеям самопомощи, предпринимательства и корпоративной лояльности с тем, чтобы спасти Дзёбан. Предложив создать масштабный курорт, он настаивал на применении для этого принципа «*дзимаэ*», или опоры на собственные силы. В связи с тем, что у него отсутствовал какой-либо строительный опыт, он изучил соответствующую литературу и достиг определенного уровня знаний в архитектуре. Планируя использовать технологию применения ромбовидных консолей, он разработал проект гигантской купольной конструкции, в которой должно было разместиться главное здание курорта [Shimizu 2018: 68–69]. В поисках новых подходов и решений Накамура отправился в Соединенные Штаты, чтобы там посетить тематические парки и места отдыха и узнать о методах работы в индустрии гостеприимства. На Гавайях он увидел, что главной туристической достопримечательностью там является представление в полинезийском стиле. Вернувшись в Японию, всегда изобретательный Накамура придумал ставшую известной фразу «Сэн-эн моттэ Хаваи ни ико» («На Гавайи за 1000 иен»), вызвав к возможности такого путешествия всеобщий интерес. Этой фразой он также приглашал потенциальных гостей посетить его новое детище [Shimizu 2018: 70–74].

В основе проекта Накамуры лежал лозунг «итидзан икка» («одна гора, одна семья»). По его замыслу, бывшие шахтеры должны были работать на новом курорте за стойками регистрации, их жены — отвечать за уборку и обслуживание номеров, а их сыновья — готовить на кухне [Shimizu 2018: 77–80]. Отвергнув предложение о найме профессиональных танцовщиц из Токио, он настоял на том, чтобы они были набраны из числа дочерей шахтеров [Shimizu 2018: 85]. В результате в 1965 году был открыт институт музыки и танца Дзёбан для обучения группы местных девушек — в основном практически не имеющих танцевального опыта подростков — танцам в гавайском и таитянском стилях. Девушек готовили к грандиозному дебюту, который должен был состояться всего через десять месяцев. В результате Накамура не прогадал. Открыв свои двери в 1966 году, в первый же год своего функционирования Гавайский центр Дзёбана принял более 1,2 миллиона посетителей, что намного превысило предполагаемые 800 000 [Shimizu 2018: 90]. Курорт стал ведущим экономическим игроком региона, обеспечивая работой бывших шахтеров, их детей и внуков и воплощая в жизнь подход, заложенный в лозунге «итидзан икка».

Впервые проявившаяся во время угольного кризиса 1950-х и 1960-х годов традиция мужского лидерства, самостоятельности и преданности региону была (снова) мобилизована после ядерной катастрофы 11 марта 2011 года. Президентом «Дзёбан Косан» (ранее — «Дзёбан Танко») тогда был Кадзухико Сайто, второй герой книги Симидзу. Заложенная в лозунге *итидзан икка* идея связи с регионом и семейной преданности произвела еще более сильное впечатление на Сайто, чьи отец и дед работали на «Дзёбан Танко». Столкнувшись с очередным беспрецедентным кризисом, Сайто приступил к действиям. По словам Симидзу, организовать автобусный тур предложил именно Сайто, а не девушки хула. Вынужденный закрыть курорт по причине вызванных повторным подземным толчком 11 апреля структурных повреждений, Сайто увидел в сложившейся ситуации не проблему, а «инвестиционную возможность». Воспользовавшись перерывом, он решил отправить сотрудников для переподготовки в другие отели и на другие курорты, а танцовщиц хула — в рекламный тур по стране [Shimizu 2018: 27–29]. Его инвестиции окупились. Кампания сделала танцовщиц еще более популярными, превратила курорт в символ устойчивости («курорт *кидзуны*») и привлекла после его торжественного открытия заново в 2012 году беспрецедентное количество посетителей [Shimizu 2018: 16–17]. Обеспечив превосходные показатели восстановления «Дзёбан Косан», Сайто проявил себя как эффективный антикризисный менеджер и проницательный руководитель.

Под руководством Сайто оказалось возможным подчеркнуть исключительное значение Гавайев, а также всего тихоокеанского региона. После его успешных переговоров с Министерством иностранных дел Японии в 2015 году в спа-курорте «Хавайянз» состоялась седьмая встреча лидеров островов Тихого океана. В форуме, впервые состоявшемся в 1997 году и проводимом с тех пор каждые три года, принимают участие лидеры Японии и других стран Тихоокеанского региона (Самоа, Фиджи, Палау, Соломоновых островов и других). Они собираются с тем, чтобы обсудить различные вопросы, от противодействия стихийным бедствиям и экономической помощи до развития туризма. Для

«Дзёбан Косан» и города Иваки международная конференция такого масштаба стала существенным экономическим благом. Проходивший под председательством премьер-министров Японии Синдзо Абэ и Палау Томми Ременгесау форум дал возможность установить *кидзуну* со всем регионом. После обещания Абэ выделить экономическую помощь в размере 55 миллиардов иен, лидеры островных государств выразили глубокую благодарность. Пообещав укрепить региональный альянс в тихоокеанском регионе, все участники согласились содействовать «международному обмену для установления связей между людьми» [Ministry of Foreign Affairs 2019]. Уровень праздничности атмосферы был поднят выступлением танцовщиц хула, чьи таланты по установлению *кидзуны* на этот раз были задействованы с целью ознаменовать создание международного альянса. На этом хорошие новости не закончились. В результате успеха седьмого форума местом следующей, восьмой встречи лидеров Тихого океана был снова выбран спа-курорт «Хавайянз» [Shimizu 2018: 45–48]. Оказавшись образцовым руководителем, Сайто был выбран Японским агентством по туризму в качестве одного из 100 «*канко карисума*» (харизматичных лидеров индустрии туризма) [Kokudo 2019]. В опубликованном интервью, частью заголовка которого оказалась фраза *Хура гару ва нигэнаи* («Девушки хула никогда не сбегут»), Сайто объяснил свой успех и успех «Дзёбан Косан» воплощением в жизнь принципа *итидзан икка*. Он утверждает, что даже перед лицом ядерной катастрофы ни один сотрудник спа-курорта «Хавайянз», включая танцовщиц хула, не пытался сбежать; все они остались на своих местах, делая все возможное для того, чтобы помочь компании воплотить в жизнь подход «одна гора, одна семья» [Nikkei Business 2011].

Симидзу завершает свою книгу рассказом о третьем и последнем ее герое — Иноуэ Наоми, которому Сайто передал эстафету в 2013 году. Выпускник Токийского университета и бывший исполнительный директор «Мидзухо файнэншиэл груп», Иноуэ стал «свежей кровью», намеренно привлеченной для того, чтобы помочь запустить новый этап реструктуризации компании [Shimizu 2018: 140–141]. В «восстанавливающейся после бедствия»

Японии спа-курорту «Хавайянз» необходимо было откорректировать свои методы работы, отремонтировать развлекательные объекты и обеспечить свое выживание. Чтобы сделать курорт «еще более гавайским», Иноуэ ввел ряд изменений. Сотрудники сменили свою серую униформу на новую одежду в гавайском стиле и стали использовать для приветствия гостей *шака* (приветственный жест рукой, используемый на Гавайях). Для повышения радости, гордости и удовольствия, получаемой уборщицами от своей незаметной работы, их команды стали называться «*Алоха* ангелы» [Shimizu 2018: 143–146]. Был открыт новый сувенирный магазин «Танцовщицы гавайского хула», в котором продавались разнообразные товары, от кукол хула и календарей до DVD-дисков [Shimizu 2018: 156–157]. Частью плана Иноуэ по получению прибыли стал даже местный диалект, *ВИваки-бэн*. Набранный из местных жителей и говорящий на местном диалекте работающий с туристами персонал должен был создать неспешную, расслабляющую и экзотическую атмосферу, которую посетителям спа-курорта предстояло оценить по достоинству [Shimizu 2018: 191].

Работая в эпоху «вуменомики», Иноуэ внимательно рассматривал вопросы, касающиеся женщин, эффективное привлечение которых является в эпоху глобализации ключом к корпоративному успеху. Были созданы руководящие должности для женщин, чье видение ситуации использовалось для привлечения большего числа туристок. Начала использоваться новая практика вторичного трудоустройства под названием «*Охана*» (гавайский термин, обозначающий разветвленные семейные и дружеские связи), когда завершивших карьеру танцовщиц переводили на работу в качестве встречающих гостей сотрудников, инструкторов и администраторов [Shimizu 2018: 147–155]. В результате этих изменений Управление по вопросам гендерного равенства при правительстве префектуры Фукусима отметило спа-курорт «Хавайянз» как одно из «рабочих мест, учитывающих интересы женщин» [Fukushima-ken 2019]. Покинувшая сцену в 2016 году Риэ была принята на работу проректором института танца и музыки Дзёбан. Являющаяся одним из символов курорта, она продолжает продвигать его как воплощение *кидзуны*, «*итидзан икка*» и «*ияси но тикара*» («силы исцеления») [Shōkō jānaru 2017]. Как говорит в заключение Симидзу, «Дзёбан Косан» и спа-курорт «Хавайянз» успешно сохраняют наследие прошлого, вырабатывая одновременно новый, соответствующий XXI веку корпоративный имидж [Shimizu 2018: 196–198].

Открытие и возрождение в Дзёбане расы, гендера и империи

Рассказы о семье, единстве и верности, героями которых являются танцовщицы, руководители и даже домашние животные, находят отклик в Японии после катастрофы, предлагая вдохновляющее видение женщин и мужчин, шахтеров и менеджеров, местных и неместных, и даже людей и животных, объединяющихся для оказания материальной и эмоциональной поддержки друг другу во время кризиса. Устаревшее представление об «*итидзан икка*» — чья идея пожизненной связи между работодателями и наемными работниками уже не является реальностью в неолиберальной экономике, все больше зависящей от мобильности рабочей силы, — в настоящее время переосмыслено с тем, чтобы добавить ощущение вневременного и аутентичного в процесс выстраивания *кидзуны* внутри семьи, общества, корпораций и страны после катастрофы. Гавайи предлагают экзотическую обстановку, в которой можно продемонстрировать эту фантазию о единении, усиливая ее дискурсивный эффект и увлекая людей в ее соблазнительные объятия. При этом при углублении в историю Дзёбана легендарный нарратив о «*итидзан икка*», явно присутствующий как в историях о корпоративном управлении, в центре которых находятся мужчины, так и в историях об эмоциональных связях, в центре которых находятся женщины, начинает раскрываться с другой стороны. На угольном месторождении этого региона похоронены воспоминания о физической эксплуатации мужчин и женщин, находящихся на задворках общества, чьи истории бросают вызов любому утешающему представлению о единстве и гармонии и подрывают его.

В существующем дискурсе о спа-курорте «Хавайянз» «Дзёбан Танко» и «Дзёбан Косан» описываются как «*дзиба сангё*», тип местной промышленности, имеющей длинную историю деятельности в регионе. Однако при ближайшем рассмотрении оказывается, что история «Дзёбан Танко» и «Дзёбан Косан» неразрывно связана с историей Японской империи. Альтернативный вариант изложения событий таков: созданные в конце XIX века «Иваки Танко» и «Ирияма Сайтан», ставшие основой появившегося позднее «Дзёбан Танко», входили в состав «*дзайбацу*», семейных конгломератов, экономическая деятельность которых была неотъемлемой частью зарубежной экспансии Японии. Управляемые дзайбацу Асано и дзайбацу Окура соответственно, эти две компании диверсифицировали свою деятельность. В том числе начиная с 1910-х годов, они занимались добычей угля в Дзёбан. В 1920-х годах когда начался экономический спад, в Дзёбане выросло количество производственных конфликтов. Подобная ситуация наблюдалась и в других шахтерских сообществах на Кюсю и Хоккайдо. Чтобы сдержать протесты и обеспечить непрерывность производства, в оборот был введен слоган «*итидзан икка*», продвигающий гармонию и способствующий консенсусу между трудящимися и руководством.

В 1930-х и 1940-х годах, по мере усиления экспансионистских устремлений, спрос на уголь резко возрос. В 1944 году, в связи с экономическими трудностями военного времени, произошло слияние «Иваки Танко» и «Ирияма Сайтан» и была создана «Дзёбан Танко». Поражение Японии в 1945 году принесло Дзёбану еще больше перемен. Поскольку возглавляемая США «демократизация» привела к ликвидации *дзайбацу*, это неизбежно сказалось на «Дзёбан Танко», руководящий персонал которой был снят со своих должностей и заменен новым набором руководителей, имеющих связи на местах [Shimazaki 2010: 183–185]. Новой организации потребовалась новая идентичность, в связи с чем она начала переписывать свою историю в качестве «*дзиба сангэ*», местного предприятия, практически никак не связанного с павшей империей, причинившей столько вреда как внутри страны, так и за рубежом. Это переписывание истории «Дзёбан

Танко» соответствовало послевоенному преобразованию Тохоку. Регион, долгое время воспринимавшийся в качестве постороннего или даже изгоя, теперь стал антитезой разрушенной империи и противоядием от ее влияния, «лучшим местом для выработки в Японии послевоенных ценностей» [Hopson 2017: 2]. Обеспечивая экономическое и дискурсивное топливо для возрождения страны, «Дзёбан Танко» приобрела новое значение, что было ознаменовано в августе 1947 года визитом в регион императора Хирохито, событием, вызвавшим восторг у местных шахтеров [Ikari 2002: 163].

Несмотря на это послевоенное переписывание истории, Дзёбан, несомненно, является частью экспансионистского прошлого Японии, пусть и в качестве периферийного и подчиненного региона, главной функцией которого было обеспечение центра ресурсами[6]. О его колониальном прошлом свидетельствует присутствие на его угольных шахтах во время войны корейских рабочих. До 1945 года в угольной промышленности Японии использовался их труд. Некоторые из них проживали на территории Японии изначально, остальные приехали из Кореи, Маньчжурии и с Сахалина. Хотя масштаб их привлечения в Дзёбан был намного меньше, чем на Кюсю и Хоккайдо, корейские шахтеры явно были частью ландшафта этого региона. Безотносительно к проходящим в современной Японии дебатам о «добровольном» или «недобровольном» характере корейского труда в военное время, его использование было неотделимо от политики империи, же-

---

[6] Неравноправные отношения между Токио и Тохоку, в которых до 1945 года живущие на периферии люди выполняли функцию поставщика основных ресурсов (угля) в центр страны, сохранялись и в послевоенные десятилетия. В 1960-х годах Фукусима была выбрана в качестве одного из мест производства ядерной энергии в Японии. Строительство атомных электростанций в Фукусиме, риторическим обоснованием которого послужила развернутая в США во времена холодной войны кампания «Атом для мира», а материальной основой — американские технологии и техники, сделало Фукусиму поставщиком ядерной энергии для потребителей в центре страны, которые находились на безопасном расстоянии от потенциальной угрозы и, как показали события 11 марта, от реальной и смертельной опасности, связанной с производством ядерной энергии [Kainuma 2011: 188–192; Yoshimi 2012: 19–46].

стокость которой постоянно нацеливалась на их тела как на колонизированных «других» [Yamada et al. 2005][7].

Воспоминания бывших корейских шахтеров дают представление о структуре гендера, нации и империи в Дзёбане во время войны, выявляя заметные изъяны основополагающего нарратива о «*дзиба сангё*» и «*итидзан икка*». Шахтеры не только пережили принудительное перемещение, но и, оказавшись в Дзёбане, подверглись эксплуатации в качестве дешевой рабочей силы, а также вызванной расовыми и национальными предрассудками дискриминации[8]. Условия труда в шахтах были суровыми, что часто приводило к несчастным случаям, травмам и даже смерти [Nagasawa 1988: 69–70]. Заработная плата корейских шахтеров, работавших сверхурочно, была ниже, чем у их японских коллег. Их и без того скудный заработок дополнительно уменьшался принуждением участвовать в патриотических акциях по сбору средств, что не давало им возможности накопить достаточно средств, чтобы вернуться на родину, но давало Японии возможность финансировать войну [Nagasawa 1987: 27, 30]. Неизменно вызывающие подозрение корейские шахтеры постоянно находились под наблюдением: руководство, полиция (включая специальную полицию Токко) и люди вокруг следили за каждым их шагом [Nagasawa 1987: 5].

Воспоминания бывших корейских шахтеров оказываются бесценными при изучении наследия империи в Дзёбан. Вот что рассказывал один из рабочих «Ирияма Сайтан» и «Иваки Танко». В 1943 году, после угроз о том, что, если он откажется ехать, вместо него в Японию будет отправлен его отец, его увезли из его дома в Корее. Оказавшись в Дзёбане, он работал в шахтах, где

---

7 О споре между японским и корейским правительствами о мобилизации рабочей силы в военное время см., например, [Times 2018].

8 Свидетельства корейских рабочих, мобилизованных во время войны в Японии для работы в различных отраслях промышленности, включая угольную, строительную, обрабатывающую промышленность и вооруженные силы, см., например, в [Hyakumannin 1999; Chōsenjin 1992]. Истории бывших корейских шахтеров, работавших в Дзёбане, см. в [Yamada 2012; Tatsuta 2009; Nagasawa 1987; Nagasawa 1988].

температура была невыносимо высокой, а условия чрезвычайно опасными. Сбитый грузовиком с углем, он получил серьезную травму, но ему так и не разрешили обратиться в больницу. Его зарплата была мизерной, и, как он узнал позже, деньги, которые руководство обещало перевести его семье в Корее, семья так и не получила. Условия проживания были ничуть не лучше. Обращаясь к бывшему заместителем управляющего японцу, он должен был произносить «господин» (*сэнсэй*), что отражало иерархические отношения между колонизаторами и колонизованными. Получая лишь незначительное количество еды, он постоянно испытывал чувство голода. Несмотря на все это, он не пытался бежать. Видя то, как ловили, возвращали и избивали до полусмерти совершивших побег корейцев, он оставался, делая все, что ему приказывали [Tatsuta 2009: 117–118].

Во время войны телесная дисциплина была в Дзёбане в порядке вещей. Еще один бывший шахтер, работавший на «Ирияма Сайтан», вспоминает о своем опыте пребывания в общежитии «Аобарё». Люди были распределены по зданиям этого комплекса в зависимости от того, из какой провинции Кореи они были родом. Им было запрещено переходить из одного здания в другое для того, чтобы встретиться друг с другом. Если они пропускали работу по причине травмы или по болезни, их порция еды сокращалась, и им часто выдавались только ее остатки [Nagasawa 1988: 64]. Бывший японский надзиратель жилых корпусов «Нагакурарё» при «Иваки Танко» подтверждает наличие большого количества правил. На предприятии была установлена иерархия по образцу военной, в соответствии с которой японские надзиратели были назначены «командирами батальонов», их японские помощники — «командирами взводов», а корейские рабочие — «пехотинцами» [Nagasawa 1988: 65]. С целью подготовить корейских шахтеров физически и обеспечить их духовно-нравственным воспитанием с тем, чтобы они стали должным образом дисциплинированной рабочей силой, были наняты японские ветераны войны и унтер-офицеры [Nagasawa 1987: 24].

Насильственный характер труда в военное время прослеживается также в различных методах, использовавшихся для предотвращения бегства корейских шахтеров. Чтобы уж точно никто не осмелился попытаться сбежать, здания в «Аобарё» обнесли двухметровыми деревянными стенами, поверх которых была натянута колючая проволока [Yamada 2012: 234]. В соседнем городе Юмото располагался корейский бордель, с которым была заключена договоренность на оказание сексуальных услуг корейским шахтерам в рамках еще одной стратегии сдерживания, направленной на подрыв их воли, а также финансовых возможностей для бегства [Nagasawa 1988: 65]. Письма работающих на шахтах регулярно проверялись, а за близлежащими железнодорожными станциями велось тщательное наблюдение [Nagasawa 1988: 77–78]. В воспоминаниях шахтеров неоднократно упоминается, с какой частотой и с какой жестокостью происходили избиения [Yamada 2012: 235]. Очевидно, что угольное месторождение Дзёбан было местом, изобилующим насилием, что противоречило декларируемому «дзиба сангё» и «итидзан икка».

Анализ восприятия расы, нации и империи, имеющий решающее значение для понимания ландшафта Дзёбана, столь же важен и для переосмысления истории девушек хула, драгоценного символа устойчивости и кидзуны в пережившей катастрофу стране. Популяризация спа-курорта «Хавайянз», инициированная вышедшим в 2006 году фильмом «Девушки, танцующие хулу», а затем ускорившаяся в результате мобилизации после событий 11 марта, привлекла внимание к первому поколению танцовщиц хула, вышедших на сцену для того, чтобы спасти регион от последствий кризиса угольной промышленности в 1950-х и 1960-х годах. (Новое) открытие этих «праматерей» усилило притязания женщин на стойкость, верность и самоотверженность. Риэ утверждает, что с учетом наследия этих женщин, «итидзан икка» следует воспринимать не просто как местную традицию, но как часть «ДНК», которая передается от одного поколения женщин другому [Shōkō jānaru 2017: 63–64]. Однако в процессе более тщательного рассмотрения становится ясно, что опыт первого поколения девушек хула еще больше усложняет нарратив «одной горы, одной семьи», привнося в угольное месторождение Дзёбан дополнительную динамику, связанную с телом, нацией и империей.

Как уже упоминалось, идея строительства тропического курорта в Тохоку возникла у Ютаки Накамуры, патриархального руководителя «Дзёбан Танко». Приступая к реализации своего проекта, он был хорошо осведомлен о другом предприятии подобного характера — ревю «Такарадзука» в Западной Японии. В 1913 году крупный бизнесмен Итидзё Кобаяси создал состоящую исключительно из женщин театральную труппу для того, чтобы спасти свой провальный проект спа-курорта в Такарадзуке под Осакой и увеличить продажи билетов на поезда своей железнодорожной компании «Ханкю». Ревю «Такарадзука», в номерах которого присутствовали идеи расизма, национализма и экспансионизма, впоследствии стало «главной технологией японского империализма» в Японии довоенного и военного периодов [Robertson 1998: 4–5, 9]. Зная, что ревю «Такарадзука» славилось своими изысканными и утонченными представлениями, Накамура говорил, что его проект в Тохоку будет другим, поскольку обеспечит развлечения «с налетом простоты» (*сёминтэки на фунъики*) для рабочего класса [Shimizu 2018: 92]. Он утверждал, что именно вид дочерей шахтеров, танцующих и обливающихся потом на сцене, тронет сердца гостей и обеспечит успех курорту [Shimizu 2018: 86]. Именно в Дзёбане, где всего несколько лет тому назад корейские шахтеры проливали пот и кровь, тела местных женщин должны были теперь поддерживать экономику региона. Однако, несмотря на свои первые заявления о том, что новый проект будет отличаться от «Такарадзука», Накамура назвал свое заведение *Дзёбан но Такарадзука* («Такарадзука в Дзёбане»), раскрыв тем самым общую черту обоих проектов, в которых женский труд был использован в качестве основного источника прибыли, получаемой мужчинами [Ikari 2002: 81].

Важно отметить, что проект Накамуры в Дзёбане был связан не только с «Такарадзука», расположенным на западе Японии, но и с Гавайями, расположенными в центре Тихого океана, что снабдило основополагающий нарратив о его предприятии еще одним набором тел. В это же время Гавайи, ставшие в 1959 году еще одним штатом США, превращаются для японцев в главный объект туризма, набирая популярность в связи с освещением в СМИ поездок на эти острова знаменитых японцев, в том числе наследного принца Акихито и наследной принцессы Митико. Свадьба принца и принцессы в 1959 году, когда ставшая принцессой девушка из народа воплотила собой демократизацию японских женщин и феминизацию демократической Японии, породила так называемый «бум Митти (Митико)» [Bardsley 2014][9]. Состоявшаяся в 1960 году вскоре после их широко освещаемой церемонии бракосочетания поездка молодых супругов на острова вызвала большой интерес к Гавайям и повысила их авторитет [Yaguchi 2011: 105]. В 1964 году, когда на Гавайи отправился Накамура, в его путешествии по островам ему помогали местные американцы японского происхождения. Приезд Накамуры на Гавайи был организован Дэниелом Иноуэ, сенатором США от Гавайев, который представил его Хаясиде Акиёси, директору международного отдела по вопросам гостиничного бизнеса при Бюро по туризму на Гавайях [Ikari 2002: 36–39][10]. Налаженные таким образом связи оказались крайне важны. Хаясида не только отвез Накамуру в Полинезийский культурный центр, недавно открытый парк отдыха, вскоре ставший туристической меккой островов, но и поделился своими обширными знаниями в сфере гостиничного бизнеса. Именно он назвал новый проект в Тохоку «Гавайский центр Дзёбана», став его своего рода крестным отцом.

То, что Накамура связался с проживающими на Гавайях американцами японского происхождения, не было случайностью. В первые послевоенные годы местное иммигрантское сообщество переживало заметный подъем в качестве «образцового меньшинства». Положение японских иммигрантов (*иссэй*), прибывших на

---

[9] Особенный интерес представляет пятая глава.

[10] В своих воспоминаниях Икари упоминает «сенатора (американца японского происхождения) с Гавайев», с которым Накамура связался в 1964 году для того, чтобы посоветоваться о предполагаемой поездке на острова. Хотя Икари не называет имени этого человека, это должен быть Дэниел Иноуэ, поскольку в то время он был в Сенате США единственным американцем японского происхождения.

острова в конце XIX века, и их родившихся в Америке детей (*нисэй*) было на Гавайях «двойственным, неустойчивым и ненадежным» [Azuma 2005: 6][11]. Эмигрировавшие сюда японцы проживали на удерживаемой США территории в Тихом океане, где Соединенные Штаты и Япония стремились реализовать свои экспансионистские амбиции. Здесь они были объектом расовых и национальных предрассудков, а также подвергались дискриминации со стороны Соединенных Штатов. В то же время они олицетворяли собой в регионе имперский натиск Японии [Fukushima 1958: 10–11, 92–93]. Нанятые в качестве дешевой рабочей силы на сахарных и ананасовых плантациях, они были «иммигрантами-переселенцами», подчинявшимися порядкам белых американцев. При этом они оказались причастны к экономической активности, в результате которой коренных жителей островов вытесняли с мест их проживания и лишали собственности [Fujikane 2008: 1–42]. После Второй мировой войны общественное представление об американцах японского происхождения начало меняться, поскольку холодная война превратила Гавайи в штаб-квартиру США, откуда осуществляется руководство проводимыми в регионе операциями. К тому времени, когда в 1964 году Гавайи посетил Накамура, ставшая официальной частью США территория не только представляла собой исключительную ценность с военной точки зрения, но и занимала ключевое место в направленных «на установление отношений между людьми» культурных стратегиях холодной войны, что предполагало близость и налаживание связей с представителями других рас и национальностей в рамках стратегии по созданию альянсов. Американцы японского происхождения оказались в эти годы ценным активом, как потому, что они обладали знаниями о Японии, важном союзнике США, так и потому, что их инклюзия в качестве меньшинства подтверждала заявления США о том, что те являются поборниками расового равенства и демократии.

---

[11] Среди японцев, иммигрировавших на Гавайи, имелись выходцы из Фукусимы. Историю иммиграции на острова из Фукусимы см., например, в [Fukushima 1958].

Дэниел Иноуэ был воплощением этой послевоенной трансформации американцев японского происхождения. Добившись известности на местном, а затем и на национальном уровне, будучи героем войны, этот нисэй использовал для реализации своих амбиций свое собственное тело. Потеряв во время Второй мировой войны на поле боя правую руку, Иноуэ использовал ее отсутствие в качестве неоспоримого доказательства своего патриотизма, и тем самым заявлял о своей мужской доблести, бросал вызов антияпонскому расизму и получал возможность участововать в политической жизни страны. Построив выдающуюся карьеру в Сенате США, где он проработал без перерыва с 1962 по 2012 год, популярный демократ, борец за гражданские права, посмертно награжденный Президентской медалью Свободы, Иноуэ направил на реализацию военных проектов на Гавайях огромное количество федеральных долларов и превратил острова во время холодной войны в полицейское государство [Ferguson, Turnbull 1999: 155–198]. После его смерти в 2012 году память о нем была воплощена в названии принятого на вооружение ВМС США эсминца класса «Арли Берк» «Дэниел Иноуэ» (DDG-118), спонсором строительства которого выступила вдова политика Айрин Хирано Иноуэ.

Хаясида Акиёси, которому представил Накамуру Дэниел Иноуэ, инициировал послевоенный подъем американцев японского происхождения по-другому. Если Дэниел Иноуэ главенствовал в превращении Гавайев в милитаризованное государство, Хаясида сыграл важную роль в превращении островов в туристическую мекку. Бывший стипендиат программы Фулбрайта в Японии, Хаясида, проработав в Департаменте образования территории Гавайи почти три десятилетия, сменил после Второй мировой войны преподавательскую карьеру на карьеру в гостиничном бизнесе. Назначенный директором международного отдела по вопросам гостиничного бизнеса при Бюро по туризму на Гавайях, он настойчиво занимался продвижением Гавайев как главного места притяжения для туристов, приезжающих со всего мира. Таким образом, американцы японского происхождения сыграли важную роль в послевоенном развитии на Гавайях милитаризма и туризма.

По мере того как американцы японского происхождения выходили из тени предвоенного и военного расизма и ксенофобии, их послевоенный успех значительно контрастировал с дальнейшей маргинализацией коренного населения островов. Смена экономической и политической власти после войны и после получения статуса штата, в результате которой оформившаяся в XIX веке тенденция вытеснения коренных гавайцев с мест их проживания и лишения их собственности не претерпела никаких изменений, привела к отчуждению у коренного населения земли, культуры и истории. Расхождение путей этих двух «цветных» сообществ отражает сложные отношения между иммигрантами — переселенцами из Азии и коренным населением Гавайев [Saranillio 2010]. После визита Накамуры на Гавайи эта непростая история тела, расы, нации и империи стала также частью истории Гавайского центра Дзёбана, открытого им в Японии.

По возвращении Накамуры в Дзёбан его работа по подготовке проекта осложнилась динамикой, в центре которой оказались женские тела. Преисполненный решимости показать в новом заведении выступление дочерей шахтеров, он утверждал, что дух Дзёбана можно сохранить только в том случае, если на сцену выйдут те, кто «вырос, вдыхая и выдыхая воздух угольных месторождений», и в ком «течет кровь шахтеров» [Ikari 2002: 70–71]. Тем не менее в такой сельской общине, как Дзёбан, где «выступать на сцене» считалось позорным для девушек занятием, его план вызвал вопросы о пристойности — гендерного и сексуального характера — предполагаемых выступлений. Хотя некоторые девушки проявили к ним интерес, другие отвергли их идею как слишком постыдную или даже абсурдную. Набор персонала проходил чрезвычайно тяжело. Когда в поисках потенциальных танцовщиц рекрутеры приходили к местным шахтерам домой, их часто прогоняли прочь и, если им везло, просили прийти ночью, так, чтобы об этом не узнали соседи [Shimizu 2015: 145–146]. В то время как некоторые родители отдавали своих дочерей на благо местного сообщества «добровольно», другие были категорически против этого. Один отец, узнав, что его дочь тайно записалась в танцовщицы, выплеснул на нее ведро воды и закричал: «Танцы голышом (*хадака одори*)! Что ты делаешь? Если ты немедленно не откажешься, я отрекусь от тебя, неблагодарное дитя (*коно ояфукомоно*)!» [Shimizu 2015: 88–91]. Презрение было повсеместным. Выступление девушек высмеивали, называли его «крутить попой» («*косифури одори*») и «голопузые танцы» («*хэсодаси одори*») [Shimizu 2018: 84]. Опасаясь негативной реакции других, некоторые танцовщицы держали свою работу в секрете от своих семей, родственников и друзей [Shimizu 2015: 89]. Даже десятилетия спустя быть танцовщицей в спа-курорте было показателем скорее неудачи, чем успеха. В местных школах учителя регулярно отчитывали учениц, говоря им (или пугая их), что, если они не будут учиться усерднее, они будут работать танцовщицами [Shimizu 2015: 133]. До тех пор, пока вышедший в 2006 году фильм «Девушки, танцующие хулу» не поднял престиж курорта, как набор, так и удержание персонала оставались серьезной проблемой. Представления местных шахтеров о женском теле, в соответствии с которыми сохранение гендерно-сексуальных приличий имело основное значение, не совпадали с мнением Накамуры, главной заботой которого было эффективное использование определяемого гендерными и классовыми особенностями работников труда.

В конце концов Гавайский центр Дзёбан набрал первую группу танцовщиц из 18 девушек. Их собственные рассказы дают представление о гендерно дифференцированном и дифференцирующем подходе, существовавшем в первые годы работы курорта. Бывшие танцовщицы, говоря о своей работе девушек хула, намеренно ее хвалят. Они с ностальгией рассказывают о том, как они радовались тренировкам, где их готовили стать профессиональными танцовщицами — немыслимое прежде дело для отдаленного горнодобывающего района. С нескрываемым восхищением и слепым обожанием они вспоминают о Накамуре, своих инструкторах и других людях, обеспечивающих работу Гавайского центра Дзёбана в первые годы его работы. И все же их рассказы также указывают на различные связанные с гендером, властью или телом процессы, одни менее выраженные, а другие весьма заметные. Рамки и содержание этих процессов не слишком отличаются от тех, что определяли жизнь корейских шахтеров, работавших в Дзёбане всего несколькими годами ранее[12].

Двумя отличительными особенностями института музыки и танца Дзёбан были дисциплина и порядок. Изо дня в день девушки тренировались, ставя перед собой невыполнимую задачу — менее чем за год превратиться в коммерчески успешных танцовщиц. Успех или неудача этого смелого проекта зависели от трех инструкторов, бывших родом из Токио — Кадзуко Хаякавы и Кикуко Сатакэ (хула), а также Киёко Катори (фламенко). Постоянно получая от них выговоры, юные ученицы регулярно плакали. Тех, кому не хватало таланта, или недостаточно усердных, или тех, у кого были проблемы и с тем и с другим, часто наказывали, заставляя стоять в коридоре или не разрешая покидать студию во время перерывов на еду до тех пор, пока они не овладеют необходимой техникой движений [Shimizu 2015: 54–59]. Преображения требовали не только их тела; их сердцам также предстояло стать тренированными. Так, им рекомендовали «влюбляться как можно чаще», объясняя это тем, что романтический опыт должен придать блеск их выступлениям на сцене («*цуя га дэру*») [Shimizu 2015: 103–104]. По настоянию Накамуры, в рамках «*ханаёмэ сюгё*» («подготовки к замужеству») в целях их подготовки к жизни в качестве матерей и жен, им также преподавали множество других предметов, от шитья и искусства чайной церемонии до этикета [Shimizu 2015: 34]. Как только они выходили замуж, их танцевальная карьера немедленно заканчивалась. В соответствии с правилом, введенным с целью поддержания на сцене атмосферы «*сэйдзюн*» — женской невинности и чистоты, им приходилось прощаться со светом софитов и «уходить на покой» [Ikari 2002: 82].

Та же динамика плоти проявлялась и в их нерабочее время. Всем танцовщицам предписывалось жить в общежитии компа-

---

[12] Персональные воспоминания первого поколения танцовщиц Гавайского центра Дзёбана см. в специальном выпуске, [Ōkoshi 2011]. Биографию Оно (Тойота) Эмико, лучшей танцовщицы того времени, см. в [Ōkoshi 2013]. Личные рассказы и воспоминания танцовщиц также см. в [Shimizu 2015].

нии. Это было здание бывшего рекреационного учреждения, принадлежащее «Дзёбан Танко» и находящееся под ее управлением. Общежитие находилось в пустынном месте, окруженном *дзурияма* (грудами угольных отходов) [Shimizu 2015: 48]. Там девушки были переданы под опеку (по сути, надзор) Мацудзиро Кириямы, бывшего чиновника профсоюза и сотрудника «Дзёбан Танко» [Shimizu 2015: 50–51]. Жившего в общежитии со своей женой и тремя дочерьми и известного своим добрым характером Кирияму танцовщицы ласково называли Одзисан (дядя). Несмотря на то что описанное выглядело идиллией, общежитие было пространством, изобилующим правилами и предписаниями. Согласно своду правил, Кирияма и его жена выступали в роли родителей, чьим инструкциям необходимо было следовать [Shimizu 2015: 100]. Танцовщицы могли выходить за пределы территории только по воскресеньям и праздникам и только с разрешения. Обычно их отпускали навестить родителей, которые были обязаны сообщать о местонахождении своих дочерей. Вокруг общежития была натянута колючая проволока, то ли для того, чтобы не выпускать танцовщиц наружу, то ли для того, чтобы не впускать посторонних внутрь, точно этого не знал никто [Shimizu 2015: 67]. Телефонным звонкам уделялось особое внимание. Разрешалось подходить к телефону только в случае звонка родственников [Ōkoshi 2013: 83]. Зависть, конкуренция и соперничество были широко распространены, что приводило к частым ссорам и конфликтам [Ōkoshi 2013: 70, 83, 101, 109].

Важно отметить, что такой повсеместный контроль не остался без противодействия. Как вспоминают (часто с усмешкой) бывшие танцовщицы, они часто прибегали к *«дассо»* (бегству). Пробирались ночью сквозь колючую проволоку и убегали в поисках безобидной передышки, которой мог стать поход на танцы, в лапшичную или в кино в соседний город Юмото. Держа в руке фонарик, Кирияма регулярно догонял беглянок и приводил их обратно в общежитие. И все же он не всегда успевал их поймать. По утрам он узнавал о шалостях, совершенных танцовщицами накануне вечером, по прядям длинных волос, запутавшихся в колючей проволоке [Shimizu 2015: 62–67; Ōkoshi 2013: 107].

Рассказанные с долей юмора, такие эпизоды тем не менее демонстрируют, как молодые женщины становились объектами слежки. В некоторых случаях их сопротивление было более открытым. Одна бывшая танцовщица вспоминает, как в приступе гнева она отрезала свои длинные волосы, что было основной формой неповиновения. За этот проступок она получила не только выговор, но и временный запрет выхода на сцену. Через несколько лет она уволилась [Ōkoshi 2011]. Несмотря на утверждение, что «девушки хула никогда не сбегут», столь уверенно высказанное Сайто после 11 марта, некоторые танцовщицы первого поколения, выступавшие в Гавайском центре Дзёбана, в действительности покинули его бегством, что противоречит создаваемой Накамурой и другими общественными деятелями — мужчинами гармоничной картине корпоративного единства, а также раскрывает эксплуататорскую природу трудовых отношений в Дзёбане.

Личные воспоминания первого поколения девушек хула ослабили нарратив об «итидзан икка». Вопреки более позднему представлению о том, что женское упорство и стойкость являются (естественной) частью традиций региона и даже его «ДНК», привлечение танцовщиц в Гавайский центр Дзёбана в 1960-х годах повлекло за собой обращение к дисциплинарному подходу, главной целью которого было создание удобного ресурса для сдерживания экономического кризиса, охватившего регион. Немало танцовщиц, окруженных колючей проволокой и вынужденных подчиняться строгому распорядку дня с множеством правил, ударялось в бега — некоторые всего на несколько часов, а некоторые (что нашло отражение в насущной проблеме их удержания) навсегда. Странным образом, воспоминания этих женщин похожи на воспоминания работавших на «Дзёбан Танко» во время Второй мировой войны корейских шахтеров, что говорит о некотором необычном сходстве трудового опыта по обе стороны разделительной линии 1945 года. Еще больше усложнили нарратив об «итидзан икка» американцы японского происхождения (нисэй), чье участие в создании курорта поднимает вопросы расы, иммиграции, коренного населения и империи.

Представляется очевидным, что национальное (националистическое) восстановление и укрепление городов после 11 марта, мобилизующее один из своих самых ярких символов — девушек хула, стоит на зыбкой почве, состоящей из фрагментов уже давно циркулирующей в Азиатско-Тихоокеанском регионе исторической динамики. Как будет показано дальше, транснациональный характер повышения устойчивости становится еще более очевидным в процессе анализа организованного после трагедии 11 марта туризма исцеления, заметную роль в котором играет еще одна группа тел — дети Тохоку.

Тохоку на Гавайях: исцеление детей на райских островах

Стратегия повышения устойчивости после трагедии не только усилила влияние Гавайев в Тохоку; она также инициировала движение из Тохоку на Гавайи. После 11 марта в рамках «целительных туров» (*хоё рёко*) на тропические острова начали привозить детей из зон бедствия. На первый взгляд, этот проект представляется образцовым примером народного глобализма. Туры, предполагающие практический опыт и межкультурный обмен, предлагали молодежи знакомиться с местной природой, культурой и историей коренных народов. Организованные волонтерами из разных стран на пожертвования компаний, они продемонстрировали, как добрая воля может преодолевать культурные и географические границы, создавая условия для продуктивного сотрудничества на региональном уровне. Несмотря на эти, казалось бы, положительные характеристики, проект организованного после 11 марта туризма исцеления обладает не меньшим политическим подтекстом, чем привлечение танцовщиц хула, чьи дискурсы и практики, как показано ниже, различными способами укрепляли доминирующие механизмы власти.

Двумя ключевыми элементами, лежащими в основе еще одного запущенного после бедствия проекта, были «исцеление» и «дети». Восприятие Гавайев как пространства для исцеления неотделимо от истории американского империализма. В 1898 году США аннексировали Королевство Гавайи, а в 1900 году они предоставили островам статус самоуправляемой территории с тем, чтобы обеспечить себе перевалочный пункт для обеспечения своей последующей экспансии в регионе. Функционировавшая в качестве базы, снабжавшей углем направлявшиеся на филиппинско-американскую войну (1899–1902) американские военные корабли, новая территория превратилась впоследствии в штаб-квартиру военных операций США в Азии и Тихом океане [Kajihiro 2008]. Несмотря на насильственный характер колонизации или благодаря ему, Гавайи также оказались «целебным» местом, главным местом отдыха богатых американцев. Отправляясь на эти далекие тропические острова, те могли оставить дома все свои проблемы — будь то расовая напряженность, классовые разногласия или гендерные конфликты — и быстро получить доступ к природной и духовной силе Гавайев для подзарядки и восстановления сил. На фоне всепоглощающего страха перед «вырождением», недугом, якобы подрывающим мощь американской нации и американских мужчин, Гавайи обеспечивали пространство для «излечения» национального организма и государственного устройства. Представление о Гавайях как о (женском) противоядии от (мужской) модернизации и индустриализации стало с тех пор устойчивым стереотипом [Walker 2011: 60–62; Desmond 1999: 128–129].

Отношение к Гавайям как к месту «исцеления» также необходимо рассматривать в связи с историей самой Японии. Хотя взгляд на Гавайи как на место отдыха и рекреации имел место в этой стране уже в начале XX века [Yaguchi 2011: 23–55], именно послевоенный туристический бум, вызванный в середине 1950-х годов началом быстрого экономического роста, выдвинул острова на первый план в качестве самого популярного среди японцев направления путешествий. Гавайи привлекли к себе не только большое количество японских туристов, но и японские корпорации, среди которых были «Джэпэн эйрлайнз», «Мицубиси», «Мицуи», «Мицукоси», «Сэйбу» и «Токю». Компании были заинтересованы предлагаемыми островами возможностями ведения бизнеса или вложения капитала. В годы «экономического пузыря»

(1985–1991) японские инвестиции в отели, курорты и роскошные дома на Гавайях резко возросли, вызвав беспрецедентный бум на рынке недвижимости и тревогу относительно новой волны «японского вторжения» [Yaguchi 2011: 188–190]. Когда в начале 1990-х годов начался экономический спад, Гавайи приобрели новое значение. Японцы, которых накрыла волна социальной, политической и экономической напряженности и противоречий, обратились к Гавайям как к источнику «*ияси*», сущности, ассоциирующейся с заботой, выздоровлением и исцелением. Новый всплеск популярности островов повлек за собой новые методы извлечения из них целебного потенциала. Японцы больше не могли просто посещать Гавайи в качестве «зрителей»; они должны были «стать коренными жителями», участвуя в таких «аутентичных» и «местных» практиках, как танцы хула, изготовление укулеле и массаж ломи-ломи [Yaguchi 2015: 303–305; 312–313]. Восстанавливающая сила Гавайев, вне всякого сомнения, излечивала тела и души жителей нестабильной Японии.

Как и идея «исцеления», японские дети занимают в истории Тихого океана отдельное место. В эпоху японского экспансионизма «нансирон» (идея о продвижении на Юг) был важной частью идеологии, выражавшей экспансионистские амбиции страны в «Южных морях» («*Нанъё*»), расположенных между Японией и экватором. Эта идея продвигалась среди японских детей с помощью приключенческих и научно-фантастических рассказов, повествующих об «экзотических далеких островах», «удивительных дикарях» и «древних цивилизациях» Южных морей [Ombrello 2016: 26–28]. Среди историй, увлекающих молодежь идеей империи, была манга «*Бокэн Данкити*» («Отважный Данкити»), в которой юный принц Данкити исследует Южные моря с группой помощников, состоящей из преданных ему туземцев. Будучи воплощением мнимого расового превосходства японцев, на что указывают его белая кожа, обувь и наручные часы, принц противопоставлен островитянам, олицетворяющим собой мнимую расовую неполноценность первобытных людей, о чем свидетельствуют их темная кожа, круглые глаза, толстые губы и юбки из травы [Chua 2016: 80–81]. Наряду с Данкити, существовал еще один герой, «персиковый мальчик» Момотаро, занимавший важное место в создании более живого воображаемого мира Южных морей. В японских народных сказаниях появившийся на свет из персика и воспитанный пожилой супружеской парой Момотаро вырастает, становится отважным юношей и отправляется на волшебный остров. Покорив жителей острова, он привозит домой сокровища. С началом военных действий на Тихом океане во время Второй мировой войны долгое время являвшийся главным персонажем народных сказок мальчик-герой стал мальчиком-солдатом. Ему была поручена миссия отнять Тихий океан у Соединенных Штатов и Великобритании, двух врагов, представленных в зверино-демоническом облике, или «китику бэйэй». Такие мультипликационные фильмы, как «Момотаро», «Божественные войска океана», «Момотаро и орлы океана» и «Момотаро и его морские орлы», пропагандировали маскулинизированный взгляд на Японскую империю в Тихом океане [Antoni 1991; Дауэр 2022].

После окончания Второй мировой войны Гавайи, отнюдь не исчезнув, оставались важным ресурсом воображения японских детей. Их несомненную значимость иллюстрируют два примера. В апреле 1976 года в транслируемой «Эн-эйч-кэй» (Национальной телерадиовещательной корпорацией) детской музыкальной программе «Минна но ута» («Песни для всех») состоялась премьера новой песни «Минами но сима но Хамэхамэха дайо» («Хамехамеха — великий король Южного острова»). Заимствовав имя короля Королевства Гавайи Камехамехи, песня рассказывает о ленивых туземцах, живущих на острове праздности. Всех жителей этого южного острова зовут одинаково — Хамехамеха; король поет вместе с ветрами и видит сны вместе со звездами; королева просыпается с восходом солнца и укладывается спать с его заходом; дети не любят учиться, опаздывают в школу, если на улице ветрено, и вообще пропускают занятия, когда идет дождь [US-Japan Council 2019]. Несколько десятилетий спустя этот образ Гавайев из детской песенки уступил место другому образу из высокотехнологичного развлечения молодежи. В 2016 году компания «Нинтендо» выпустила игры «Покемон:

Солнце» и «Покемон: Луна». Сюжет этих игр разворачивается на Алоле, вымышленной цепи островов посреди Тихого океана. На Алоле — изображающей Гавайи 1980-х годов, когда они достигли пика популярности у японцев, — можно увидеть множество достопримечательностей и вывесок, модных в то время среди японских туристов. С поразительной правдоподобностью и детализацией «Покемон: Солнце» и «Покемон: Луна» воссоздают образ «старых Гавайев», в котором те, кто зарабатывает в этом штате на жизнь, практически отсутствуют [Rath 2017].

При наличии такой исторической, геополитической и культурной динамики организованный после мартовской трагедии туризм исцеления с участием японских детей не может быть невинным или безобидным мероприятием. Проект «Радуга для детей Японии» (далее «Радуга») оказывается важным примером, требующим изучения по причине его масштаба, популярности и продолжительности. Всего в рамках проекта, просуществовавшего с июль 2011 по август 2016 года, было организовано десять туров, во время которых на Гавайи было отправлено почти 200 детей — учеников средней школы из Фукусимы, Мияги и Иватэ в возрасте от 13 до 15 лет. Туры были бесплатными, продолжавшимися от семи до десяти дней. Каждый тур охватывал примерно 20 учеников и включал в себя мероприятия, проводимые как в помещении, так и на открытом воздухе. Подбором учеников, которые отправятся в тур, занималась базирующаяся в городе Сендай префектуры Мияги организация *Мияги Бикки но Каи* (общество «Бикки» из Мияги). Ею руководил певец Мунэюки Сато, оказывавший после 11 марта детям из Тохоку разнообразную поддержку. Планированием и организацией каждого тура занимались Японско-американское общество Гавайев, Гавайская ассоциация по улучшению жизни пожилых людей и ее женское подразделение, клуб «Надэсико», а также Американо-японский совет. Щедрые пожертвования сделали местные, отечественные и транснациональные компании, среди которых были «Ферст Хавайян банк», «Хавайян эйрлайнз», «Джэпэн эйрлайнз», «Сони», «ЮНИКЛО», корпорация «Мицубиси», «Хилтон гранд вакейшнз» и магазины «Эй-би-си».

Чтобы оценить значение и значимость проекта, крайне важно понять природу его главных организаторов — Японско-американского общества Гавайев, Гавайской ассоциации по улучшению жизни пожилых людей и Американо-японского совета. Все они хорошо известны тем, что выступают за двустороннее сотрудничество между Соединенными Штатами и Японией. Японско-американское общество Гавайев — это гражданская организация, основанная на этих островах в 1976 году с целью «содействия взаимопониманию между гражданами Японии и Соединенных Штатов через особый и уникальный взгляд из Гавайев». С этой целью организация занимается продвижением различных программ, сосредоточенных на бизнесе, политике, культуре и защите окружающей среды [Japan-America Society 2019][13]. В многонациональный совет директоров входят обладающие внушительными связями среди корпораций японцы и американцы японского происхождения, в том числе Хироюки Китагава из «Джэй-ти-би Хавайи трэвел»; Хироюки Курода, вице-президент и региональный менеджер в «Джэпэн эйрлайнз»; и Денис Исоно, исполнительный вице-президент «Сентрал Пасифик банк» [Japan-America Society 2019][14]. Другая организация — Гавайская ассоциация по улучшению жизни пожилых людей — была создана в 2007 году с целью «обогатить жизнь пожилых людей на Гавайях, в Японии и во всем мире и сделать ее духовно активной». Один из ее членов, Окубо Рёити, является главным представителем «Радуги». Подчеркивая важность межкультурного обмена, ассоциация предлагает такие разнообразные виды активности, как японская кухня, гавайское декоративно-прикладное искусство и уроки игры на укулеле [Hawaii Association 2019][15]. Среди ее руководителей числятся известные на Гавайях японцы и амери-

---

[13] См. на сайте раздел «Наша миссия». URL: https://www.jashawaii.org/mission (дата обращения: 23.09.2023).

[14] См. на сайте раздел «Совет директоров». URL: https://www.jashawaii.org/board-of-directors (дата обращения: 23.09.2023).

[15] См. на сайте раздел *Гоаисацу*. URL: http://www.hawaiiseniorlife.org/ (дата обращения: 23.09.2023).

канцы японского происхождения, в том числе Джордж Ариёси, бывший губернатор Гавайев; Андо Кунитакэ, бывший глава корпорации «Сони»; и Харуфуку Цукаса, президент «Джэй-ти-би Хавайи, Инк.» [Hawaii Association 2019][16].

Еще одной организацией, принявшей участие в проекте «Радуга», является Американо-японский совет. Основанный в 2008 году со штаб-квартирой в Вашингтоне, округ Колумбия, он представляет собой внушительный аппарат создания американо-японского альянса. Его председателем была Айрин Хирано Иноуэ — вдова сенатора Дэниела Иноуэ, бывшего директора и президента Японско-американского национального музея и бывшего председателя попечительского совета Фонда Форда. Сочетая риторику времен холодной войны с неолиберальным дискурсом, совет предлагает выстраивать межчеловеческие отношения с целью взаимодействия двух стран и в то же время укреплять государственно-частное партнерство посредством налаживания связей, образовательных программ для руководителей и культурного обмена с участием крупных бизнесменов, общественных и политических деятелей [US-Japan Council 2019][17]. В совет входят видные деятели — японцы и американцы японского происхождения, в том числе Мэйзи Хироно, сенатор США от Гавайев; Норман Минэта, бывший министр транспорта из Калифорнии; Итиро Фудзисаки, бывший посол в Соединенных Штатах и президент Института мира имени Накасонэ; Ясуо Фукуда, бывший премьер-министр Японии; и Синъя Яманака, лауреат Нобелевской премии и директор Центра исследований и применения индуцированных плюрипотентных стволовых клеток при университете Киото [US-Japan Council 2019][18].

---

[16] См. на сайте раздел «*Якуин ридзи*». URL: http://www.hawaiiseniorlife.org/About/Boardmember (дата обращения: 23.09.2023).

[17] См. на сайте раздел «О нас». URL: http://www.usjapancouncil.org/about (дата обращения: 23.09.2023).

[18] См. на сайте раздел «Консультационный совет». URL: http://www.usjapan-council.org/board_of_councilors (дата обращения: 23.09.2023).

Американо-японский совет, возглавляемый вдовой сенатора Иноуэ, чье участие в секьюритизации Гавайев было существенным в период холодной войны, проводит связь между военными и филантропией в новом столетии. В 2012 году совместно с посольством США в Японии, правительством Японии и такими транснациональными корпорациями, как «Кока-кола», «Мицубиси корпорейшнз» и «ЮНИКЛО» совет запустил «Инициативу Томодати» [US-Japan Council 2019][19]. Эта вдохновленная проведенной США и Японией 11 марта совместной военной операцией «Томодати» инициатива направлена на укрепление и расширение «сотрудничества и духа дружбы» между двумя союзниками [US-Japan Council 2019][20]. В рамках инициативы, ориентированной на культурный обмен, подготовку руководителей и образование, появилось впечатляющее количество двусторонних молодежных программ. Например, предполагающая проживание в семье образовательная программа «Томодати» от «Кока-кола», американо-японская программа «Томодати» по обмену для бейсболистов и программа «Томодати» по научно-техническому лидерству от «Тосиба». Совет утверждал, что программы помогут японской и американской молодежи познакомиться с культурами друг друга, узнать, как «внести позитивный вклад в их сообщества, в их страны и для всего мира» и «научат работать и процветать в предпринимательской среде, создавая новые идеи и открывая компании, которые будут стимулировать экономический рост и социальный прогресс» [US-Japan Council 2019][21]. Есть надежда, что появившиеся в результате этих усилий «поколения Томодати» укрепят связь между Соединенными Штатами и Японией. «Радуга» была частью этой новой транснациональной инициативы,

[19] См. на сайте раздел «Инициатива Томодати. Благотворители». URL: http://usjapantomodachi.org/about-us/donors/ (дата обращения: 23.09.2023).

[20] См. на сайте раздел «Инициатива Томодати. О нас». http://usjapantomodachi.org/about-us/ (дата обращения: 23.09.2023).

[21] См. на сайте раздел «Инициатива Томодати. Лидеры». http://usjapantomodachi.org/programs-activities/entrepreneurship-leadership/ (дата обращения: 23.09.2023).

проектом, который способствовал инвестированию в детей с целью обеспечения безопасного будущего региона. Так, после 11 марта милитаристские тенденции (воплощением которых является Дэниел Иноуэ и операция «Томодати») были объединены в рамках туризма исцеления с неолиберальными тенденциями (проявившимися в одобрении государственно-частного партнерства и предпринимательства) с тем, чтобы укрепить существующую и будущую *кидзуну* между Соединенными Штатами и Японией.

Состоявшееся с 27 июля по 8 августа 2011 года первое путешествие японских школьников в рамках проекта «Радуга» дает представление о том, как рассмотренные выше идеи и идеалы повлияли на положение и содержание туризма исцеления после 11 марта. Программа тура была крайне насыщенной. В тот же день, когда его участники приземлились в Гонолулу в Международном аэропорту имени Дэниела К. Иноуэ — пункте международного трансфера, а также главной воздушной гавани Гавайев, — были проведены первые мероприятия. В первый день гости из Японии посетили прием, организованный в честь их приезда Генеральным консульством Японии в Гонолулу, а также расположенный на острове Оаху курортный отель «Кахала», где можно было насладиться его туристической достопримечательностью «Приключение с дельфинами». На второй день они отправились в лагерь Христианской ассоциации молодых людей «Эрдман» на севере Оаху, где приняли участие в различных мероприятиях, проведенных как в помещении, так и на открытом воздухе и включавших в себя встречу с местной молодежью. Вернувшись на четвертый день в Гонолулу, они посетили Общество традиционного мореплавания, где на борту каноэ «Хокулеа» встретились с капитаном Найноа Томпсоном. Несколько часов спустя они отправились по магазинам в торговый центр «Ала Моана», популярный среди японских туристов крупный торговый комплекс. На пятый день они посетили музей «Бишоп», военно-воздушную базу «Хикэм», фабрику укулеле «Коалоха» и, в конце дня, местный «Уолмарт». На шестой день они прилетели на Большой остров (остров Гавайи). Там на кофейной ферме «Доутор» (корпоративная марка, хорошо известная в Японии) им рассказали о технологии производства кофе. Они также прочувствовали «гавайскую культуру», посадив вечнозеленое цветущее растение кордилина кустарниковая, сделав браслеты из цветов, послушав песнопения и сыграв в старинные гавайские игры под руководством японской певицы Маны Хасэгавы, члена некоммерческой образовательной организации «На ваи иви ола» («Древние воды жизни»), занимающейся продвижением в Японии гавайской культуры. Выполнив всю программу, 5 августа они отбыли в Японию [Rainbow 2018][22]. После поездки участники поддерживали связь друг с другом, организуя время от времени встречи, одна из которых прошла в спа-курорте «Хавайянз» [Miyagi 2019][23].

Ориентированная на восстановление физического и психологического здоровья программа поездки состояла из мероприятий, проходивших на открытом воздухе (пешие походы, скалолазание), занятий по изготовлению поделок на гавайскую тематику (вырезание амулетов из акации коа, плетение браслетов из цветов, изготовление укулеле) и встреч с местными жителями (в основном японцами или американцами японского происхождения). Делая акцент на ияси-туризме, эта поездка позволила немного познакомиться с культурой коренных народов. Об этом свидетельствуют как посещение «Хокулеа», знаменитого полинезийского каноэ, восстановление которого под руководством гавайского мореплавателя Томпсона стало мощным символом культурного возрождения коренных народов, так и мастер-класс, проведенный Маной Хасэгавой, японской исполнительницей гавайского танца хула и песнопений. Она также является членом некоммерческой организации, выступающей за сохранение культуры коренных народов. Эти мероприятия создавали потен-

---

[22] См. на сайте страницу о первой поездке. URL: http://en.rainbowforjapankids. com/about-rfjk/rainbow-for-japan-kids-1/ (в настоящее время ресурс недоступен).

[23] См. на сайте раздел *Хаваи Рэинбо Кидздзу Пуродзэкуто, даи иккаи хококу пэдзи*. URL: http://bikkifund.net/hawaii1.html (в настоящее время ресурс недоступен).

циальную возможность противодействия динамике превращения в товар и коммерциализации культуры коренных народов, которая долгое время была на островах отличительным признаком индустрии туризма.

Несмотря на свой потенциал, целительный тур «Радуги» скорее укрепил доминирующие механизмы власти, чем бросил им вызов. В проводимых на Гавайях мероприятиях участвовали преимущественно японцы и американцы японского происхождения, а также возглавляемые ими организации. Маргинализируя коренное население, поездка, несмотря на заявления об обратном, воспроизвела давнюю динамику развития туризма на островах, в соответствии с которой гавайцев постоянно вытесняют с их законного места «хозяев» и берут на «островах гостеприимства» в «заложники» [Williams, Gonzalez 2017: 669]. Вместе с тем о своем присутствии на их территории заявили транснациональные корпорации, а также американские военные. Перед отъездом из Японии каждому путешественнику вручили подарок — камеру «Сони блогги тач», чтобы все они могли сделать и пересматривать потом видео о своем путешествии на Гавайи. Авиакомпания «Джэпэн эйрлайнз» бесплатно доставила участников проекта из Нариты в Гонолулу. Также множество курортов и отелей (курортный отель «Кахала» в Оаху, отели «Халекулани», «Халекоа», «Хилтон гранд вакейшнз» и другие) практически безвозмездно предоставили им доступ к пляжам и другим услугам. Выражение (искреннего) сочувствия жертвам мартовской трагедии также оказалось для этих компаний возможностью рассказать о новой корпоративной идентичности — благотворительной, мультикультурной и транснациональной. В условиях глобализации и неолиберализации экономики такая стратегия продвижения торговой марки становится все более значимой. Не менее заметное место в поездке проекта «Радуга» занимают американские военные. Посетив военно-воздушную базу «Хикэм», японские школьники получили возможность увидеть военные самолеты и встретиться с солдатами, участвовавшими в операции «Томодати». Встреча солдат и детей, воспоминания о которой останутся с ними навсегда, была полна слез. Начатая на Гавайях и развернутая в Тохоку, операция «Томодачи» снова вернулась на острова, продемонстрировав преимущества милитаризма бедствий и привлекая к этой демонстрации детей из Тохоку и их неоспоримые свидетельства.

Опубликованные на сайте проекта «Радуга» (на английском и японском языках), а также на сайте *Мияги Бикки но Каи* (только на японском языке) отзывы участников проекта дают дополнительное представление о том, как этот проект отражает и усиливает доминирующие тенденции не только в контексте Гавайев, но и в контексте Японии. Эти отзывы — это не просто личные рассказы о путешествии. Трогательные истории молодых людей, демонстрируя дух самопомощи и помощи окружающим в транснациональном контексте, предлагают читателям примерить на себя философию проекта «Радуга». Участвовавший в первой поездке школьник из Мияги вспоминает чудесные встречи, впечатления и идеи, полученные им в его первой в жизни поездке за границу. Вдохновленный путешествием, теперь он мечтает о том, что в будущем внесет свой вклад в развитие хороших отношений между Японией и Гавайями; он также надеется, что станет взрослым, который никогда не теряет надежды, с какими бы трудностями ему ни пришлось столкнуться. Другая участница поездки, девочка из Мияги, разделяет его чувства. После катастрофы 11 марта она не могла представить себе образ светлого будущего. Сейчас она понимает, что сама несет ответственность за «привнесение света в жизни людей вокруг нее» и обеспечение того, чтобы ее родной город был восстановлен, независимо от того, сколько времени это займет. Ее мама также делится своими свидетельствующими о целебной силе Гавайев впечатлениями от программы. Похоже, теперь, после поездки на Гавайи, ее дочь может отпустить множество забот и тревог, с которыми она жила после трагедии 11 марта. Поездка позволила ее дочери «расслабиться», восстановить силы и воспрянуть духом. Еще одна мама из Мияги, чья дочь отправилась в третью поездку, рассказывает о том, что целебная сила Гавайев воздействовала даже на тех, кто не отправился в путешествие по островам, давая им силы жить дальше. Увидев, что дочь вернулась с Гавайев с множеством приятных воспоминаний (сохраненных благодаря видеокамере «Сони блогги»), ее мама поняла важность поиска ярких моментов жизни. Очевидно, что Гавайи мотивировали жертв стихийного бедствия нести ответственность за свое эмоциональное благополучие, оказывать помощь себе и окружающим, а также строить лучшее и светлое будущее. То, что проект «Радуга» позволил передать доминирующий дискурс, становится еще более очевидным из слов одного ученика из Фукусимы, принявшего участие в пятой поездке. Этот ученик объясняет, что поездка помогла ему впервые осознать значение *кидзуны*. До Гавайев он не мог до конца понять значение этого слова. Теперь же, благодаря людям на Гавайях, которые приветствовали его так, как если бы он был членом их семьи, он понимает, что это такое. Они помогли ему прочувствовать ценность *кидзуны* на собственном опыте [Rainbow 2018][24].

Организованные в рамках проекта поездки побудили делиться своими взглядами и мнениями также и взрослых. Важно отметить, что они часто используют в своих высказываниях слово «*алоха*», формулируя, обосновывая и прославляя с его помощью свои начинания. Такое использование требует анализа в связи с тем фактом, что изначально локальный термин «*алоха*» стал к настоящему времени «более, чем товаром» и даже «частью государственного аппарата», как это видно из принятого в 1986 году «Закона о духе Алоха». Закон призывает жителей Гавайев (или даже требует от них) «проявлять друг к другу добрые чувства, особенно в правительственных делах» с тем, чтобы штат Гавайи представлял собой для туристов, инвесторов и других людей идеальное место — теплое, щедрое, многокультурное и полное радушия. Возникший в контексте

---

[24] См. на сайте раздел «Детские сообщения». URL: http://en.rainbowforjapankids. com/messages-form-kids/ (в настоящее время ресурс недоступен). На сайте *«Мияги Бикки но Каи»* также опубликованы более длинные и подробные версии отзывов, начиная с первого тура. См. раздел *«Хаваи Рэинбо Кидздзу»* [Miyagi 2019]. URL: http://bikkifund.net/hawaii1.html (в настоящее время ресурс недоступен).

возрождения коренных народов, этот закон стал ответом на возникшее на Гавайях инакомыслие и вызванные им протесты, бросившие вызов существующему на островах социальному порядку [Teves 2015: 711–712][25]. *Алоха* отнюдь не является естественным или спонтанным явлением, это политико-дискурсивный инструмент.

Несмотря на такую динамику или благодаря ей, *алоха* стала важнейшим обрамлением проекта «Радуга». На самом же деле она оказалась субстанциональным лейтмотивом этого проекта. Его главный организатор, главный редактор местного журнала «Лайтхаус Хавайи», член Гавайской ассоциации по улучшению жизни пожилых людей, руководивший во время мартовской катастрофы гавайским отделением авиакомпнаии «Джал», Рёити Окубо заявил, что в основе всего замысла лежала *алоха*. Определяя в качестве главной миссии задуманного «исцеление сердец» («*кокоро о иясу*»), он объяснил, что организованные в рамках проекта поездки дали молодежи из Тохоку возможность прочувствовать духовную силу островов, учиться у нее и начать ее использовать. Утверждая, что во время путешествия его участники «унаследовали дух *алоха*» («*ароха но кокоро о укэцуидэ курэта*»), он объяснил значение целительных туров для будущего: познакомившись с духом *алоха*, молодые люди вырастут, чтобы «построить радужный мост между Гавайями и Японией» [Shiozawa 2016]. В заявлениях, опубликованных в его журнале «Лайтхаус Хавайи» и размещенных на сайте проекта, другие участвующие в проекте взрослые также рассказывают о том, как отправившаяся на Гавайи молодежь из Тохоку заимствовала дух *алоха* («*ароха но кокоро о укэтору*») [Rainbow 2018][26], или о том, как она «основательно прочувствовала дух *алоха*» («*ароха но кокоро о синтаи дзэнтаи дэ кандзиру*») во время своего пребывания на островах

[25] О присвоении гавайских терминов и обычаев коренного населения, а также о колониальных и постколониальных спорах вокруг культуры см. [Hall 2005: 409; Williams, Gonzalez 2017].

[26] См. на сайте раздел *Даи-ёнкаи хококу*. URL: http://www.rainbowforjapankids.com/about-rfjk/rainbow-for-japan-kids-4/ (в настоящее время ресурс недоступен).

[Rainbow 2018][27]. Определяя свою миссию в отношении *алоха*, представители проекта «Радуга» даже использовали в пресс-релизе от 20 марта 2016 года миссионерское понятие «*дэндо*» (проповедь). Основной целью проекта стала «*ароха но кокоро но дэндо*» («проповедь духа алоха») среди молодежи из Тохоку, которая, осознав его значение, должна будет впоследствии сыграть главную роль в восстановлении после стихийного бедствия [Rainbow 2018][28].

По мнению президента Японско-американского общества Гавайев и одного из главных участников проекта «Радуга» Эда Хокинса, *алоха* отражает суть проекта. Хокинс родился в Японии вскоре после окончания Второй мировой войны. Его мать была японкой, а отец — американцем. Офицер ВВС США в отставке, кавалер ордена Восходящего Солнца, врученного в знак признания его многолетнего вклада в американо-японские отношения, а также исполнительный директор Управления по экономическому развитию города и округа Гонолулу, Хокинс олицетворяет собой двусторонние отношения двух стран как в личном, так и в профессиональном плане. В своей статье «Хилтон помогает проекту "Радуга для детей Японии"», опубликованной в «Хавайи трибюн геральд» (японо-американской газете на Гавайях) в 2012 году, Хокинс описывает значение *алоха* для проекта:

> С помощью этой инициативы мы надеемся построить между Японией и Гавайями прочный радужный мост, позволяющий детям познакомиться с духом алоха и вернуться домой с новоприобретенной надеждой на создание для себя и окружающих лучшего будущего [Herald 2012].

Другое заявление Хокинса было приведено в «Эхэу» — бортовом журнале авиакомпании «Джал», основной аудиторией которого являются направляющиеся на Гавайи японские пассажиры

---

27   См. на сайте раздел *«Даи-гокаи хококу»*. URL: http://www.rainbowforjapankids.com/about-rfjk/rainbow-for-japan-kids-5/ (в настоящее время ресурс недоступен).

28   См. на сайте раздел «Пресс-релиз». URL: http://www.rainbowforjapankids.com/ (в настоящее время ресурс недоступен).

бизнес-класса. Там он объясняет, что привлечение молодежи из Тохоку на «острова *алоха*» — это способ оказать «*кокоро но сиэн*» («поддержку их сердцам»). Подчеркивая направленность проекта в будущее, он также заявляет, что «Радуга» поможет участникам «лелеять надежды и мечты, обратить свой взор на мир и сделать уверенный шаг навстречу будущему». Основной миссией проекта стало развитие внутренних ресурсов, а также инвестирование в будущее [Eheu 2011].

Американо-японский совет выразил полное согласие с таким подходом. Проект «Радуга» «отражает усилия, предпринятые народом Гавайев для того, чтобы поделиться "духом *алоха*" непосредственно с теми, кто пострадал в результате катастрофы». Проект должен «завязать прочную дружбу» между японскими детьми и их сверстниками на Гавайях, где «люди разных культур и происхождения сосуществуют в гармонии с чудесными пейзажами и природой» [US-Japan Council 2019][29]. Как и в случае с ранее одобренной советом операцией «Томодати» в частности и американо-японским сотрудничеством в целом, локальный термин «*алоха*» теперь был использован для описания будущих отношений Соединенных Штатов и Японии, в рамках которых будут процветать мультикультурная дружба, военное сотрудничество и создаваться двусторонние союзы.

Подводя итог, можно сказать, что «Радуга» была проектом, движимым различными существующими в Тихоокеанском регионе тенденциями. Туризм исцеления, организованный на Гавайских островах после японской катастрофы 11 марта, воспроизвел расовые и гендерные представления об этих островах как о вечном «другом», чья природная и духовная сила исцелит тела и души юных гостей, пострадавших от стихийного бедствия в Тохоку. Несмотря на интерес, проявленный в отношении культуры и истории коренных народов, проект не только переформулировал милитаризм и туризм, но и усилил присутствие на

---

[29] См. на сайте раздел «Радуга для детей Японии». URL: http://usjapantomodachi. org/programs-activities/japan-america-society-of-hawaii-rainbow-for-japan-kids-2/ (в настоящее время ресурс недоступен).

Гавайях поселенцев — американцев, японцев и американцев японского происхождения. Язык «алоха» занял в этих тенденциях главное место, определяя различные цели, лежащие в основе проекта «Радуга»: поощрение самопомощи и взаимопомощи, прославление мультикультурализма и транснационализма, сохранение эмоциональных ресурсов и поддержание психологического здоровья, создание альянса между Соединенными Штатами и Японией, а также инвестиции в детей, определяющие будущее страны и региона. Опираясь на имперское прошлое и формулируя неолиберальное будущее, проект оказался важным «ретрансляционным пунктом», приведя в движение знакомые из прошлого дискуссии о расе, нации и империи и переоснастив их для распространения нового взгляда на глобальный субъект и субъективность в наступающую эпоху нестабильности. Несмотря на свой политизированный и политизирующий характер, этот проект, движимый доброй волей, реализуемый на чудесных островах и выступающий за благополучие детей, не может быть подвергнут критическому анализу. Обеспечивая очевидными и неочевидными способами движение Японии после 11 марта к восстановлению и укреплению городов в рамках политики устойчивости, Гавайи выступают местом производства, а также исчезновения разнообразных тенденций.

Заключение

В 2017 году в интернете появилась статья «Фукусима реконструирует свое будущее с помощью рыбы, помидоров и девушек, танцующих хула». В статье, написанной Уной Макги, австралийской писательницей японского происхождения, с воодушевлением рассказывается о необычайном прогрессе, достигнутом регионом после 11 марта. Макги, посетившая префектуру по приглашению Токийского бюро по конференциям и делам туристов и правительства префектуры Фукусима, знакомит читателей с различными туристическими объектами, в числе которых находятся ферма «Иваки Уандер», спа-курорт «Хавайянз» и «Аквамарин Фукусима», и призывает читателей посетить эти места с тем, чтобы помочь Фукусиме «двигаться вперед к светлому будущему». На ферме «Иваки Уандер», являющейся посвященным сельскому хозяйству парком, выращивают помидоры с такими чарующими названиями, как «тосканская фиалка», «мидори-тян» и «девушки хула». С целью привлечь внимание более молодых посетителей, парк также проводит вечера знакомств — «быстрые» свидания, на которых гости наслаждаются «сбором помидоров и флиртом между стеблями». Невзирая на значительный ущерб, причиненный ему катастрофой, возобновил свою работу океанариум «Аквамарин Фукусима». Расширяя свой функционал, теперь он выполняет еще и функции станции радиационного контроля рыбы, выловленной в местных водах. Спа-курорт «Хавайянз» — большой курортный комплекс, в котором можно найти коктейли «Майтай», огромные крытые бассейны и шведский стол, — представляет собой еще одну историю успеха. В сочетании с незабываемыми выступлениями танцовщиц хула отдых здесь — это «все равно что побывать на Гавайях, не покидая Японию!» [McGee 2017].

Хотя статья Макги была написана с целью принести пользу, она тем не менее повторяет и усиливает ряд проблемных тенденций, изученных в этой главе. Увязывая стихийные бедствия, восстановление и туризм, Макги способствует сохранению экономической зависимости региона от внешних факторов, динамике, которая изначально привела к опасному присутствию в нем атомных электростанций. Призывая радоваться производству помидоров (в том числе сорта под названием «девушки хула») и продолжению рода (посредством «быстрых» свиданий и брака), а также рекламируя тела танцующих хула девушек (феминизированный человеческий ресурс), статья маркирует и преподносит местную «продукцию» как выход из катастрофы 11 марта, представляя еще один политизированный и политизирующий дискурс, который подпитывает продолжающуюся мобилизацию, уже наполненную многочисленными телами и телесной динамикой. Не учитывая сложную вовлеченность региона в строительство нации и империи и воспроизводя стереотипный образ Гавайев как подлинной страны грез, статья предлагает читателям разделить такой деисторизированный и деполитизированный подход. И все это во имя оказания помощи жертвам стихийных бедствий, пока они «идут вперед к светлому будущему». Читателям трудно отклонить предложение, поскольку рассказы о катастрофе и последующем восстановлении, естественно, трогают до глубины души, как и рассказы о девушках хула и молодежи из Тохоку. Усиленное этим и другими сочувствующими голосами, установление *кидзуны* продолжается, протягивая свои политические щупальца через Тихий океан и стирая по пути понятия расы, пола, нации, империи. На фоне имеющей место эмоциональной мобилизации эта глава предлагает сделать паузу, чтобы посмотреть новым взглядом на некоторые предпосылки и обещания, лежащие в основе усилий, направленных на выздоровление, восстановление и устойчивость. Гавайи являются сомнительной и в то же время важной отправной точкой для такого переосмысления.

6

Заключение

В книге исследуются контуры и содержание культуры устойчивости в современной Японии. Мноуровневая катастрофа 11 марта, объединившая в себе землетрясение, цунами и ядерный взрыв, опустошила Тохоку, второстепенный регион, долгое время считавшийся японской глубинкой, а по сути выступающий в роли «другого». Она также дала толчок ряду обсуждений и практик, сосредоточенных на восстановлении страны, мобилизовав при этом различных социальных акторов — женщин и мужчин, девочек и мальчиков, солдат и предпринимателей, правительственную элиту и активисток феминистского движения — и распространив новый взгляд на безопасность. Популяризация новых слов, варьирующихся от националистического понятия *кидзуна* и неолиберальных принципов *дзидзё* (самопомощи) и *кёдзё* (взаимопомощи) до термина коренных гавайцев *алоха*, является характерной чертой этого явления, запускающего беспрецедентного масштаба и динамизма процесс по созданию и переосмыслению культуры. На фоне призыва «Держись, Япония» повышение устойчивости после событий 11 марта требует улучшения и укрепления тела, дома и земли, прославления воинов и солдат, чествования «матерей на страже» и «феминисток на страже», а также мобилизации молодежи. Очевидно, что после мартовской катастрофы в Японии проявилась порождающая сила стихийного бедствия, используя которую различные социальные акторы и институты «извлекают выгоду из катастрофы» для реализации своих устремлений и намерений.

Важно отметить, что новая культурная формация не может быть ограничена физическими границами Японии или временными рамками текущего столетия. После 11 марта процесс повышения устойчивости в Японии, мобилизуя такие отдаленные регионы, как Гавайи, и используя наследие империи(ий), отражает и усиливает динамику милитаризма, неолиберализма и неоконсерватизма, которая продолжает распространяться в Азиатско-Тихоокеанском регионе. Пропагандируя ценность человеческой жизни и поддерживая расширение прав и возможностей слабых и уязвимых, стратегия повышения устойчивости благополучно развивается как в Японии, так и за рубежом, скрывая свои политические намерения и внедряясь в повседневную жизнь людей, которые продолжают искать — более того, жаждут — чувства защищенности и безопасности в нынешнюю эпоху нестабильности. Данная книга представляет собой скромную попытку вмешаться в текущую мобилизацию, в ходе которой исторически маргинализованные группы населения (женщины и дети), кажущиеся безобидными предметы (домашняя утварь и косметические принадлежности) и воображаемое островное пространство (Гавайи) дают всем нам неожиданный, но в то же время мощный импульс посмотреть на формирующийся режим власти критическим взглядом.

Библиография

Дауэр 2022 — Дауэр, Джон У. Безжалостная война (раса и сила в войне на Тихом океане). М.: Изд. дом «Серебрянные нити», 2022.

Харви 2007 — Харви, Дэвид. Краткая история неолиберализма: актуальное прочтение / пер. с англ. Н. С. Брагиной. М.: Поколение, 2007.

Abe 2013 — Abe Shinzō. Nihon o torimodosu // Kokudo kyōjinka: Nihon o tsuyoku shinayaka ni, sono 3 / ed. by Jiyū Minshutō kokudo kyōjinka sōgō chōsakai. Tokyo: Sagami shobō 2013. P. 2–3.

Abe 2018 — Abe Naomi. Hisai mama ni manabu chīsana bōsai no aidea 40. Tokyo: Gakken purasu, 2018.

Allison 2013 — Allison, Anne. Precarious Japan. Durham, NC: Duke University Press, 2013.

Amano 2014 — Amano, Ikuho. From Mourning to Allegory: Post-3.11 Space Battleship Yamano in Motion // Japan Forum. 2014. Vol. 26. № 3. P. 325–339.

Ames, Koguchi-Ames 2012 — Ames, Chris, and Yuiko Koguchi-Ames. Friends in Need: 'Operation Tomodachi' and the Politics of US Military Disaster Relief in Japan // Natural Disaster and Nuclear Crisis in Japan: Response and Recovery after Japan's 3/11 / ed. by Jeff Kingston. London and New York: Routledge, 2012. P. 207–219.

an an 2011 — Josei no tame no bōsai book: 'moshimo' no toki ni anata o mamotte kureru chie to mono — Girl's Life Skill // an an. 2011, October 10.

Andō 2017 — Andō Risu. Risu no shiki dayori: kazoku no egao o mamoru kurashi no chie. Nagano: Shinken shinbunsha, 2017.

Andō 2019 — Andō Risu. Kokudo kyōjinka: watashi no hitokoto vol. 15. URL: https://www.cas.go.jp/jp/seisaku/kokudo_kyoujinka/kouhou/vol_15/hitokoto.html (дата обращения: 24.09.2023).

Antoni 1991 — Antoni, Klaus. Momotarō (The Peach Boy) and the Spirit of Japan: Concerning the Function of a Fairy Tale in Japanese Nationalism of the Early Shōwa Age // Asian Folklore Studies. 1991. Vol. 50. P. 155–188.

Anzai 2014 — Anzai Ikurō, ed. Bikini suibaku hisai jiken no shinsō: Daigo Fukukyū-maru monogatari. Kyoto: Kamogawa shuppan, 2014.

Apple 2000 — Apple, Michael. Between Neoliberalism and Neoconservatism: Education and Conservatism in a Global Context // Globalization and Education: Critical Perspectives / ed. by Nicholas Burbules and Carlos Torres. New York: Routledge, 2000. P. 57–77.

Apple 2006 — Apple, Michael. Understanding and Interrupting Neoliberalism and Neoconservatism in Education // Pedagogies. 2006. Vol. 1. № 1. P. 21–26.

Asahi 2019 — Asahi Digital. Yorisou kōshitsu, fukkō kizamu kahi. March 30, 2019. URL: http://www.asahi.com/area/miyagi/articles/MTW2019040104 1050001.html (дата обращения: 24.09.2023).

AWID 2004 — Association for Women's Rights in Development (AWID). Gender Mainstreaming: Can It Work for Women's Rights? // Spotlight. 2004, November. № 3. URL: https://www.awid.org/sites/default/files/atoms/files/spotlight_-_gender_mainstreaming_-_can_it_work_for_womens_rights.pdf (дата обращения: 24.03.2023).

Azuma 2005 — Azuma, Eiichiro. Between Two Empires: Race, History, and Transnationalism in Japanese America. Oxford: Oxford University Press, 2005.

Bacchi, Eveline 2003 — Bacchi, Carole, and Joan Eveline. Mainstreaming and Neoliberalism: A Contested Relationship // Policy and Society. 2003. Vol. 22. № 2. P. 98–118.

Bardsley 2014 — Bardsley, Jan. Women and Democracy in Cold War Japan. London: Bloomsbury, 2014.

Bederman 1996 — Bederman, Gail. Manliness and Civilization: A Cultural History of Gender and Race in the United States, 1880–1917. Chicago: University of Chicago Press, 1996.

Biocity 2016 — Tokushū: Saigai to jendā–josei no shiten o ikashita bōsai, saigai shien, fukkō // Biocity. 2016. Vol. 67. P. 8–77.

Bōeishō 2012 — Bōeishō Jeitai. Heisei 23-nendo ban manga de yomu bōei hakusho: Higashi Nihon Daishinsai ni okeru Jieitai no saigai haken katsudō, 2012. URL: http://www.mod.go.jp/j/publication/wp/comic/h23/index.html (в настоящий момент ресурс недоступен).

Bōeishō 2016a — Bōeishō Jeitai. Pikurusu Ōji heiwa e no tabi. URL: https://www.mod.go.jp/j/publication/book/pamphlet/pdf/pickles.pdf (в настоящий момент ресурс недоступен).

Bōeishō 2016б — Bōeishō Jeitai. Pikurusu Ōji Jieitai nikki. URL: https://www.mod.go.jp/j/publication/book/pamphlet/pdf/pnikki1.pdf (в настоящий момент ресурс недоступен).

Bōeishō 2016в — Bōeishō Jeitai. Pikurusu Ōji Jieitai nikki 2. URL: https://www.mod.go.jp/j/publication/book/pamphlet/pdf/pnikki2.pdf (в настоящий момент ресурс недоступен).

Bōeishō 2017 — Bōeishō Jeitai. Prince Pickles and Miss Parsley Tour at the MOD 2017 // JDF-Japan Defense Focus. 2017, August. № 91. URL: http://www.mod.go.jp/e/jdf/no91/web-only.html (в настоящий момент ресурс недоступен).

Bōeishō 2018a — Bōeishō Jeitai. Jieitai Kids Site. URL: http://www.mod.go.jp/j/kids/ (дата обращения: 24.09.2023).

Bōeishō 2018б — Bōeishō Jeitai. Kodomo Kasumigaseki dengaku dē, Pikurusu ōji to Paseri-chan no Ichigaya tanken tsuā. URL: http://www.mod.go.jp/j/kids/activity/tour.html (в настоящий момент ресурс недоступен).

Borland 2006 — Borland, Janet. Capitalising on Catastrophe: Reinvigorating the Japanese State with Moral Values through Education following the 1923 Great Kantō Earthquake // Modern Asian Studies. 2006. Vol. 40. № 4. P. 875–907.

Bouhali 2015 — Bouhali, Chouaib El. The OECD Neoliberal Governance: Policies of International Testing and Their Impact on Global Education Systems // Decolonizing Global Citizenship Education / ed. by Ali Abdi, Lynette Shultz, and Thashika Pillay. Rotterdam, Netherlands: Sense Publishers, 2015. P. 119–130.

Brummer 2016 — Brummer, Matthew. Japan: The Manga Military: How Japan's 'Creative Industrial Complex' Is Using Manga to Shape Public Perceptions // The Diplomat. January 19, 2016. URL: https://thediplomat.com/2016/01/japans-creative-industrial-complex/ (дата обращения: 24.09.2023).

Chin 2016 — Chin, Katherine. Japan's Military-Manga Complex // Brown Political Review. March 10, 2016. URL: http://www.brownpoliticalreview.org/2016/03/japans-military-manga-complex/ (в настоящее время ресурс недоступен).

Chōsenjin 1992 — Chōsenjin kyōsei renkō shinsō chōsadan, ed. Kyōsei renkō sareta Chōsenjin no shōgen. Tokyo: Akashi shoten, 1992.

Chua 2016 — Chua, Karl Ian Uy Cheng. Boy Meets World: The Worldview of Shōnen kurabu in the 1930s // Japan Forum. 2016. Vol. 28. № 1. P. 74–98.

Coleman 2016 — Coleman, Liv. Will Japan 'Lean In' to Gender Equality? // U.S.–Japan Women's Journal. 2016. № 49. P. 3–25.

Connell 2005 — Connell, R. W. Globalization, Imperialism, and Masculinities // Handbook of Studies on Men & Masculinities / edited by Michael

Kimmel, Jeff Hearn, and R. W. Connell. London: Sage Publications, 2005. P. 71–89.

Cook 2005 — Cook, Theodore. Making Soldiers: The Imperial Army and the Japanese Man in Meiji Society and State // Gendering Modern Japanese History / ed. by Barbara Molony and Kathleen Uno. Cambridge, MA: Harvard University Press, 2005. P. 259–294.

Dakko 2019 — Dakko to onbu no kenkyūjo. Kenkyūjo annai. URL: https://babywearing.org/babywearinglabo/ (дата обращения: 24.09.2023).

Dasgupta 2013 — Dasgupta, Romit. Re-reading the Salarymen in Japan: Crafting Masculinities. New York: Routledge, 2013.

Davis 2007 — Davis, Tracy. Stages of Emergency: Cold War Nuclear Civil Defense. Durham, NC: Duke University Press, 2007.

de Waal 2008 — de Waal, Alexander. Foreword // Capitalizing on Catastrophe: Neoliberal Strategies in Disaster Reconstruction / ed. by Nandini Gunewardena and Mark Schuller. Lanham, MD: Altamira Press, 2008. P. ix–xiv.

Desmond 1999 — Desmond, Jane. Staging Tourism: Bodies on Display from Waikiki to Sea World. Chicago: University of Chicago Press, 1999.

Domesu 2012 — Nihon BPW rengōkai. 3.11 Onnatachi ga hashitta: josei kara hajimaru fukkō e no michi. Tokyo: Domesu shuppan, 2012.

Dōmoto 2011 — Dōmoto Akiko. Kichō kōen: Danjo Kyōdo Sankaku no shiten kara mita saigai to fukkō, Higashi Nihon Daishinsai ni manabu // NWEC International Symposium: Disaster Restoration and Gender / ed. by Kokuritsu Josei Kyōiku Kaikan. 2011. P. 15–24.

Dōmoto 2013 — Dōmoto Akiko. How We Wrote Gender Perspective into Japan's Disaster Legislation // Disaster Risk Reduction: A Japanese Women's Perspective on 3/11. Presentation to the Fourth Global Platform for Disaster Risk Reduction, Geneva, May 19–23, 2013 / ed. by JWNDRR. 2013. P. 6–9.

Eheu 2011 — Reinbō fō Japan kizzu' purojekuto // Eheu. Autumn 2011. P. 50–51.

Eldridge 2015 — Eldridge, Robert. Operation Tomodachi and Afterwards: A U.S. Marine Corp Perspective. URL: www.cas.go.jp/jp/seisaku/kokudo_kyoujinka/workshop/pdf/h260707siryou3.pdf (дата обращения: 24.09.2023).

Ferguson, Turnbull 1999 — Ferguson, Kathy, and Phyllis Turnbull. Oh, Say, Can You See?: The Semiotics of the Military in Hawai'i. Minneapolis: University of Minnesota Press, 1999.

Fifield 2016 — Fifield, Anna. The New Godzilla Film Imagines a Strong Japan Pushing Back against the U.S. // The Washington Post. September 23, 2016. URL: https://www.washingtonpost.com/world/asia_pacific/new-godzilla-film-imagines-a-strong-japan-pushing-back-against-the-us/2016/09/23/ddd7d5c4–7f70–11e6-ad0e-ab0d12c779b1_story.html?noredirect=on (дата обращения: 24.09.2023).

FM Sendai 2013 — FM Sendai "Saba-meshi kontesuto" jikkō iinkai, ed. Kasetto konro ichidai de tsukureru kantan! Sabaibaru gohan. Tokyo: Fusōsha, 2013.

Frühstück 2007 — Frühstück, Sabine. Uneasy Warriors: Gender, Memory, and Popular Culture in the Japanese Army. Berkeley: University of California Press, 2007.

Frühstück 2017 — Frühstück, Sabine. Playing War: Children and the Paradoxes of Modern Militarism in Japan. Berkeley: University of California Press, 2017.

Frühstück, Walthall 2011 — Frühstück, Sabine, and Anne Walthall, eds. Recreating Japanese Men. Berkeley: University of California Press, 2011.

Fujii 2012 — Fujii Satoshi. Kyūkoku no rejiriensu: "Rettō Kyōjinka" de GDP 900-chōen no Nippon ga umareru. Tokyo: Kōdansha, 2012.

Fujii 2013a — Fujii Satoshi. Rejiriensu Japan: Nihon kyōjinka kōsō. Tokyo: Asuka shinsha, 2013.

Fujii 2013б — Fujii Satoshi. Kyōjinka no shisō: "Tsuyoi kuni Nippon" o mezashite. Tokyo: Ikuhōsha, 2013.

Fujii 2013в — Fujii Satoshi. Mega kueiku X dē: Nankai torafu jishin, shuto chokka jishin ni uchikatsu 45 no kokka puroguramu. Tokyo: Kōbunsha, 2013.

Fujikane 2008 — Fujikane, Candace. Introduction: Asian Settler Colonialism in the U.S. Colony of Hawai'i // Asian Settler Colonialism: From Local Governance to the Habits of Everyday Life in Hawai'I / ed. by Candace Fujikane and Jonathan Okamura. Honolulu: University of Hawai'i Press, 2008. P. 1–42.

Fujimura 2012 — Fujimura Akiko. Shinsai petto o sukuu: 3.11 kara manabu "petto bōsaigaku." Tokyo: Nagasaki shuppan, 2012.

Fukkō 2018a — Fukkō no noroshi posutā purojekuto. Gohan o tsukureru shiawase. URL: http://fukkou-noroshi.jp/posters/index.shtml#iwate3 (дата обращения: 24.09.2023).

Fukkō 2018б — Fukkō no noroshi posutā purojekuto. Shioretecha otokoga sutaru. URL: http://fukkou-noroshi.jp/posters/index.shtml#iwate (дата обращения: 24.09.2023).

Fukushima et al. 2014 — Fukushima, Annie, Ayano Ginoza, Michiko Hase, Gwyn Kirk, Deborah Lee, and Taeva Shefler. Disaster Militarism: Rethinking U.S. Relief in the Asia-Pacific // Foreign Policy in Focus. March 11, 2014. URL: https://fpif.org/disastermilitarism-rethinking-u-s-relief-asia-pacific/ (дата обращения: 24.09.2023).

Fukushima 1958 — Fukushima Hawaikai. Fukushima iminshi: Hawai kikansha no maki. Fukushima: Fukushima Hawaikai, 1958.

Fukushima-ken 2019 — Fukushima-ken seikatsu kankyō-bu danjo kyōsei-ka. Kiratto Fukushima. URL: https://www.kirattofukushima.jp/support/support.html?id=41&mode=&key1=&key2=&key3 (в настоящий момент ресурс недоступен).

Furuya 2014 — Furuya Keiji. Sōdatta no ka! "Kokudo Kyōjinka"–rejir-iensu shakai e no chōsen. Tokyo: PHP kenkyūjo, 2014.

Gakken 2013a — Gakken kyōiku shuppan. Higashi Nihon Daishinsai: tsutae nakereba naranai 100 no monogatari. Vols. 1–10. Tokyo: Gakken kyōiku shuppan, 2013.

Gakken 2013б — Gakken purasu. Futatsu no yūki: takusan no inochi o sukutta oishasan no hanashi. Tokyo: Gakken purasu, 2013.

Gakken 2013в — Will kodomo chiiku kenkyūjo, ed. Kataritsugi ohanashi ehon 3-gatsu 11-nichi. Vols. 1–8. Tokyo: Gakken kyōiku shuppan, 2013.

Garon 1994 — Garon, Sheldon. Molding Japanese Minds: The State in Everyday Life. Princeton: Princeton University Press, 1994.

Garon 2016 — Garon, Sheldon. Defending Civilians against Aerial Bombardment: A Comparative / Transnational History of Japanese, German, and British Home Fronts, 1918–1945 // The Asia-Pacific Journal: Japan Focus. 2016. Vol. 14. № 2.

Garon 2017a — Garon, Sheldon. The Home Front and Food Insecurity in Wartime Japan: A Transnational Perspective // The Consumer on the Home Front: Second World War Civilian Consumption in Comparative Perspective / ed. by Hartmut Berghoff, Jan Logemann, and Felix Römer. Oxford: Oxford University Press, 2017. P. 29–53.

Garon 2017б — Garon, Sheldon. Transnational History and Japan's 'Comparative Advantage' // The Journal of Japanese Studies. 2017. Vol. 43. № 1. P. 65–92.

George 2004 — George, Susanna. Mainstreaming Gender as Strategy: A Critique from a Reluctant Gender Advocate // Women in Action. 2004. № 2. P. 72–73.

Giroux 2000 — Giroux, Henry. Stealing Innocence: Youth, Corporate Power, and the Politics of Culture. New York: St. Martin's Press, 2000.

Grewal 2017 — Grewal, Inderpal. Saving the Security State: Exceptional Citizens in Twenty-First-Century America. Durham, NC: Duke University Press, 2017.

Grossman 2001 — Grossman A. Neither Dead nor Red: Civilian Defense and American Political Development during the Early Cold War. New York: Routledge, 2001. P. 87, 103.

Gunewardena, Schuller 2008 — Gunewardena, Nandini and Mark Schuller, eds. Capitalizing on Catastrophe: Neoliberal Strategies in Disaster Reconstruction. Lanham, MD: Altamira Press, 2008.

Haddow, Bullock 2013 — Haddow, George and Jane Bullock, eds. Introduction to Emergency Management. Amsterdam: Butterworth Heinemann, 2013.

Halasz 2018 — Halasz, Gabor. The OECD-Tohoku School Project (A case of educational change and innovation in Japan). URL: http://oecdtohokuschool.sub.jp/_src/sc820/oecd938c96k83x83n815b838b83v838d83w-83f83n83g95f18d908f91814083k837b815b81e83n838b83u83x81i91e6394c581j81i93fa967b8cea94c581j.pdf (в настоящее аремя ресурс недоступен).

Hall 2005 — Hall, Lisa Kahaleole. 'Hawaiian at Heart' and Other Fictions // Contemporary Pacific. 2005. Vol. 17. № 2. P. 404–413.

Hannigan 2012 — Hannigan, John. Disaster without Borders: The International Politics of Natural Disasters. Cambridge, UK: Polity Press, 2012.

Hara 2013 — Hara Hiroko. Gender Issues in Disaster Prevention, Disaster Relief and the Reconstruction Process in Japan // Disaster Risk Reduction: A Japanese Women's Perspective on 3/11. Presentation to the Fourth Global Platform for Disaster Risk Reduction, Geneva, May 19–23, 2013 / ed. by JWNDRR. 2013. P. 19–21.

Haraigawa 2012 — Haraigawa Manabu. Hura Gāru to inu no Choko: Higashi Nihon Daishinsai de hisaishita inu no monogatari. Tokyo: Hāto shuppan, 2012.

Harvey 2005 — Harvey D. A Brief History of Neoliberalism. Oxford: Oxford University Press, 2005.

Hawaianzu n.d. — Supa Rizōto Hawaianzu (Kizuna Rizōto). Polynesian Grand Stage: Maka hou — Aratanaru hajimari.

Hawaianzu 2018 — Supa Rizōto Hawaianzu. URL: https://www.hawaiians.co.jp/ (дата обращения: 24.09.2023).

Hawaii Association 2019 — Hawaii Senior Life Enrichment Association. URL: http://www.hawaiiseniorlife.org/English (в настоящее время ресурс недоступен).

Herald 2012 — Hawaii Tribune Herald. Hilton Helps Rainbow Kids for Japan. 2012, April 5. URL: https://www.hawaiitribune-herald.com/2012/04/05/

hawaii-news/hilton-helps-rainbow-for-japan-kids/ (дата обращения: 24.09.2023).

Higashi 2016a — Higashi Nihon Daishinsai josei nettowāku. Konna shien ga hoshikatta!: genba ni manabu josei to tayō na nīzu ni hairyo shita saigai shien jireishū. URL: http://risetogetherjp.org/?p=2189 (дата обращения: 24.09.2023).

Higashi 2016б — Higashi Nihon Daishinsai josei nettowāku. The Support We Wanted! A Collection of Good Practice in Disaster Response based on the East Japan Disaster. URL: http://risetogetherjp.org/?p=2189 (дата обращения: 24.09.2023).

Hill 2004 — Hill, David. Books, Banks and Bullets: Controlling Our Minds–the Global Project of Imperialistic and Militaristic Neo-liberalism and Its Effect on Education Policy // Policy Futures in Education. 2004. Vol. 2. № 3–4. P. 504–522.

Hirano 2012 — Hirano Hirofumi. Shingakki o mukaeru minasan e // Heisei 23-nendo Monbu Kagakushō Hakusho: Higashi Nihon Daishinsai kara no fukkyū, fukkō–hito zukuri kara hajimaru sōzōteki fukkō / ed. by Monbu kagakushō, 56. Tokyo: Saeki insatsu kabushikigaisha, 2012. URL: http://www.mext.go.jp/b_menu/hakusho/html/hpab201201/1324356.htm (дата обращения: 24.09.2023).

Hoganson 1998 — Hoganson, Kristin. Fighting for American Manhood: How Gender Politics Provoked the Spanish-American and Philippines-American Wars. New Heaven: Yale University Press, 1998.

Homeland 2006 — Homeland Security National Preparedness Task Force. Civil Defense and Homeland Security: A Short History of National Preparedness Efforts. September 2006. URL: https://training.fema.gov/hiedu/docs/dhs%20civil%20 defense-hs%20-%20short%20history.pdf (в настоящее время ресурс недоступен).

Honeck 2018 — Honeck, Michael. Our Frontier Is the World: The Boy Scouts in the Age of American Ascendancy. Ithaca: Cornell University, 2018.

Hopson 2017 — Hopson, Nathan. Ennobling Japan's Savage Northeast: Tōhoku as Postwar Thought, 1945–2011. Cambridge: Harvard University Press, 2017.

Hotta 2002 — Hotta Midori. Danjo Kyōdō Sankaku teki akurobatto // Inpakushon. 2002, July. Vol. 131. P. 106–169.

Hotta 2009 — Hotta Midori. 'Danjo Kyōdō Sankaku' to 'Hinomaru' Feminizumu to no ayaui kankei // Shinpen Nihon no Feminizumu 1: Ribu to Feminizumu / ed. by Amano Masako, Inoue Kimio, Itō Ruri, Inoue Teruko,

Ueno Chizuko, Ehara Yumiko, Ōsawa Mari, and Kanō Mikiyo. Tokyo: Iwanami shoten, 2009. P. 289–294.

Hyakumannin 1999 — "Hyakumannin no shinse taryon" henshū iinkai, ed. Hyakumannin no shinse taryon: Chōsenjin kyōsei renkō, kyōsei rōdō no "han." Osaka: Tōhō shuppan, 1999.

Igarashi 2013 — Igarashi Takayoshi. "Kokudo Kyōjinka" hihan: Kōkyō jigyō no arubeki "mirai moderu" to wa. Tokyo: Iwanami shoten, 2013.

Ikari 2002 — Ikari Katsumi. Hawaian sentā monogatari. Tokyo: Jōban kōsan kabushiki gaisha, 2002.

Imada 2012 — Imada, Adria. Aloha America: Hula Circuits Through the U.S. Empire. Durham, NC: Duke University Press, 2012.

Imai 2008 — Imai Kesaharu. Heishi no kyūshoku, rēshon, sekai no mirimeshi o jisshoku suru: Zoku miri-meshi okawari! Tokyo: World Photo Press, 2008.

Imai 2011 — Imai Kesaharu. Iza to iu toki, yaku ni tatsu!: Otasuke-meshi. Tokyo: World Photo Press, 2011.

Inoue 2011 — Inoue Keiko. Dai jishin dai saigai ni tsuyoi ie zukuri, ie erabi. Tokyo: Asahi shinbun shuppan, 2011.

Isemura 2014 — Isemura Kazuya. Kokubō danshi: Kaijō Jieitai dansei jieikan shashinshū. Tokyo: Shūeisha, 2014.

Ishihara 2016 — Ishihara Shintarō. Tensai. Tokyo: Gentōsha, 2016.

Ishizaki 2018 — Ishizaki Tsutomu. Jieitai bōsai book. Tokyo: Magajin hausu, 2018.

ISN 2018 — Japan Innovative Schools Network (ISN) supported by the OECD. URL: https://innovativeschools.jp/en/archive/oecd_tohoku_school/ (в настоящее время ресурс недоступен).

Jacobs 2013 — Jacobs, Robert. Nuclear Conquistadors: Military Colonialism in Nuclear Test Site Selection during the Cold War // Asian Journal of Peace Building. 2013. Vol. 1. № 2. P. 157–188.

Jacobs 2010 — Jacobs, Robert. The Dragon's Tail: Americans Face the Atomic Age. Amherst: University of Massachusetts Press, 2010.

Japan-America Society 2019 — Japan-America Society of Hawaii. URL: https://www.jashawaii.org/ (дата обращения: 24.09.2023).

Jieitai 2016 — Jieitai Ōsaka chihō kyōryoku honbu, Kono ima o, mirai o, mamoru. URL: http://www.mod.go.jp/pco/osaka/news/news02.html (в настоящее время ресурс недоступен).

Jieitai 2018 — Jieitai Kyoto chihō kyōryoku honbu kōhō ibento. Sōgō gakushū moderu puran. URL: https://www.mod.go.jp/pco/kyoto/kouhoushitsu/gakushumodel.html (дата обращения: 24.09.2023).

Jieitai 2019 — Jieitai kazokukai, ed. Jieikan ga kataru saigai haken no kiroku: hisaisha ni yorisou shien. Tokyo: Namiko shobō, 2019.

Jiyū 2012 — Jiyū Minshutō kokudo kyōjinka sōgō chōsakai. Kokudo kyōjinka: Nihon o tsuyoku shinayaka ni. Tokyo: Sagami shobō, 2012.

Jiyū 2013a — Jiyū Minshutō kokudo kyōjinka sōgō chōsakai. Kokudo kyōjinka: Nihon o tsuyoku shinayaka ni, sono 3. Tokyo: Sagami shobō, 2013.

Jiyū 20136 — Jiyū Minshutō kokudo kyōjinka sōgō chōsakai. Kokudo kyōjinka: Nihon o tsuyoku shinayaka ni, sono 2. Tokyo: Sagami shobō, 2013.

Jiyū 2015 — Jiyū Minshutō kokudo kyōjinka sōgō chōsakai, ed. Kokudo kyōjinka: Nihon o tsuyoku shinayaka ni, 2015-nenban. Tokyo: Chūō kōron shinsha, 2015.

Jōban 2005 — Jōban kyōdō karyoku 50-nenshi henshū iinkai, ed. "50-nen no ayumi" 1955–2005: hito to jigyō no kiroku. Tokyo: Jōban kyōdō karyoku kabushiki gaisha, 2005.

Joseph 2013 — Joseph, Jonathan. Resilience as Embedded Neoliberalism: A Governmentality Approach // Resilience. 2013. Vol. 1. № 1. P. 38–52.

Kadokawa 2015 — Kadokawa Daisaku. Nihon no 'bunka no kyōjinka' ni shisuru Kyoto no yakuwari // Kokudo Kyōjinka: Nihon o tsuyoku shinayaka ni, 2015-nenban / ed. by Jiyū Minshutō kokudo kyōjinka sōgō chōsakai. Tokyo: Chūō kōron shinsha, 2015. P. 121–134.

Kainuma 2011 — Kainuma Hiroshi. "Fukushima" ron: Genshiryoku mura wa naze umaretanoka. Tokyo: Seidosha, 2011.

Kaizuma 2014 — Kaizuma, Keiko. The Contradictions of the 'Utilization of Women': Neoliberal Neoconservative Government and Its Use of Women of the Global Middle Class // Voices from Japan. 2014, March. № 28. P. 7–12.

Kajihiro 2008 — Kajihiro, Kyle. The Militarizing of Hawai'i: Occupation, Accommodation, and Resistance // Asian Settler Colonialism: From Local Governance to the Habits of Everyday Life in Hawai'i / ed. by Candace Fujikane and Jonathan Okamura. Honolulu: University of Hawai'i Press, 2008. P. 170–194.

Kanbō 2015 — Naikaku Kanbō, kokudo kyōjinka suishinshitsu. Building National Resilience: Creating a Strong and Flexible Country. URL: www.cas.go.jp/jp/seisaku/ kokudo_kyoujinka/en/e01_panf.pdf (дата обращения: 24.09.2023).

Kanei 2017 — Kanei Yoshiko. Danjo Kyōdō Sankaku no 'kihansei' e no toi // Yokohama shiritsu daigaku ronsō jinbun kagaku keiretsu. 2017. Vol. 68. № 2. P. 145–146.

Katada 2012 — Katada Toshitaka. Kodomotachi ni "Ikinuku Chikara" o: Kamaishi no jirei ni manabu tsunami bōsai kyōiku. Tokyo: Furēberukan, 2012.

Kids Voice 2012 — Kids Voice, ed. Fukushima no kodomotachi kara no tegami. Tokyo: Asahi shinbun shuppan, 2012.

Kikuchi 2019 — Kikuchi Natsuno. Nihon no posuto feminizumu: "joshiryoku" to neoriberarizumu. Tokyo: Ōtsuki shoten, 2019.

Kikuzuki 2006 — Kikuzuki Toshiyuki. Sekai no miri-meshi o jisshoku suru–heishi no kyūshoku rēshon. Tokyo: Wārudo foto puresu, 2006.

Kilpatrick 2015 — Kilpatrick, Helen. The Recognition of Nuclear Trauma in Sagashite imasu (I am Searching) // The Asia-Pacific Journal. 2015. Vol. 13. Issue 7. № 8.

Kimmel 2012 — Kimmel, Michael. Manhood in America: A Cultural History. Oxford: Oxford University Press, 2012.

Kingston 2012 — Kingston, Jeff. Introduction // Natural Disaster and Nuclear Crisis in Japan: Response and Recovery after Japan's 3/11 / ed. by Jeff Kingston. London and New York: Routledge, 2012. P. 1–11.

Kirk, Okazawa-Rey 2000 — Kirk, Gwyn, and Margo Okazawa-Rey. Neo-liberalism, Militarism, and Armed Conflict // Social Justice. 2004. Vol. 27. № 4. P. 1–17.

Koide 2012 — Koide Hiroaki. Zukai: Genpatsu no uso. Tokyo: Fusōsha, 2012.

Koikari 2008 — Koikari, Mire. Pedagogy of Democracy: Feminism and the Cold War in the U.S. Occupation of Japan. Philadelphia: Temple University Press, 2008.

Kokudo 2013 — Kokudo kyōjinka sōgō chōsakai. Zadankai: Josei kokkai giin ga kangaeru kokudo no kyōjinka // Kokudo kyōjinka: Nihon o tsuyoku shinayaka ni, sono 2 / ed. by Jiyū Minshutō kokudo kyōjinka sōgō chōsakai. Tokyo: Sagami shobō, 2013. P. 685–721.

Kokudo 2015 — Kokudo kyōjinka suishinshitsu. Sekai toppu reberu no kokudo kyōjinka o mezashite. URL: http://nettv.gov-online.go.jp/prg/prg8017. html (в настоящее время ресурс недоступен).

Kokudo 2019 — Kokudo kōtsūshō. Saitō Kazuhiko. URL: https://www. mlit.go.jp/kankocho/shisaku/jinzai/charisma/mr_saito_k.html (дата обращения: 24.09.2023).

Konaga 2012 — Konaga Keiichi. Enerugī seisaku to seiji no rīdāshippu, Tanaka Kakuei-shi o kaiko shinagara // Kokudo kyōjinka: Nihon o tsuyoku shinayaka ni / ed. by Jiyū Minshutō kokudo kyōjinka sōgō chōsakai. Tokyo: Sagami shobō, 2012. P. 463–490.

Kuboi 2006 — Kuboi Norio. E de yomu Dai Nihon Teikoku no kodomo-tachi: senjō e sasotta kyōiku, asobi, sesō bunka. Tokyo: Tsuge shobō shinsha, 2006.

Kumiko et al. 2013 — Hagiwara Kumiko, Minagawa Masami, and Ōsawa Mari, eds. Fukkō o torimodosu: hasshinsuru Tōhoku no onnatachi. Tokyo: Iwanami shoten, 2013.

Kunizaki 2010 — Kunizaki Nobue. Shindo 7 kara kazoku o mamoru ie: bōsai gensai hando bukku. Tokyo: Ushio shuppan, 2010.

Kunizaki 2011a — Kunizaki Nobue. Jishin no junbi techō: jikanjiku de wakaru kokoroe to chie. Tokyo: NHK shuppan, 2011.

Kunizaki 2011б — Kunizaki Nobue. Oyako de yomou! Doraemon no jishin wa naze okoru dō mi o mamoru. Tokyo: Shōgakkan, 2011.

Kunizaki 2012 — Kunizaki Nobue. Kyodai jishin kara kodomo o mamoru 50 no hōhō. Tokyo: Buronzu shinsha, 2012.

Kunizaki 2019 — Kunizaki Nobue. Kokudo kyōjinka: watashi no hitokoto vol. 2. URL: https://www.cas.go.jp/jp/seisaku/kokudo_kyoujinka/kouhou/vol_2/hitokoto.html (дата обращения: 24.09.2023).

Kurowassan 2017 — Kurowassan. Josei mesen de sonaeru bōsai bukku. Tokyo: Magajin hausu, 2017.

Kusagaya 2012 — Kusagaya Keiko. 3.11 o kokoro ni kizamu bukku gaido. Tokyo: Kodomo no miraisha, 2012.

Kusano 2011 — Kusano Kaoru. 4-koma de sugu wakaru minna no bōsai hando bukku. Tokyo: Disukavā tuenti-wan, 2011.

Kusano 2019 — Kusano Kaoru. Kusano Karou no 4-koma bōsai. URL: http://ikinokoru.info (в настоящее время ресурс недоступен).

LeBlanc 2012 — LeBlanc, Robin. Lessons from the Ghost of Salaryman Past: The Global Costs of the Breadwinner Imaginary // The Journal of Asian Studies. 2012. Vol. 71. № 4. P. 857–871.

Loo 2014 — Loo, Tze May. Heritage Politics: Shuri Castle and Okinawa's Incorporation into Modern Japan, 1879–2000. Lanham, MD: Lexington Books, 2014.

Lumpkins 2013 — Lumpkins, Donald. National Protection Overview: National Protection Framework and NIPP 2013. URL: www.cas.go.jp/jp/seisaku/kokudo_kyoujinka/workshop/pdf/h260707siryou1.pdf (в настоящее время ресурс недоступен).

Lumpkins 2015 — Lumpkins, Donald. Kichō kōen: Beikoku no kokudo kyōjinka ni kakawaru torikumi // Kokudo kyōjinka: Nihon o tsuyoku shinayaka ni, 2015-nenban / ed. by Jiyū Minshutō kokudo kyōjinka sōgō chōsakai. Tokyo: Chūō kōron shinsha, 2015. P. 340–347.

MAMA-PLUG 2019 — MAMA-PLUG. Akutivu bōsai. URL: https://www.active-bousai.com/about/bousaipicnic/ (в настоящее время ресурс недоступен).

Mason 2011 — Mason, Michele. Empowering the Would-be Warrior: Bushidō and the Gendered Bodies of the Japanese Nation // Recreating Japanese Men / ed. by Sabine Frühstück and Anne Walthall. Berkeley: University of California Press, 2011. P. 68–111.

Matsuyama 2013 — Matsuyama Rena. Genbaku to Genpatsu. Tokyo: Kodomo no Miraisha, 2013.

May 2008 — May, Elaine Tyler. Homeward Bound: American Families in the Cold War Era. New York: Basic Books, 2008.

McCormack, Satoko 2012 — McCormack, Gavan, and Satoko Norimatsu. Resistant Islands: Okinawa Confronts Japan and the United States. Lanham, MD: Roman and Littlefield Publisher, 2012.

McCurry 2013 — McCurry, Justin. Fukushima 50: 'We felt like kamikaze pilots ready to sacrifice everything // The Guardian. January 11, 2013. URL: https://www. theguardian.com/environment/2013/jan/11/fukushima-50-kamikaze-pilots-sacrifice (дата обращения: 24.09.2023).

McEnaney 2000 — McEnaney, Laura. Civil Defense Begins at Home: Militarization Meets Everyday Life in the Fifties. Princeton: Princeton University Press, 2000.

McGee 2017 — McGee, Oona. Fukushima Rebuilds Its Future with Fish, Tomatoes and Hula Girls // Japan Today. 2017, February 7. URL: https://japantoday.com/category/features/fukushima-rebuilds-its-future-with-fish-tomatoes-and-huladancing-girls?comment-order=popular (в настоящее время ресурс недоступен).

Mckeown, Glenn 2018 — Mckeown, Anthony, and John Glenn. The Rise of Resilience after the Financial Crises: A Case of Neoliberalism Rebooted? // Review of International Studies. 2018. Vol. 44. Part 2. P. 193–214.

McMorran 2017 — McMorran, Chris. From Volunteers to Voluntours: Shifting Priorities in Post-disaster Japan // Japan Forum. 2017. Vol. 29. № 4. P. 558–582.

Meguro 2018 — Meguro Gakuin. Meguro Gakuin hairaito: sōgōteki na gakushū jikan 'bōsai kyōiku' Jieitai Nerima chūtonchi bōsai taiken gakushū. URL: http://www.meguro.ac.jp/junior/highlight/2017/09/bousai_kyoiku_jieitai.html (дата обращения: 24.09.2023).

Meyer, Zahedi 2014 — Meyer, Heinz-Dieter, Katie Zahedi, and signatories. An Open Letter: To Andreas Schleicher, OECD, Paris // Global Policy Journal. 2014, May 5.

Minakawa 2008 — Minakawa Masumi. 'Danjo Kyōdō Sankaku seisaku' wa ima dokoni irunoka // Joseigaku. 208. Vol. 16. P. 25–39.

Ministry of Foreign Affairs 2019 — Ministry of Foreign Affairs of Japan. The 7th Pacific Islands Leaders Meeting (PALM7). URL: https://www.mofa.go.jp/a_o/ocn/page23e_000427.html (в настоящее время ресурс недоступен).

Mitarai 2012 — Mitarai Fujio. Kokudo kyōjinka ni mukete // Kokudo kyōjinka: Nihon o tsuyoku shinayaka ni / ed. by Jiyū Minshutō kokudo kyōjinka sōgō chōsakai. Tokyo: Sagami shobō, 2012. P. 491–521.

Miura et al. 2015 — Miura Hiroki, Nanashima Takayuki, and Murashige Shin'ichirō. OECD Tōhoku Sukūru no torikumi to sono kyōiku kōka // Fukushima Daigaku chiiki sōzō. 2015, February. Vol. 26. № 2. P. 7915–7940.

Miyagi 2012 — Miyagi no josei shien o kirokusuru kai. Onnatachi ga ugoku: Higashi Nihon Daishinsai to danjo kyōdō sankaku shiten no shien. Tokyo: Seikatsu shisōsha, 2012.

Miyagi 2019 — Miyagi bikki no kai. URL: http://bikkifund.net/ (в настоящее время ресурс недоступен).

Miyajima 2008 — Miyajima Shigeki. Fushō Miyajima senjō de meshi kuu! Tokyo: Wārudo foto puresu, 2008.

Miyajima 2011 — Miyajima Shigeki. Saiki. Tokyo: KK besto serāzu, 2011.

Monbu 2011 — Monbu kagakushō. Higashi Nihon Daishinsai o uketa bōsai kyōiku, bōsai kanri tō ni kansuru yūshikisha kaigi, 'Chūkan torimatome.' September 30, 2011. URL: http://www.mext.go.jp/b_menu/shingi/chousa/sports/012/toushin/1311688.htm (в настоящее время ресурс недоступен).

Monbu 2012 — Monbu kagakushō. Heisei 23-nendo Monbu kagaku hakusho: Higashi Nihon Daishinsai kara no fukkyū, fukkō — hito zukuri kara hajimaru sōzōteki fukkō, 25. Tokyo: Saeki insatsu kabushikigaisha, 2012. URL: http://www.mext. go.jp/b_menu/hakusho/html/hpab201201/1324356.htm (дата обращения: 24.09.2023).

Monbu 2013 — Monbu kagakushō. Gakkō bōsai no tame no sankō shiryō: 'Ikiru chikara' o hagukumu bōsai kyōiku no tenkai, 2013. URL: http://www.mext.go.jp/component/a_menu/education/detail/__icsFiles/afieldfile/2018/12/25/1334780_01.pdf (в настоящее время ресурс недоступен).

Morita 2015 — Morita Minoru. Kokudo kyōjinka no shisō to rinen // Kokudo kyōjinka: Nihon o tsuyoku shinayaka ni, 2015-nenban / ed. by Jiyū Minshutō kokudo kyōjinka sōgō chōsakai. Tokyo: Chūō kōron shinsha, 2015. P. 25–38.

Mulgan 2013 — Mulgan, Aurelia. From People to Concrete: Reviving Japan's 'Construction State' Politics // East Asia Forum. 2013, February 26.

Muta 2006 — Muta Kazue. Feminizumu no rekishi kara miru shakai undō no kanōsei // Shakaigaku hyōron. 2006. Vol. 57. № 2. P. 292–309.

Nadel 1995 — Nadel, Alan. Containment Culture: American Narratives, Postmodernism, and the Atomic Age. Durham, NC: Duke University Press, 1995.

Nagasawa 1987 — Nagasawa Shigeru. Senjika Jōban Tanden ni okeru Chōsenjin kōfu no rōdō to tatakai // Shien. 1987. Vol. 47. № 1. P. 1–13.

Nagasawa 1988 — Nagasawa Shigeru. Senjika Jōban Tanden ni okeru Chōsenjin kōfu no rōdō to tatakai (2) // Shien. 1988. Vol. 47. № 2. P. 61–94.

Naikakufu 2019a — Naikakufu danjo kyōdō sankakukyoku. Learning from Adversity. URL: http://www.gender.go.jp/english_contents/mge/drr/pdf/learning_from_adversity.pdf (в настоящий момент ресурс недоступен).

Naikakufu 2019б — Naikakufu danjo kyōdō sankakukyoku. Check Sheet for Emergency Storage / Evacuation Shelters. URL: http://www.gender.go.jp/english_contents/mge/drr/pdf/check_sheet.pdf (дата обращения: 24.09.2023).

Naikakufu 2019в — Naikakufu danjo kyōdō sankakukyoku. Danjo kyōdō sankaku no shiten kara no bōsai, fukkō no torikumi shishin. URL: http://www.gender.go.jp/policy/saigai/shishin/pdf/shishin.pdf (в настоящий момент ресурс недоступен).

Nakano 2015 — Nakano, Kōichi. Ukeikasuru Nihon seiji. Tokyo: Iwanami shoten, 2015.

Nakano 2016a — Nakano, Kōichi. Political Dynamics of Contemporary Japanese Nationalism // Asian Nationalisms Reconsidered / ed. by Jeff Kingston. New York: Routledge, 2016. P. 160–171.

Nakano 2106б — Nakano, Kōichi. New Right Transformation in Japan // Disasters and Social Crisis in Contemporary Japan: Political, Religious, and Sociocultural Responses / ed. by Mark Mullins and Kōichi Nakano. New York: Palgrave Macmillan, 2016. P. 23–41.

National Academies 2012 — The National Academies. Disaster Resilience: A National Imperative. Washington, D.C: National Academies Press, 2012.

NHK 2013 — NHK. NHK kurōzu appu gendai: Anpanman ni takushita yume–ningen Yanase Takashi. Originally aired October 30, 2013. URL: https://www.nhk.or.jp/gendai/articles/3423/1.html (дата обращения: 24.09.2023).

NHK 2014 — NHK supesharu shuzaihan. Anime-ban Kamaishi no kiseki: inochi o mamoru jugyō. Tokyo: Shin Nihon shuppansha, 2014.

NHK 2015 — NHK supesharu shuzaihan. Kamaishi no kiseki: donna bōsai kyōiku ga kodomo no "inochi" o sukuerunoka? Tokyo: Īsuto puresu, 2015.

NHK, Katada 2012 — NHK shuzaihan and Toshitaka Katada. Minna o mamoru inochi no jugyō: Ōtsunami to Kamaishi no kodomotachi. Tokyo: NHK shuppan, 2012.

Nihon 2012 — Nihon gakujutsu kaigi. Kōkai kōen shinpojiumu hōkoku, 6.11 shinpo no hōkoku. URL: http://www.scj.go.jp/ja/event/houkoku/110611 houkoku.html (дата обращения: 24.09.2023).

Nihon 2014 — Kiki taiō hyōjunka kenkyūkai. Sekai ni tsūjiru kiki taiō: ISO 22320; 2013. Tokyo: Nihon kikaku kyōkai, 2014.

Nikai 2012 — Nikai Toshihiro. Kokudo kyōjinka sengen // Kokudo kyōjinka: Nihon o tsuyoku shinayaka ni / ed. by Jiyū Minshutō kokudo kyōjinka sōgō chōsakai. Tokyo: Sagami shobō, 2012. P. 15–87.

Nikai 2015 — Nikai Toshihiro. Kokudo kyōjinka to iu 'shisō' II // Kokudo kyōjinka: Nihon o tsuyoku shinayaka ni, 2015-nenban / ed. by Jiyū Minshutō kokudo kyōjinka sōgō chōsakai. Tokyo: Chūō kōron shinsha, 2015. P. 15–19.

Nikkan 2017 — Nikkan San. Hawai Daigaku de kōen, Nikai Toshihiro Jimintō Kanjichō. May 11, 2017.

Nikkei Business 2011 — Kachū no hito, Saitō Kazuhiko Jōban Kōsan shachō no kokuhaku: Hura Gāru wa nigenai // Nikkei Business. Vol. 1619, 2011, December 5. P. 56–58.

Nikkei 2013–2013-nen, dobokukai o yomu, kīwādo 50 // Nikkei konsutorakushon. № 559. 2013, January 14. P. 46–73.

Nikkei 2014 — Tettei yosoku 2014-nen no doboku // Nikkei konsutorakushon. № 583. 2014, January 13. P. 42–67.

Oak 1994 — Oak, Guy. The Imaginary War: Civil Defense and American Cold War Culture. New York: Oxford University Press, 1994.

OECD 2018a — OECD Tōhoku Sukūru. OECD Tōhoku Sukūru. URL: http://oecdtohokuschool.sub.jp/ (дата обращения: 24.09.2023).

OECD 2018б — OECD Tōhoku Sukūru. Tohoku fukkōsai Wa in Paris. URL: http://oecdtohokuschool.sub.jp/_src/sc737/fukkousai_report.pdf (дата обращения: 24.09.2023).

OECD 2018в — OECD Tōhoku Sukūru. Andoreasu Shuraihyā shi kouenkai, '13.2.4. URL: http://oecdtohokuschool.sub.jp/schleicher.html (дата обращения: 24.09.2023).

Ogata, Shima 2018 — Ogata Yūdai, and Shima Yasuhiko. Ryōheika to Fukushima, nagori oshimu mikkakan, hatsunetsu no kōgō sama ga hana o // Asahi shinbun digital. 2018, July 5. URL: https://www.asahi.com/articles/ASL6J7KPJL6JUTIL020.html (дата обращения: 24.09.2023).

Ogawa 2015 — Ogawa, Akira. Lifelong Learning in Neoliberal Japan: Risk, Community, and Knowledge. Albany: SUNY Press, 2015.

Ōki 2019 — Ōki Satoko. Kokudo kyōjinka: watashi no hitokoto vol. 1. URL: https://www.cas.go.jp/jp/seisaku/kokudo_kyoujinka/kouhou/vol_1/hitokoto.html (дата обращения: 24.09.2023).

Ōkoshi 2011 — Ōkoshi Aiko. Tokushū: Ano koro // Hibi no shinbun: Iwaki Biweekly Review. 2011, March 15.

Ōkoshi 2013 — Ōkoshi Aiko. Odoru kokoro: Ono Emiko no saigetsu. Iwaki, Fukushima: Shisōkan, 2013.

Oliver-Smith 2002 — Oliver-Smith, Anthony. Theorizing Disasters: Nature, Power, and Culture // Catastrophe & Culture: The Anthropological Perspective / ed. by Susan Hoffman and Anthony Oliver-Smith. Santa Fe: School of American Research Press, 2002. P. 23–47.

Ombrello 2016 — Ombrello, Mark. The South Seas on Display in Japan: Yosano Tekkan's Nan'yōkan and South Seas Discourse of the Early Twentieth Century // Pacific Asia Inquiry. 2016. Vol. 7. № 1. P. 26–42.

Orii 2017 — Orii Miyako, and Josei no rekishi kenkyūkai, eds. Onnatachi ga tachiagatta: Kantō Daishinsai to Tokyo Rengō Fujinkai. Tokyo: Domesu shuppan, 2017.

Ōsawa 2000 — Ōsawa Mari. 21-seiki no josei seisaku to Danjo Kyōdō Sankaku Shakai Kihonhō. Tokyo: Gyōsei, 2000.

Ōsawa 2013 — Ōsawa Mari. Nihon Gakujutsu Kaigi no Higashi Nihon Daishinsai e no taiō to jendā no shiten // Gakujutsu no dōkō. 2013, October. P. 30–35.

Ōsawa, Ueno 2001 — Ōsawa Mari, and Ueno Chizuko. Danjo Kyōdō Sankaku Shakai Kihonhō no mezasu mono: sakutei made no ura omote // Radikaru ni katareba: Ueno Chizuko taidanshū / ed. by Ueno Chizuko, Kawano Kiyomi, Adachi Mariko, Ōsawa Mari, and Takemura Kazuko. Tokyo: Heibonsha, 2001. P. 10–77.

Ōsawa et al. 2013 — Ōsawa Mari, Dōmoto Akiko, and Yamaji Kumiko, eds. Saigai, fukkō to danjo kyōdō sankaku 6.11 shinpojiumu. URL: https://gcoe.iss.u-tokyo.ac.jp/2011/12/gcoe-1.html (дата обращения: 24.09.2023).

Ōta 2016 — Ōta Masahide. Kumejima no "Okinawasen"–Kūshū, Kumejima Jiken, Beigunsei. Naha, Okinawa: Okinawa kokusai heiwa kenkyūjo, 2016.

Ozaki 2011 — Ozaki Kiyoko. Itsudemo tabetai! Jieitai gohan. Tokyo: Ikarosu shuppan, 2011.

Pempel 2010 — Pempel, T. J. Between Pork and Productivity: The Collapse of the Liberal Democratic Party // Journal of Japanese Studies. 2010. Vol. 36. № 2. P. 227–254.

Public Relations Office 2018 — Government of Japan Public Relations Office. Made in New Japan: The Miracle of Kamaishi. URL: https://mnj.gov-online.go.jp/kamaishi.html (в настоящее время ресурс недоступен).

Rainbow 2018 — Rainbow for Japan Kids. URL: http://en.rainbowforja-pankids.com/ (в настоящий момент ресурс недоступен).

Rath 2017 — Rath, Robert. 'Pokémon Sun and Moon' Is a Tourist's Version of Hawaii // Waypoint. 2017, February 9. URL: https://waypoint.vice.com/en_us/article/ypqany/pokemon-sun-and-moon-is-a-tourists-version-of-hawaii (дата обращения: 24.09.2023).

Reconstruction Agency 2020 — Reconstruction Agency. Great East Japan Earthquake. URL: https://www.reconstruction.go.jp/english/topics/GEJE/index.html (дата обращения: 24.09.2023).

Renfro 2018 — Renfro, Paul. 'Hunting These Predators': The Gender Politics of Child Protection in the Post–9/11 Era // Feminist Studies. 2018. Vol. 44. № 3. P. 567–599.

Riedner 2015 — Riedner, Rachel. Writing Neoliberal Values: Rhetorical Connectivities and Globalized Capitalism. New York: Palgrave Macmillan, 2015.

Risk Taisaku.com 2015 — Bōsai, BCP o sasaeru jūgyōin no sodatekata // Risk Taisaku.Com. Vol. 49. May 2015.

Roberson, Nobue 2003 — Roberson, James, and Nobue Suzuki, eds. Men and Masculinities in Contemporary Japan: Dislocating the Salaryman Doxa. London: Routledge, 2003.

Robertson 1998 — Robertson, Jennifer. Takarazuka: Sexual Politics and Popular Culture in Modern Japan. Berkeley: University of California Press, 1998.

Rosenthal 2004 – Rosenthal M. The Character Factory: Baden-Powell and the Origins of the Boy Scout Movement. Pantheon Books, 1984. P. 64.

Rottenberg 2018 — Rottenberg, Catherine. The Rise of Neoliberal Feminism. Oxford: Oxford University Press, 2018.

Roy 2010 — Roy, Susan. Bomboozled!: How the U.S. Government Misled Itself and Its People into Believing They Could Survive a Nuclear Attack. New York: Pointed Leafe Press, 2010.

Saaler 2016 — Saaler, Sven. Nationalism and History in Contemporary Japan // Asian Nationalisms Reconsidered / ed. by Jeff Kingston. New York: Routledge, 2016. P. 172–185.

Saitō 2012 — Saitō, Fumie. Women and the 2011 East Japan Disaster // Gender and Development. 2012. Vol. 2. № 2. P. 266–267.

Sakamoto 2011a — Sakamoto Hiroko. Guratto kitemo awatenai! Jishin no toki no ryōri no waza. Tokyo: Shibata shoten, 2011.

Sakamoto 2011б — Sakamoto Hiroko. Sabaibaru kukkingu: donna toki demo tabenuku genki jutsu. Tokyo: Dainihon insatsu, 2011.

Sakamoto 2011в — Sakamoto Hiroko. Sūpā Shufu no setsuden reshipi. Tokyo: Shibata shoten, 2011.

Sakamoto, Sakamoto 2012 — Sakamoto Hiroko, and Sakamoto Kana. Daidokoro bōsai jutsu. Tokyo: Nō-san-gyoson bunka kyōkai, 2012.

Samuels 2013 — Samuels, Richard. 3.11: Disaster and Change in Japan. Ithaca: Cornell University Press, 2013.

Sand 2012 — Sand, Jordan. Living with Uncertainty after March 11, 2011 // The Journal of Asian Studies. 2012. Vol. 71. № 2. P. 313–318.

Sankei 2012 — Sankei shinbunsha. "Nihonjin no sokojikara": Higashi Nihon Daishinsai ichinen no zen kiroku. Tokyo: Sankei shinbunsha, 2012.

Sankei 2019 — Sankei shinbunsha. Tennō Kōgō ryōheika to Heisei daisaigai: gekidō no 30-nen zenkiroku. Tokyo: Sankei shinbunsha, 2019.

Saranillio 2010 — Saranillio, Dean. Colliding Histories: Hawai'i Statehood at the Intersection of Asians 'Ineligible to Citizenship' and Hawaiians 'Unfit for Self-Government' // Journal of Asian American Studies. 2010. Vol. 13. № 3. P. 283–309.

Sasaki 2011 — Sasaki Norio. Nadeshiko jikara: Sā, isshoni sekai ichi ni narō! Tokyo: Kōdansha, 2011.

Sasaki 2012 — Sasaki Norio. Nadeshiko jikara tsugi e. Tokyo: Kōdansha, 2012.

Sasaki, Yamamoto 2012 — Sasaki Norio, and Yamamoto Masakuni. Katsu soshiki. Tokyo: Kadokawa shoten, 2012.

Satō 2004 — Satō Fumika. Gunji soshiki to jendā: Jieitai no joseitachi. Tokyo: Keiō gijuku daigaku shuppan, 2004.

Scheibach 2009 — Scheibach, Michael, ed. "In Case Atom Bombs Fall": An Anthology of Governmental Explanations, Instructions and Warnings from the 1940s to the 1960s. Jefferson, NC: McFarland and Company, 2009.

Schencking 2008 — Schencking, Charles. The Great Kantō Earthquake and the Culture of Catastrophe and Reconstruction in 1920s Japan // The Journal of Japanese Studies. 2008. Vol. 34. № 2. P. 295–331.

Schencking 2013 — Schencking, Charles. The Great Kantō Earthquake and the Chimera of National Reconstruction in Japan. New York: Columbia University Press, 2013.

Schieder 2014 — Schieder, Chelsea Szendi. Womenomics vs. Women: Neoliberal Cooptation of Feminism in Japan // Meiji Journal of Political Science and Economics. 2014. Vol. 3. P. 53–60.

Schieder 2017 — Schieder, Chelsea Szendi. Blood Ties: Intimate Violence in Shizō Abe's Japan // World Policy Journal. 2017. Vol. XXXIV. № 3. P. 28–35.

Schilling 2016 — Schilling, Mark. 'Shin Godzilla': The Metaphorical Monster Returns // The Japan Times. August 3, 2016. URL: https://www.japantimes.co.jp/culture/2016/08/03/films/film-reviews/shin-godzilla-metaphorical-monster-returns/#.XX1TrS5KjIU (в настоящий момент ресурс недоступен).

Shimazaki 2010 — Shimazaki Naoko. Jōban Tankō no chiikiteki tokusei to sono kyūshūryoku: santanchi hikaku kenkyū ni mukete no seiri // Shakai jōhō. 2010. Vol. 19. № 2. P. 179–195.

Shimizu 2011 — Shimizu Kazutoshi. Hura Gāru 3.11: tsunagaru kizuna. Tokyo: Kōdansha, 2011. URL: https://www.youtube.com/watch?v=0ih1hT0Vlxw (в настоящий момент ресурс недоступен).

Shimizu 2015 — Shimizu Kazutoshi. Jōban ongaku buyō gakuin 50-nenshi: Hura Gāru monogatari. Tokyo: Kodansha, 2015.

Shimizu 2018 — Shimizu Kazutoshi. "Tōhoku no Hawai" wa naze V-ji kaifuku shitanoka: Sūpā Rizōto Hawaianzu no kiseki. Tokyo: Shūeisha shinsho, 2018.

Shinbun 2013 — Shinbun Akahata. Toritsukō no Jieitai kunren ga nokoshita mono. August 14, 2013. URL: https://www.jcp.or.jp/akahata/aik13/2013–08–14/2013081413_01_1.html (дата обращения: 24.09.2023).

Shiozawa 2016 — Shiozawa Junko. 'Aroha no kokoro o Tōhoku no kodomotach e' Reinbō fō Japan purojekuto ni tsuite hokkinin no Ōkubo Ryōichi san ni hanashi o kikimashita // Huffington Post. 2016, August 28. URL: https://www.huffingtonpost.jp/junko-shiozawa/aloha-tohoku_b_11741238.html (дата обращения: 23.09.2023).

Shōgakkan 2011 — Shōgakkan bōsai chīmu. Jishin, teiden, hōshanō, minna de ikinuku bōsai jutsu. Tokyo: Shōgakkan, 2011.

Shōkō jānaru 2017 — Shōkō jānaru. Ima o kataru, 'Ichizan Ikka' no kizuna ga tsuruku Hura Gāru no kagayaki. 2017.

Shushō kantei 2015 — Shushō kantei. Daisan-kai Kokuren Bōsai Sekai Kaigi hai reberu pātonāshippu daiarogu ni okeru Abe Naikaku Sōri Daijin supīchi. March 14, 2015. URL: https://www.kantei.go.jp/jp/97_abe/statement/2015/0314speech.html (дата обращения: 24.09.2023).

Shushō kantei 2016 — Shushō kantei. Jieitai kōkyū kanbu kaidō ni tomonau sōri shusai konshinkai. September 12, 2016. URL: http://www.kantei.go.jp/jp/97_abe/actions/201609/12jieitai_konshinkai.html (дата обращения: 24.09.2023).

Slater 2015 — Slater, David. Urgent Ethnography // Japan Copes with Calamity / ed. by Tom Gill, Brigitte Steger, and David Slater. Oxford: Peter Lang, 2015. P. 25–49.

Spitzer 2016 — Spitzer, Kirk. New 'Godzilla' Makes Japan's Military the Tough Guys // USA Today. September 12, 2016. URL: https://www.usatoday.com/story/news/world/2016/09/12/japan-shin-godzilla-military-forces/90123594/ (дата обращения: 24.09.2023).

Sterngold 1993 — Sterngold, James. Kakuei Tanaka, 75, Ex-premier and Political Force in Japan, Dies // The New York Times. 1993, December 17. URL: https://www.nytimes.com/1993/12/17/obituaries/kakuei-tanaka-75-ex-premier-andpolitical-force-in-japan-dies.html (дата обращения: 24.09.2023).

Stillman 1999 — Stillman, Amy Kuʻuleialoha. Globalizing Hula // Yearbook for Traditional Music. Vol. 31. 1999. P. 57–66.

Suzuki 1988 — Suzuki Yūko. Feminizumu to sensō: fujin undōka no sensō kyōryoku. Tokyo: Marujusha, 1988.

Suzuki et al. 2014 — Suzuki Ayaka, Seki Megumi, and Hori Akiko. Josei undō to gyōsei no kyōdō ni kansuru ichi kōsatsu: Nuiya Yōko to Danjo Kyōdō Sankaku bijon ni chakumoku shite // Joseigaku kenkyū. 2014. Vol. 21. № 3. P. 120–141.

Swedin 2011 — Swedin, Eric. Survive the Bomb: The Radioactive Citizen's Guide to Nuclear Survival. Minneapolis: Zenith Press, 2011.

Tabata 2011 — Tabata Yoshi. Obāchan no kamishibai: tsunami. Tokyo: Sankei shinbun shuppan, 2011.

Tabuchi 2007 — Tabuchi Hiroko. Prince Pickles' Charm Offensive: SDF Deploys Perky Mascot to Boast Cuddly Image // The Japan Times. 2007, February 21. URL: https://www.japantimes.co.jp/news/2007/02/21/national/sdf-deploys-perky-mascot-to-boast-cuddly-image/#.XX_uwS5KjIU (дата обращения: 24.09.2023).

Tabuchi 2010 — Tabuchi Hiroko. In Search of Adorable, as Hello Kitty Gets Close to Goodbye // The New York Times. 2010, May 14. URL: https://www.nytimes.com/2010/05/15/business/global/15kitty.html (дата обращения: 24.09.2023).

Taguma 2016 — Taguma Miho. OECD Interview Education 2030: Kagi wa Nihon no kyōiku genba ni koso sonzai shite imasu // Career Guidance. 2016. Vol. 412. P. 30–33.

Takayama 2008 — Takayama, Keita. Japan's Ministry of Education 'Becoming the Right': Neo-Liberal Restructuring and the Ministry's Struggles for Political Legitimacy // Globalisation, Societies and Education. 2008, June. Vol. 6. № 2. P. 131–146.

Takayama 2014 — Takayama, Keita. Global 'Diffusion,' Banal Nationalism, and the Politics of Policy Legitimation: A Genealogical Study of 'Zest for Living' in Japanese Education Policy Discourse // National Policy-Making:

Domestication of Global Trends / ed. by Pertti Alasuutari and Ali Qadir. New York: Routledge, 2014. P. 129–146.

Tanaka 2019 — Tanaka Misa. Kokudo kyōjinka: watashi no hitokoto vol. 6. URL: https://www.cas.go.jp/jp/seisaku/kokudo_kyoujinka/kouhou/vol_6/hitokoto.html (дата обращения: 24.09.2023).

Tatsuta 2009 — Tatsuta Kōji. Jōban Tanden Chōsenjin senji dōin higaisha to izoku kara no kikitori chōsa // Zainichi Chōsenjinshi kenkyū. 2009. Vol. 39. P. 105–136.

Teaiwa 1994 — Teaiwa, Teresia. Bikini and Other S/pacific N/oceans // The Contemporary Pacific. 1994. Vol. 6. № 1. 1994. P. 87–109.

Teves 2015 — Teves, Stephanie Nohelani. Aloa State Apparatuses // American Quarterly. 2015. Vol. 67. № 3. P. 705–726.

Times 2018 — Foreign Minister Taro Kono Calls on South Korea to Take 'Firm and Resolute' Action After Ruling on Wartime Forced Labor // The Japan Times. 2018, October 31. URL: https://www.japantimes.co.jp/news/2018/10/31/national/crime-legal/south-korean-supreme-court-orders-japan-firm-compensatewartime-forced-laborers/#.XX74RS5KjIU (в настоящее время ресурс недоступен).

Tōbaru 2012 — Tōbaru Kazuhiko. Shinsaigo no guntai to Mea no suimyaku // Tōsōsuru kyōkai: fukkigo sedai no Okinawa kara no hōkoku / ed. by Chinen Ushi, Yogi Hidetake, Shiitada Atsushi, and Tōbaru Kazuhiko. Tokyo: Miraisha, 2012. P. 188–196.

Tokita 2015 — Tokita, Tamaki. The Post-3/11 Quest for True Kizuna–Shi no Tsubute by Wagō Ryōichirō and Kamisama 2011 by Kawakami Hiromi // The Asia Pacific Journal. 2015. Vol. 13. Issue 7. № 7. 2015.

Tokyo 2019 — Tokyo-to bōsai hōmu pēji. Tokyo kurashi bōsai. URL: https://www.bousai.metro.tokyo.lg.jp/_res/projects/default_project/_page_/001/005/746/kurashi.pdf (дата обращения: 24.09.2023).

Trask 1991–1992 — Trask, Haunani Kay. Lovely Hula Hands: Corporate Tourism and the Prostitution of Hawaiian Culture // Border/Lines. Vol. 23. Winter 1991/1992. P. 22–34.

Trendy Net 2011 — Nikkei Trendy Net. Kokoro ni hibiku sekai saijyaku no hīrō Anpanman no seigi: Yanase Takashi-san ni kiku. June 17, 2011. URL: https://trendy.nikkeibp.co.jp/article/pickup/20110527/1035910/ (дата обращения: 24.09.2023).

Tsunagaru.com 2012 — Tsunagaru.com, ed. Kozure bōsai techō. Tokyo: Media fakutorī, 2012.

Marine Corp. 2016 — United States Marine Corp. 31st Marine Expeditionary Unit: Ready, Partnered, Lethal // Marines: The Official History of the

United States Marine Corps. URL: http://www.31stmeu.marines.mil/About/
History/ (в настоящий момент ресурс недоступен).

US-Japan Council 2019 — US-Japan Council. URL: http://www.usjapan-
council.org/ (дата обращения: 24.09.2023).

Valaskivi 2013 — Valaskivi, Katja. A Brand New Future?: Cool Japan and
the Social Imaginary of the Branded Nation // Japan Forum. 2013. Vol. 25.
№ 4. P. 485–504.

Walker 2011 — Walker, Isiah. Waves of Resistance: Surfing and History in
Twentieth Century Hawaiʻi. Honolulu: University of Hawaiʻi Press, 2011.

Weisenfeld 2012 — Weisenfeld, Gennifer. Imaging Disaster: Tokyo and
the Visual Culture of Japan's Great Earthquake of 1923. Berkeley: University
of California Press, 2012.

Williams, Gonzalez 2017 — Williams, Liza Keānuenueokalani, and Ver-
nadette Vicuña Gonzalez. Indigeneity, Sovereignty, Sustainability and Cultural Tourism: Hosts and Hostages at ʻIolani Palace, Hawaiʻi // Journal of
Sustainable Tourism. 2017. Vol. 25. № 5. P. 668–683.

Wilson 2018 — Wilson, Julie. Neoliberalism. New York: Routledge, 2018.

Wöhr 2014 — Wöhr, Ulrike. Gender and Citizenship in the Anti-nuclear
Power Movement in 1970s Japan // Gender, Nation and State in Modern Ja-
pan / ed. by Andrea Germer, Vera Mackie, and Ulrike Wöhr. New York:
Routledge, 2014. P. 230–254.

Women's Network 2019 — Japan Women's Network for Disaster Risk
Reduction. Women as a Force for Change: Gender and Disaster Risk Reduction. URL: http://jwndrr.sakura.ne.jp/jp/wp-content/uploads/2014/11/
201411_pamphlet.pdf (в настоящее время ресурс недоступен).

Wuimenzu 2005 — Wuimenzu Netto Kōbe, ed. Saigai to josei: bōsai, fukkō
ni josei no sankaku o. Kōbe: Wuimenzu netto Kōbe, 2005.

Yaguchi 2011 — Yaguchi, Yujin. Akogare no Hawai: Nihonjin no Hawai
kan. Tokyo: Chūō kōron shinsha, 2011.

Yaguchi 2015 — Yaguchi, Yujin. Longing for Paradise through 'Authentic'
Hula Performance in Contemporary Japan // Japanese Studies. 2015. Vol. 35.
№ 3. P. 303–315.

Yamada 2012 — Yamada Shōji, ed. Chōsenjin kyōsei dōin kankei shiryō 1.
Tokyo: Ryokuin shobō, 2012.

Yamada et al. 2005 — Yamada Shōji, Koshō Tadashi, and Higuchi Yūichi,
eds. Chōsenjin senji rōdō dōin. Tokyo: Iwanami shoten, 2005.

Yamaguchi 2014 — Yamaguchi, Tomomi. 'Gender Free' Feminism in Japan:
A Story of Mainstreaming and Backlash // Feminist Studies. 2014. Vol. 40.
№ 3. P. 541–572.

Yanase 2013a — Yanase Takashi. Boku wa sensō wa daikirai. Tokyo: Shōgakkan, 2013.

Yanase 20136 — Yanase Takashi. Yanase Takashi Daizen: Takashi Yanase on Stage. Tokyo: Furōberukan, 2013.

Yoshimi 1977 — Yoshimi Kaneko. Nihon fashizumu to josei. Tokyo: Gōdō shuppan, 1977.

Yoshimi 2012 — Yoshimi, Shun'ya. Yume no genshiryoku: Atoms for Peace. Tokyo: Chikuma shobō, 2012.

Zaikai 2014 — Zaikai. Kyū Jōban Tankō no atochi ni dekita Supa Rizōto Hawaianzu ga daishinsai o norikoerareta riyū.

Предметно-именной указатель

Абэ Наоми 83
Абэ Синдзо 14, 33, 41, 42, 47, 61, 62,
    77, 80, 114, 121, 151, 152, 191
абэномика 42
    Вернем ушедшую Японию 61
    вуменомика 152, 192
    национальная устойчивость
    14, 41, 42, 47, 61, 62
    три стрелы 151
    экономическая помощь
    190, 191
автобусный тур с проектом
    Кидзуна 176, 184, 185
Агентство по восстановлению
    (Фуккотё) 10
Адзума Эйитиро 7
Ай-би-эм, корпорация 59, 60, 142
Акихито 15, 178, 179, 188, 200; см.
    император
Ала Моана, торговый центр 216
алоха 176, 179, 182, 220–224, 228
    Алола 212
    Алоха ангелы 192
    в культуре устойчивости 180,
    220–224
    дух 176, 179, 223–225
    Закон о духе Алоха (1986) 220
    определение 182

Американо-японский совет
    212–215, 223
американцы японского происхо-
    ждения 30, 181, 200–203, 207,
    213, 214, 217, 218, 224
Ампанман 124–127, 147, 157,
    158, 175
ан ан, журнал 75
Андзай Икуро 161
Андо Рису 92, 95, 96, 101, 102, 104
Ариёси Джордж 214
архитектура 67, 189
Асано дзайбацу 194
Асобосай карута, игра 126, 127
Атом для мира, кампания 195

Баден-Пауэлл Роберт 18, 25, 48
базовый закон для гендернорав-
    ноправного общества 43; см.
    дандзё кёдо санкаку/гендерное
    соучастие
бидан, нравоучительные истории
    13, 16, 129, 162, 183
Бирд Чарльз 20
Бирд Мэри 20, 21
бойскауты 13, 18, 25, 26, 48
    американские 26
    британские 18, 48

японские 13, 25

Бокэн Данкити/Отважный Данкити, манга 210

Борланд Джанет 13

Босай гару/Стойкие девушки, НКО 82, 102

Босай Радзио/Радио готовности к стихийным бедствиям, радиопрограмма 127

Бриджстоун, корпорация 57

бусидо (путь воина) 17, 47, 48, 69

Бусидо: душа Японии (Нитобэ) 48, 65

Вейль Гад 141

Великое восточно-японское землетрясение (11 марта) 6, 10, 15, 16, 23, 43, 133, 161
как *кара небесная* 47
степень разрушения 10
и культурное производство 12–19
как кокунан (национальный кризис) 15, 33
гендерно-дифференцирован-ная и дифференцирующая 19–26
местное и глобальное 26–31

Великое землетрясение Канто 12, 19, 23, 67

взаимопомощь 27, 30, 37, 53, 62, 78, 110–112, 117, 121, 128, 177, 183, 224, 227; см. кёдзё/ соседская взаимопомощь/ помощь окружающим

военно-воздушная база *Хикэм* 216, 218

Воздушные силы самообороны Японии 151, 152

волонтерство 30

Вторая мировая война 14, 18, 21, 24, 28, 31, 35, 48, 64, 78, 125, 132, 150, 179, 187, 201, 202, 207, 211, 222

Гавайи 6, 28–31, 176, 177, 179–183, 185–187, 189, 190, 192, 193, 199--203, 208–216, 218–226, 228; см. также *Радуга для детей Японии*; *Хавайянз*, спа-курорт
Алола 212
воображение в Японии 211
иммиграция из Тохоку 208
император и императрица 178, 179
история колониализма на 6, 29, 31
как *заграничная площадка для повышения устойчивости* 180, 181
американцы японского происхождения 30, 181, 200–203, 207, 213, 214, 217, 218, 224
получение статуса штата (1959) 199, 203
туризм 200, 202
японское вторжение 210

Гавайская ассоциация по улуч-шению жизни пожилых людей 212, 213, 221

Гавайский университет 8, 30, 119

Гавайский центр Дзёбана 188, 189, 200, 203–205, 207

Гаккэн кёику сюппан/Гаккэн 16, 161

Гамбаро, Ниппон/Держись,
    Япония 11, 15
Гарон Шелдон 17, 21
гендерное равенство 76–78, 80,
    100, 105–108, 110–115, 117,
    120–123, 163, 192; см. дандзё
    кёдо санкаку/гендерное
    соучастие
Гихард-Жоли Лоуренс 60
Говард Кэтрин 22
Годзилла. Возрождение, фильм
    33, 34
Государственный исследователь-
    ский институт проблем
    образовательной политики
    137–139
государство-строитель/докэн
    кокка 46
Гото Симпэй 20, 25
гражданская оборона 13, 14,
    17–19, 22, 48, 54, 150
    Вторая мировая война 14, 18,
    21, 24, 28, 31, 35, 48, 64, 78, 125,
    132, 150, 179, 187, 201, 202, 207,
    211, 222
    и женщины 18, 22
    Первая мировая война 18, 78
    Русско-японская война 17, 25
    транснациональная генеало-
    гия 17
    холодная война 6, 13, 14, 16,
    18, 19, 22, 26, 54–56, 78, 89, 150,
    161, 170, 181, 182, 195, 201, 202,
    214, 215
гражданское строительство 42,
    47, 130
Гревал (Grewal) Индерпал
    79, 93
Гроссман Эндрю 18

Группа медицинской помощи
    при стихийных бедствиях 162
Гурриа Анхель 139

Дакко то Онбу но Кэнкюдзё,
    НКО 96
дамоклов меч 69, 70
дандзё кёдо санкаку/гендерное
    соучастие 78, 112, 113, 117
    критика 113
    Дандзё кёдо санкаку кихонхо/
    Базовый закон для гендерно
    равноправного общества 113
    и выстраивание репутации
    страны 114, 123
    и противодействие бедствиям
    105–123
    история 113, 114
    Симпозиум 11 июня
    115–118, 120
движение за улучшение жизни
    21, 98
двойного назначения 167
де Ваал Александр 174
девушки хула (японки) 176–183,
    185–187, 190–192, 198, 204, 205,
    207, 208, 210, 217, 224–226
дети 11, 29–31, 51, 66, 75–75, 79,
    81–85, 87, 89–92, 95– 97, 102,
    103, 106, 107, 109, 112, 116, 117,
    124–130, 133, 136, 139,
    147–152, 154–157, 160, 161,
    164, 165, 167, 168, 171, 174, 175,
    177, 179, 182, 189, 201, 208,
    210–212, 215, 216, 218, 219,
    222–224, 228;. см. также
    бойскауты; образование,
    Министерство образования,
    культуры, спорта, науки

и технологий; Школа ОЭСР
в Тохоку; *Радуга для детей
Японии*
Великое землетрясение
Канто 12
вооруженные силы (образование) 147–160
Вторая мировая война 211
игрушки 124, 127
камисибаи 171
молодежная литература
160–174
мультфильмы 31, 35, 89,
124–127, 150
невинность
128, 172
песни 125, 126, 211
письма 161
подготовка к стихийным
бедствиям 89–92, 96
приготовление пищи 85, 92,
96, 156, 168
Детский фонд Организации
Объединенных Наций
(ЮНИСЕФ) 136
Джозеф Джонатан 27
Джэпэн аэйрлайнз (Джал) 209,
212, 213, 218
дзайбацу 194
Дзёбан 181, 183, 185–200,
203–205, 207
визиты императоров 195
дзиба сангё (местная промышленность) 194,
196, 198
Иваки Танко 187, 194, 196, 197
Ирияма Сайтан 187, 188, 194,
196, 197
история 194–198

*итидзан икка/одна гора, одна
семья*, происхождение 186,
189–191, 193, 194, 196, 198, 207
корейские рабочие в военное
время 195–199
Дзёбан джоинт пауэр компани 188
*Дзёбан Косан/Дзёбан Косан
Кабусики Гаися* 177, 178, 183,
185, 186, 190, 191, 193, 194
*Дзёбан Танко/Дзёбан Танко
Кабусики Гаися* 178, 183,
186–188, 190, 194, 195, 199,
206, 207
Дзёбанский институт музыки
и танца 183, 185, 189,
192, 205
дзидзё/самопомощь 35, 37, 53, 77,
126, 177, 227
дзимаэ/уверенность в себе 188
Дзиэйтаи гохан/рацион Сил
самообороны Японии 93
Диско, корпорация 60
Домото Акико 115, 116, 118–120
Дораэмон 89
Дэвис Трейси 18
дэндо (проповедь; миссионерство) 222
Дюпон 57

ёрисоу, практика 15
Ёсими Сюнъя 179

жажда жизни/икиру тикара 128,
133, 134, 136–138, 146, 147
Образование 2030 (инициатива) 146
происхождение 133, 134
японская адаптация 136–138

женщины 6, 8, 9, 11, 16, 18–24, 26,
37, 50, 52, 53, 56, 65, 66, 71–89,
94, 95, 97–102, 104–123, 126,
131, 145, 152, 154, 155, 158, 159,
163–165, 167, 174, 179, 181, 185,
192, 193, 198–200, 207, 227, 228;
см. также дандзё кёдо
202030 (политика) 108
безработица 75
в выстраивании репутации
страны 114, 123
вуменомика 152, 192
девушки на страже 79, 80, 122
и Великое землетрясение
Канто 19, 23, 67
и Вторая мировая война 18,
21, 78, 179, 207
и Первая мировая война 18, 78
и холодная война 6, 18, 22, 26,
56, 78
матери на страже 79, 80,
122, 227
насилие в отношении 82, 105,
107, 111, 114
подготовка 9, 11, 22, 53, 73–123
предпринимательство 77,
100–105, 110, 112, 118
санкаку/гендерное соучастие
23, 78, 105, 112, 113, 116,
117, 119
учет гендерной проблематики
78, 106, 112, 113, 117, 120,
121, 123
феминизация бедности 114
феминизм 22, 78, 100, 113, 116,
121, 122
феминистки на страже 79, 80,
122, 227
Жиру Анри 138

землетрясение Хансин-Авадзи
в Кобэ (1995) 43, 95, 114, 116,
135, 163

Иваки, город 29, 144, 176, 177,
179, 184, 185, 191
Иваки Итиро 69
Иваки Танко, горнодобывающая
компания 187, 194, 196, 197
Иваки Уандер, ферма 224, 225
Извлекая уроки из невзгод,
брошюра 105, 111, 112,
114, 118
извлечение выгоды из катастрофы 15, 143, 175
икиру тикара 128, 136, 137; см.
жажда жизни/икиру тикара
Икэгами Акира 141
Икэда Кэйко 115–117, 119
император 13, 15, 63, 67, 178,
179, 195
Акихито (Хэйсэй) 15, 178, 179,
181, 188, 200
Мэйдзи 34, 63
Хирохито (Сёва) 67, 68,
179, 195
Императорская армия Японии
31, 67, 93, 132
Императорский дом (косицу) 63,
64, 68, 178
императрица Митико 15, 178,
179, 188, 200
империализм 31, 80, 199, 208
Инада Томоми 65, 66
Инициатива Томодати 215
Иногути Кунико 65, 115, 116
Иносэ Наоки 148
Иноуэ Айрин Хирано 202,
214, 215

Иноуэ Дэниел 200, 202, 214–216
Иноуэ Кэико 89
Иноуэ Наоми 191, 192
Ирияма Сайтан, горнодобываю-
    щая компания 187, 188, 194,
    196, 197
Исихара Синтаро 47, 148
итидзан икка 186, 189–191, 193,
    194, 196, 198, 207; см. *одна
    гора, одна семья*
Итиро (Судзуки Итиро) 49
Ито Тюта 67, 70
Ишингер Барбара 140

Кадокава Дайсаку 63, 64
Кайнума (Kainuma) Хироси 195
Камаиси но Кисэки/Чудо Камаиси
    129–147, 175
Катада Тоситака 130, 131
катастрофа 11 марта (в Тохоку) 6,
    passim; см. Великая восточно-
    японская катастрофа
Катрина, ураган 54, 116
кёдзё/соседская взаимопомощь/
    помощь окружающим 37, 53,
    78, 126, 177, 227
    определение 53
кидзуна/связь 15, 28, 29, 110, 111,
    117, 133, 143, 177, 181–183, 185,
    186, 190, 191, 193, 198, 216, 220,
    226, 227
кики канри/антикризисное
    управление 9, 10, 99; см.
    кокудо кёдзинка/национал-
    ная устойчивость
Кингстон Джефф 32
Кирияма Мацудзиро 206
кодзё/государственная по-
    мощь 53

Кодзима Тосиро 60
Коидэ Хироаки 161
Коикэ Юрико 65, 82
Кока-кола, корпорация 215
кокё дзигё /проекты по строи-
    тельству общественных
    зданий и сооружений 14, 45
кокубо данси/защитники страны
    34, 61
кокудо кёдзинка/национальная
    устойчивость 10, 30, 40–56, 63;
    см. также устойчивость
    бизнеса; дети; дандзё кёдо
    санкаку/гендерное соучастие;
    подготовка дома после
    11 марта; операция *Томодати*;
    Радуга для детей Японии;
    спа-курорт *Хавайянз*
    и любовь (ай), культивирова-
    ние 68, 168
    и практика ёрисоу 15
    и строительство обществен-
    ных зданий и сооружений
    (кокё дзигё) 14, 45–47
    Императорского дома (коси-
    цу) 63, 64
    как культурный механизм 32, 71
    как моральное и духовное
    преобразование 14, 61–71
    как способ укрепления
    экономики 36, 56–61
    Кокудо кёдзинка суисинсицу /
    Управление по содействию
    национальной устойчивости
    43, 50, 52, 100, 104
    сокодзикара как 16
кокунан/национальный кризис
    15, 33
Кондо Мари 87

корейцы, принудительный труд
во время войны 181, 195–199,
205, 207
Косино Сюдзо 36
*Космический линкор "Ямато"/
Утюсэнкан "Ямато"*, аниме 35
культура катастроф 12, 13
Кунидзаки Нобуэ 22, 76, 82–86,
88, 89, 100, 101, 104, 120
Куровассан, журнал 83, 86, 88
Кусано Каору 84, 85, 96

лавандовая паника 26
Лайтхаус Хаваии, журнал 221
Лампкинс Дональд 54, 55
Леблан Робин 25
Либерально-демократическая
партия (ЛДПЯ) 14, 30, 33,
41–43, 45, 47, 49, 53, 62, 65,
100, 139

магазины *Эй-би-си* 212
маскулинность 24–26, 34, 37, 39,
48–50, 71, 72, 114, 152, 173
Махало, программа 186
Мацуяма Рэна 160
Международная программа по
оценке образовательных
достижений учащихся 138,
141, 146
милитаризм бедствий 28, 34, 56,
126, 128, 154, 171, 174, 175, 219;
см. также операция *Томодати*;
Силы самообороны Японии;
Министерство обороны
гуманитаризм 126
защищенный от стихийных
бедствий дом (архитектура)
86, 88

национальная оборона/
боэй 149
обстановка безопасности/
андзэн хосё канкё 149
оказание помощи в случае
стихийных бедствий/сайгай
хакэн 149
определение 28, 29
снижение риска бедствий 106,
119, 120
милитаризм 6, 7, 22, 28–31, 34, 56,
78, 80, 99, 120, 123, 126, 128,
129, 147, 154, 158, 160, 162, 170,
171, 174, 175, 202, 219, 223, 228;
см. милитаризм бедствий
Министерство обороны 148, 153,
155–157, 159, 160, 162
Министерство образования,
культуры, спорта, науки
и технологий 13, 128, 132, 133,
137–139, 146, 147, 162
Мисима Юкио 48, 64
Митико, императрица 15, 178,
179, 188, 200; см. императрица
Митико
Мицубиси, корпорация 57, 209,
212, 215
Мицуи, корпорация 209
Мицукоси, корпорация 209
Миядзима Сигэки 34
Момотаро, *персиковый маль-
чик* 211
Морские силы самообороны
Японии 34, 153, 167
Муната Эмико 116, 118

Надэсико Дзяпан, футбольная
команда 50–53, 212
Накадзима Тиэ 82

Накамура Ютака 187, 199
Накано Коити 7
Нанъё / Южные моря 210
национальная устойчивость 10,
14, 30, 32, 40–72, 131; см.
кокудо кёдзинка/националь-
ная устойчивость
неоконсерватизм (национализм)
7, 40, 61, 113, 121, 138, 139, 146,
175, 228
неолиберализм 7, 28, 30, 31, 40,
53, 56, 61, 78, 80, 99, 113, 120,
121, 123, 128, 129, 138, 139, 146,
147, 160, 162, 174, 176, 228
государственно-частное
партнерство 214, 216
и милитаризм 7, 28, 31, 56, 78,
80, 99, 120, 123, 128, 129, 147,
160, 162, 174, 176, 228
и неоконсерватизм 7, 40, 61,
113, 121, 139, 146, 175, 228
и политический неолибе-
рализм 53
и транснационализм 30
неолиберальный феми-
низм 122
определение 27–31
нестабильность 40, 79, 123,
175, 228
Никай Тосихиро 14, 30, 41, 43, 54,
62, 63, 65
Нитобэ Инадзо 48, 65
нихон дандзи / японский
мужчина 65
Нонака Икудзиро 132

образ жизни КонМари 87
образование 13, 129, 132, 133,
136–141, 146–148, 162, 169, 202,

215; см. также Министерство
образования, культуры,
спорта, науки и технологий,
Школа ОЭСР в Тохоку
бизнесификация 141
жажда жизни/икиру тикара
128, 133, 134, 136, 137
Международная программа по
оценке образовательных
достижений учащихся 138,
141, 146
нравственное воспитание/
дотоку кёику 135, 197
образовательный колониа-
лизм 138
обучение для сердца/кокоро но
кёику 139
омоияри/чуткость 135, 168
Региональное возрождение
и инновации 2030/Тихо сосэи
инобэсён, программа 146
руководство 133–135
Чудо Камаиси 129–132, 175
одна гора, одна семья/итидзан
икка 186, 189, 191
океанариум Аквамарин Фукусима 225
Оки Сатоко 103, 104
Окинава 6, 28, 31, 34, 35, 55, 56,
67, 71, 159, 170, 171
Окубо Рёити 213, 221
Окура дзайбацу 194
Окуяма Эмико 116, 117
Оливер-Смит Энтони 12
Омори Риэ 177, 183, 184, 186,
192, 198
операция Томодати 28, 29, 34, 55,
126, 155, 169, 179, 215, 216,
216, 223

Организация Объединенных
Наций (ООН) 27, 77, 112, 114,
116, 119, 136, 149
Организация экономического
сотрудничества и развития
(ОЭСР) 129, 136–140, 143–146,
160, 162, 172, 175; см. также
Школа ОЭСР в Тохоку, Международная программа по
оценке образовательных
достижений учащихся
Осава Мари 115, 116
Ота Масахидэ 31
отношения между людьми 201

Первая мировая война (1914–
1918) 18, 78
планирование непрерывности
деятельности 36
*планируй-делай-проверяй-дей-
ствуй*, метод Деминга 109, 111
подготовка дома (после 11 марта)
75, 77, 81–100
граждане-женщины 99
фурусато 97
*ежедневная осознанность/
фудан но кокорогакэ* 83
женский журнал 73, 74
игра по подготовке к стихийным бедствиям/босай гокко 90
*ити нити ити босай/один
день, одно дело для предотвращения стихийных бед-
ствий* 83
как хобби 82
кулинарный конкурс 94
милитаризация 94–100
*мудрость старших поколений/
сэндзин но тиэ* 96

очищение 98
очищение своего сердца/
кокоро но осодзи 98
пикник по подготовке к стихийным бедствиям/босай
пикуникку 90
подготовка к стихийным
бедствиям, родители и дети/
ояко босай 90, 91
предметы первой необходи-
мости 23, 74, 75, 88, 102, 110,
134, 154
продукты питания и кулинарные традиции 92–95
пособие по подготовке семьи
к стихийным бедствиям/вагая
но босай манюару 90
семейный совет/кадзоку
кайги 90
смертоносное оружие/кёки 85
сумка для экстренных случаев
88, 101
супердомохозяйки/супа
сюфу 95
тренировочный лагерь по
подготовке к стихийным
бедствиям/босай кямпу 90
усиление конструкции зданий
88, 89
финансы 88, 89
японские традиции 96, 97
ярмарки и лекции 76
Покемон 124, 211, 212
поколения Томодати 215
политический неолиберализм 53
постфеминизм 121
предпринимательство 77, 100,
110, 112, 118, 182, 188, 216
женщины 77, 100, 110, 112, 118

мужчины 182, 188
принц Пиклз 148, 156–159
проект *Окинава Куми но Сато* 31

радиация 35, 97, 125, 144, 166, 183, 184, 225
Радуга для детей Японии, проект 29, 179, 212–216, 218–224
дэндо (проповедь, миссионерство) 222
и алоха 179, 221–224
история 179, 212
отзывы участников 219
программы 212–216, 219
сторонники 180, 213, 214
ревю *Такарадзука* 199
резня в Кумэдзиме 31
Риск Тайсаку.ком, журнал 58, 60, 92
Русско-японская война (1904–1905) 17, 25

Сайто Кадзухико 190, 191, 207
Сакамото Кана 97, 98
Сакамото Хироко 95–98
самопомощь 27, 35, 37, 53, 58, 69, 77, 87, 98, 111, 112, 126, 128, 131, 136, 171, 173–175, 177, 183, 185, 188, 219, 224, 227; см. *дзидзё/самопомощь*
Сасаки Норио 50–53
в качестве служащего на окладе 50
диспетчерская вышка 51, 53
и управление бизнесом 50
коллективный разум 51
тренерский стиль 50
суперземлетрясение в разломе Нанкай 127

седьмая встреча лидеров Тихоокеанских островов 190, 191
секьюритизация 28, 29, 54, 60, 63, 71, 78, 80, 81, 89, 92, 105, 120, 121, 123, 124, 128, 215; см. также кокудо кёдзинка/национальная устойчивость
девушки на страже 79, 80, 122
матери на страже 79, 80, 122, 227
секьюритизация детства 124–174
феминистки на страже 79, 80, 122, 227
Сельская культурная ассоциация Японии 98
Сётоку, принц 63
сеть инновационных школ Японии при поддержке ОЭСР 145, 146
Сибукава Маки 87
Силы самообороны Японии 15–17, 28, 33–36, 55, 58, 61, 91, 93, 107, 126, 128, 147–154, 156–160, 162, 165–169; см. также операция *Томодати*; Министерство обороны; *Дзиэитаи гохан/*рацион Сил самообороны Японии
и дети 91, 107, 126, 128, 147–152, 154– 156, 160, 164, 166–169
как военная манга 148, 153, 157
как гуманитарный агент 160, 165
Киотское отделение по сотрудничеству с Силами самообороны 147
кокубо данси 34, 61

мероприятия и ярмарки 91
практика *ёрисоу* 15
Симидзу Кадзутоси 177, 186–188, 190, 191, 193
Симпозиум 11 июня 115–118, 120
Синсай кюдзё кацудо оэнка/ Главная песня спасательных операций при стихийных бедствиях 126
Система управления в чрезвычайных ситуациях 36
Слейтер Дэвид 32
служащий на окладе 24, 25, 39
Соединенные Штаты 6–8, 13, 14, 16–19, 22, 25, 26, 28, 29, 34, 48, 49, 51, 54–56, 58, 64, 78–80, 89, 94, 116, 119, 128, 150, 151, 155, 161, 169, 170, 181, 182, 189, 194, 195, 199–202, 209, 211, 213–216, 222–224; см. также гражданская оборона, история; операция *Томодати*
дети, секьюритизация 128
колонизация Гавайев 199–203
Министерство внутренней безопасности 54
Министерство обороны 54
террористические атаки 11 сентября 54, 78–80, 128
ураган *Катрина* 54, 116
Федеральное агентство по управлению в чрезвычайных ситуациях 19, 54
Федеральное управление гражданской обороны 18, 19, 54
феминизм, секьюритизация 22
сокодзикара/сила стойкости 15, 16, 187

Сома Номаой/Охота на диких лошадей в Соме 142, 172, 173
Сонариа, учебно-практический центр по предотвращению стихийных бедствий 91, 96, 97, 127
Сони, корпорация 212, 214
Сонода Масаё 96, 97
сотэигай/не поддается прогнозированию 103
спа-курорт *Хавайянз*, курорт кидзуны 29, 176–181, 183, 185, 186, 188, 190, 191–194, 198, 217, 224, 225 ; см. также Гавайский центр Дзёбана
срочная этнография 32
Сухопутные силы самообороны Японии 36, 147, 148, 165, 166, 168, 169
Счастливый дракон/Даиго Фукурю-мару, судно 161
Сэйбу, корпорация 209
Сэмюэлс Ричард 28
Сэнтаку нэтто, сеть прачечных 118

Табата Яэко 116, 117, 171
Тагума Михо 146
Танака Какуэй 46, 47
Танака Миса 82, 102, 104
терроризм 16, 58, 79, 80, 91
Токё кураси босай/Предупреждение стихийных бедствий и подготовка к повседневной жизни в Токио 82
Токё Рэнго Фудзинкай/Токийская федерация женских ассоциаций 20
Токё-то Ирэидо 70

Токийская энергетическая
    компания (ТЕРСО) 35, 188
Токийский университет 8, 103,
    115, 145, 146, 188, 191
Токио Доум, корпорация
    58, 59
Токю, корпорация 209
Томодати Сакусэн/операция
    Томодати 29
Томпсон Найноа 216, 217
Торговая выставка технологий
    в сфере безопасности/
    Секьюрити энд сейфти трейд
    экспо 57
Тохоку 6, 8, 10, 23, 28–30, 36, 45,
    55, 62, 77, 110, 115–117, 125,
    129, 132, 133, 139–147, 153, 155,
    160, 163, 166, 169, 171–173,
    175–177, 179, 181–183, 185,
    186, 195, 199, 200, 208, 212, 219,
    221–223, 226, 227
    диалект 141, 145
    иммиграция на Гавайи 201
    как *другой* регион Японии 117,
    141, 195, 227
    Школа ОЭСР в Тохоку 129, 140,
    143–146, 160, 172, 175
туризм 29–31, 142, 143, 178, 181,
    190, 191, 200, 202, 208, 212,
    216–218, 223, 225; см. также
    целительные туры; *Радуга для
    детей Япони»*; спа-курорт
    Хавайянз /курорт кидзуны
    волонтуризм 30
    исцеления 29, 30, 208–210, 212,
    216, 223
    как *ияси* 217
    милитаризм и 29, 31, 181, 202,
    216, 223

Японская национальная
    туристическая организа-
    ция 142
    целительные туры/хоё рёко
    29, 31, 179, 208, 218, 221
    на Гавайях 29–31, 181, 191, 200,
    202, 208, 212, 216–218, 223
    на Окинаве 31
турне танцовщиц хула 181

уголь 178, 187, 188, 190, 193–195,
    198, 203, 206
Уилкокс Пол 29
Университет Киото 42, 69, 214
Университет Кэйо 103
Университет Тохоку 115, 142
Университет Хитоцубаси 132
управление бизнесом 109, 132
управление непрерывностью
    деятельности 36
Управление по содействию
    национальной устойчивости/
    Кокудо кёдзинка суисинсицу
    43, 50, 52, 100, 104
устойчивость бизнеса 58, 187
устойчивость 6, passim см. также
    кокудо кёдзинка/националь-
    ная устойчивость
    и неолиберализм 28, 31, 40, 56,
    61, 99, 120, 123, 129
    как управление глобальными
    процессами (политика) 27, 40
    определение 27, 50, 51, 76, 77
учет гендерной проблематики 78,
    106, 112, 113, 117, 119–121, 123

Федеральное агентство по
    управлению в чрезвычайных
    ситуациях 19, 54

Предметно-именной указатель | 265

Федеральное управление
гражданской обороны 18,
19, 54
феминизм 22, 78, 100, 113, 116,
121, 122; см. также дандзё кёдо
санкаку/гендерное соучастие
гёсэй фэминидзуму/санкцио-
нированный правительством
феминизм 113
и экспансионизм 22
и милитаризм 22, 30, 56, 78
и устойчивость 122
неолиберальный феми-
низм 122
постфеминизм 121
феминистки на страже 79, 80,
122, 227
*хиномару фэминидзуму/
феминизм восходящего
солнца* 113
Ферст Хавайян банк 212
филиппино-американская война
(1899–1902) 209
Фудзии Сатоси 42, 43, 47, 48, 54,
63–65, 68–70
*Фукко но Нороси/Маяк возрожде-
ния*, проект 37, 38
Фукусима 6, 8, 29, 35, 69, 92, 125,
140, 142, 144, 145, 161, 165, 166,
172, 173, 176–183, 185, 186, 188,
192, 195, 201, 212, 220, 224, 225
Фукусимский университет
140, 146
Фуруя Кэйдзи 42, 43, 51,
52, 54, 65

Хаваии трибюн геральд, газета 222
Хавайян эйрлайнз 212

Хавайянз, спа-курорт 29,
176–181, 183, 185, 186, 188, 190,
191–194, 198, 217, 224, 225
Хани Мотоко 19, 20
Хара Хироко 115, 118–120
Харви Дэвид 138
Хилтон гранд вакейшнз 214, 220, 224
Хитачи 57, 60
Хасэгава Мана 217
Хаяо Миядзаки 31
Хаясида Акиёси 200, 202
Хёдо Нисохати 48
Хеллоу Китти 124
Хидэнобу Санада 141
Хирано Хирофуми 147
Хирокава Рюити 31
Хироно Мэйзи 214
Хирохито 67, 179, 195; см. также
император
Хокинс Эд 222
Хокулеа, каноэ 216, 217
холодная война 6, 13, 14, 16, 18, 19,
22, 26, 54–56, 78, 89, 150, 161, 170,
181, 182, 195, 201, 202, 214, 215
Хосода Акира 68
*Хура гару/Девушки, танцующие
хулу*, фильм 29, 176

Цунагару.ком, волонтерская
организация 76, 90
цунами тэндэнко 132, 136, 171
целительные туры/хоё рёко 29,
31, 179, 208, 218, 221
на Гавайях 29, 179, 208, 221
на Окинаве 31

Шенкинг Чарльз 12
Школа ОЭСР в Тохоку 129, 140,
143–146, 160, 172, 175

бизнесификация образования 141
документальные видеоролики 142, 144
извлечение выгоды из катастрофы 144
ключевые компетенции Международной программы по оценке образовательных достижений учащихся 141, 146
корпоративные спонсоры 142
проблемы 142
финал проекта в Париже 140, 142–144
Шлезингер-младший, Артур 89
Шляйхер Андреас 138

экономический спад 24, 39, 138, 177, 194, 210
Элдридж Роберт 54–56
Эллисон Энн 24
Эн-эйч-кэй, Японская телерадиовещательная корпорация 22, 23, 130–132, 141, 211

ЮНИКЛО 141, 142, 212, 215
ядерная энергия/энергетика 19, 33, 89, 117, 144, 145, 160, 161, 195

ядерные испытания (Тихий океан) 161, 182
ядерный кризис 13, 14, 16, 69, 84, 98, 99, 144, 145, 161, 182, 188, 190
в Фукусиме 35, 69, 98, 144, 145, 161, 182, 188, 190

Яманака Синъя 214
Яматани Эрико 65, 66
Янасэ Такаси 124–126
Японско-американское общество Гавайев 212, 213, 222
Японская женская ассоциация по снижению риска бедствий 119, 120
Японская национальная туристическая организация 142
японский филиал Международного общества по управленческим практикам в чрезвычайных ситуациях 36
ярмарка по борьбе со стихийными бедствиями 76, 91, 91
202030, политика 108

V-образное восстановление 177, 186

Оглавление

Список иллюстраций 5
Благодарности 6

1. Введение: переосмысление японской культуры
   после 11 марта 10

2. Повторная маскулинизация страны: стойкая
   мужественность и возрожденная государственность ... 33

3. Подготовка женщин к стихийным бедствиям:
   домашнее хозяйство и подготовленность
   в эпоху неопределенности 73

4. Секьюритизация детства: воспитание детей
   и подготовка к стихийным бедствиям 124

5. Мобилизирующий рай: каким стало после катастрофы
   массовое представление о Гавайях 176

6. Заключение 227

Библиография 229
Предметно-именной указатель 253

Научное издание

Мирэ Коикари

ГЕНДЕР, КУЛЬТУРА
И ФУКУСИМСКАЯ КАТАСТРОФА

Директор издательства *И. В. Немировский*
Ответственный редактор *И. Белецкий*
Куратор серии *Е. Яндуганова*
Заведующая редакцией *О. Петрова*

Дизайн *И. Граве*
Редактор *А. Тюрин*
Корректоры *А. Филимонова, И. Манлыбаева*
Верстка *Е. Падалки*

Подписано в печать 01.12.2023.
Формат издания 60 × 90 $^1/_{16}$. Усл. печ. л. 16,8.
Тираж 200 экз.

Academic Studies Press
1577 Beacon Street, Brookline, MA 02446 USA
https://www.academicstudiespress.com

ООО «Библиороссика».
198207, г. Санкт-Петербург, а/я № 8

Эксклюзивные дистрибьюторы:
ООО «Караван»
ООО «КНИЖНЫЙ КЛУБ 36.6»
http://www.club366.ru
Тел./факс: 8(495)9264544
e-mail: club366@club366.ru

Книги издательства можно купить
в интернет-магазине: www.bibliorossicapress.com
e-mail: sales@bibliorossicapress.ru

12+

www.ingramcontent.com/pod-product-compliance
Lightning Source LLC
Chambersburg PA
CBHW071956260326
41914CB00004B/825